OLIVIER NANTEAU

PORTRAITS TOQUÉS

Enquête chez les trois-étoiles

l'Archipel

Si vous souhaitez recevoir notre catalogue et être tenu au courant de nos publications, envoyez vos nom et adresse, en citant ce livre, aux Éditions de l'Archipel, 4, rue Chapon, 75003 Paris.
Et, pour le Canada, à
Édipresse Inc., 945, avenue Beaumont, Montréal, Québec, H3N 1W3.

ISBN 2-84187-160-6

Avant-propos

C'était il y a tout juste vingt ans. J'animais une émission qui s'intitulait – audacieusement – « De bouche à oreille ». Chaque samedi, sur l'antenne de France Inter, je retrouvais deux complices : Martine Jolly et Nicolas de Rabaudy. Nicolas parlait des restaurants et des chefs qu'il aimait, Martine donnait des recettes. La chanson d'Alain Souchon « Papa Mambo » nous servait d'indicatif. C'est donc au son de « On est foutu, on mange trop » que se déroulèrent mes premières incursions en haute gastronomie.

Quelques années après, toujours sur France Inter, ce fut « Le Charme discret de la gourmandise ». Il s'agissait, cette fois, d'inviter un chef prestigieux en même temps que l'un de ses clients célèbres, le dialogue prenant pour prétexte un thème gourmand choisi au gré des saisons ou des humeurs : les champignons, le gibier, les huîtres ou le vin des Côtes-du-Rhône. Il y eut des plateaux mémorables : Georges Blanc et Eddie Barclay, Alain Chapel et Bernard Pivot, Jean Bardet et Gérard Depardieu... Dans la semaine qui précédait l'émission, je rendais longuement visite au chef invité et j'apprenais, au fil des mois, à connaître les rites et les gestes du métier.

La cuisine, la radio : je me plais à penser que ces deux pratiques ne sont pas aussi éloignées qu'on l'imagine. Dans les deux cas, à l'origine de tout, il y a une matière vivante, qu'il faut travailler, accommoder, préparer à sa sauce. Montage et mixage valent bien cuissons et liaisons ! Dans les deux domaines, le temps reste la plus précieuse des matières premières, celle qu'il ne faut dilapider sous aucun prétexte, car pas plus à la radio qu'aux fourneaux on ne peut revenir en arrière. Enfin, avec un micro comme avec des casseroles, on ne crée que des œuvres éphémères dont le seul résultat est de vous tricoter du souvenir – et qu'est-il de plus beau que le souvenir ?

Quoi qu'il en soit, les chefs que j'ai eu le privilège de rencontrer ont, en général, estimé que je les « cuisinais » assez bien. De mon côté, la curiosité que j'éprouvais pour ces hommes, qui tiennent à la fois de l'artisan et de l'artiste, du skipper et du chef d'entreprise, s'est vite muée en complicité. C'est dans cet esprit que je tiens, depuis six ans déjà, à l'intention des auditeurs de France Info, « Portraits toqués », la chronique de mes coups de cœur et des orages qui ne cessent de secouer le petit monde de la gastronomie hexagonale.

Le livre que voici emprunte son titre à cette émission. Mais, au-delà d'une galerie de portraits des meilleurs chefs d'aujourd'hui – la phalange d'élite des vingt trois-étoiles *Michelin* –, il se veut aussi une réflexion sur la situation présente de la cuisine française, laquelle ne peut plus désormais ignorer qu'elle n'est pas seule au monde.

Prologue

Crise des chefs, chefs de crise

L'année 1996 fut des plus noires pour la gastronomie française. La responsabilité en incombait à de sérieuses difficultés bancaires, sur lesquelles vint se greffer la querelle des épices et du terroir, guerre pichrocoline de l'exotisme et de la tradition.

On vit tout d'abord plonger Pierre Gagnaire, trois-étoiles *Michelin* en 1993, contraint de mettre la clé sous la porte de son paquebot de Saint-Étienne. Quelques jours plus tard, le grand Savoyard de Manigod, Marc Veyrat, menaçait à son tour de fermer boutique – c'est-à-dire la luxueuse auberge de l'Éridan, sur les bords du lac d'Annecy. Le troisième macaron, acquis deux ans plus tôt, n'avait pas su apaiser les cruels banquiers de Veyrat. Il lui fallait trouver, en un mois, l'équivalent d'une journée de budget de la Défense nationale par temps de restrictions de programmes nucléaires...

En juin de la même année, coup de tonnerre ! Une douzaine de chefs lançaient un appel « pour la défense de la cuisine française » menacée par « la mondialisation de la cuisine, la cuisine cache-misère, la cuisine étouffe-saveurs ». Avec, à sa tête, Robuchon le partant et Ducasse l'arrivant, ladite douzaine se disait effarée « de voir la propension qu'ont certains à vouloir tout mélanger avec n'importe quoi dans une assiette pour donner l'illusion d'innover à tout prix ». Un plat réussi, affirmaient les révoltés, « n'est pas un assemblage » mais « une évidence de simplicité et d'harmonie des saveurs ». C'est alors que fut proféré l'irréparable : « Un grand plat puise ses sources et son inspiration dans notre mémoire (...). La cuisine française doit sa renommée à nos régions, la région doit sa réputation à ses produits de terroir. La France, grâce à sa situation géographique et à son histoire, a vu naître sur son sol les produits les plus réputés ; notre savoir-faire et nos traditions culinaires sont une référence et doivent, au travers d'un vrai apprentissage, être préservés et enrichis [1]. »

D'aucuns, se croyant désignés, réagirent en vitupérant ce qu'ils estimaient être de « l'eau de Vichy ». Un critique trouva même à ces déclarations des « accents heideggeriens ». Vincent Noce, pour *Libération,* résumait leur point de vue : « Le premier souci [de la cuisine] est la qualité du produit, pas son certificat de nationalité. Du reste, que serait la cuisine française sans le poivre, le Midi sans la tomate ou la Bretagne sans la patate, tous produits bien métèques à leur origine ? Sans maïs, pas de foie gras [2]... » – ce qui n'est pas exact car la cyrrhose sublime fut aussi obtenue par la châtaigne qui, elle, ne vient pas d'Amérique.

Dans un climat détestable de petites phrases assassines ou écœurantes, les chefs se déchiraient à belles dents les dépouilles de feue la « nouvelle cuisine », que l'on croyait pourtant enterrée depuis belle lurette. Nos assiettes allaient-elles être victimes de cette nouvelle querelle des Anciens et des Modernes ?

---

1. *Libération,* 16 octobre 1996.
2. *Idem.*

Heureusement, la nouvelle guerre du Lutrin fit long feu. Même si nous fûmes un instant au bord d'un schisme. Ce qui faisait dire au Grand Paul – Paul Bocuse –, 72 ans : « Que voulez-vous, nous sommes une famille difficile... » et, un an après, au plus jeune des Troisgros : « Toute la jeunesse est partie [de la Chambre syndicale de la haute cuisine française]. Cela s'est passé parallèlement à la retraite de Joël Robuchon, qui a aussi fait couler beaucoup d'encre. Mais il ne s'agit pas de dire : "Bon, il y en a marre des anciens !" La Chambre syndicale est quand même une belle association, même si elle est très officielle... On a trop d'amitié pour Georges Blanc, même s'il est nécessaire de créer un petit courant de pensée, peut-être plus jeune, différent en tous cas. » Pourtant, en septembre 1996, avec la démission d'une vingtaine de ses membres, la Chambre syndicale de la haute cuisine française a bien été menacée d'implosion.

La dernière saison avait été rude pour beaucoup de grandes tables, et la publication du texte cosigné par Robuchon, Loiseau, Ducasse et Georges Blanc, président en exercice de la Chambre syndicale, avait fait du bruit dans une profession sinistrée – et touchée, elle aussi, par les « affaires » : une sombre histoire d'enveloppes trop généreusement remplies par un grossiste en poisson de Rungis. Tout cela avait choqué et divisé. Et voilà qu'Alain Senderens et Michel Guérard démissionnaient, comme Passard, Veyrat, Meneau, Roellinger, Bras, Trama, Charial, Lorain, Bardet et Boyer !

Pendant ce temps, les vieux briscards, tel Pierre Troisgros à Roanne, faisaient volontiers observer, roublards, que leurs investissements ne dataient pas d'avant-hier. Il suffisait de les pousser un peu à la confidence pour qu'ils conviennent que, s'ils n'avaient pas su calmer le jeu lorsqu'il en était encore temps, ils seraient eux-mêmes en train de foncer droit dans le mur. Si Pierre Gagnaire a pu se réinstaller à Paris, si Marc Veyrat a encore devant lui tant de beaux jours, Manuel Martinez, ex-chef de la Tour d'Argent, a senti passer par deux fois le vent du boulet. La première fois, lorsqu'on a appris qu'il faisait partie des grands chefs mis en examen par le juge Halphen. La deuxième fois, en mars 1996, quand la Tour d'Argent a tremblé sur ses bases, rétrogradée de trois à deux étoiles par les inspecteurs du *Michelin*. Manuel Martinez avait déjà fait ses valises...

L'année 1997 fut plus sereine. Les chefs ne pouvaient ignorer que, rien qu'à Paris, par exemple, un restaurant sur deux est un restaurant de cuisine étrangère et que de moins en moins de clients étaient disposés à payer des additions pharaoniques. On retrouva donc, dans ce combat des chefs, les débats qui agitent aujourd'hui la société française tout entière. On pansa les plaies. Les « mangeurs » du siècle purent imaginer revenus les plaisirs de la table. Ils allèrent jusqu'à oublier les aigreurs qui avaient fini par faire croire que la table française « f... le camp ». Et qu'elle était devenue l'un des endroits du monde où, à cause précisément des péroraisons, l'on s'ennuyait dès la première heure.

Las ! Voici qu'un nouveau cyclone – aux allures de tsunami – s'annonçait bientôt... A défaut de révéler de nouvelles épices, il promettait de la zizanie sur un sujet brûlant : le chef doit-il ou ne doit-il pas être présent quand il « signe » son assiette ? Un chef est-il ou n'est-il pas quand il est ubiquiste ? Tout est venu d'Alain Ducasse, l'homme au cinq – et bientôt six – étoiles : « Je veux, osa-t-il dire (ce que d'aucuns pensaient tout bas), que les Français admettent que le chef n'a pas obligatoirement à être dans sa cuisine. » Et d'invoquer l'exemple du chef d'orchestre ou du styliste. Ce à quoi les partisans de la présence du chef rétorquèrent que le moindre éloignement du grand Girardet de son Crissier natal valait naguère une annonce internationale dans *La Gazette de Lausanne*. Cette nouvelle querelle intervenait alors que montaient à l'horizon plombé du nouveau siècle les nuées tueuses de la mondialisation – laquelle est traduite en cuisine par la réduction au dénominateur commun le plus médiocre : l'imitation des mœurs, la copie des manières, la banalisation des goûts.

Le *Michelin*, autorité suprême des gourmets et des marmitons, fit taire tout le monde, ou presque, en consacrant Ducasse, dans son édition 1998, nouvel Escoffier et premier « chef consultant » du troisième millénaire, décoré – pour commencer – de six macarons. Dans la même édition, la distinction suprême accordée aux jumeaux Jacques et Laurent Pourcel, chefs propriétaires, à 33 ans, du Jardin des Sens de Montpellier, créa la surprise. Ainsi, on pouvait désormais manger dans un trois-étoiles pour moins de 500 F par convive...

Depuis l'« annus horribilis » qui vit Gagnaire et Veyrat au bord du précipice, les choses auraient plutôt tendance à se précipiter dans le petit monde de la gastronomie. Qu'on en juge par le rappel des événements qui émaillèrent la fin de l'année 1998 :

En septembre, on apprenait que Ghislaine Arabian, seule femme cuisinière couronnée par deux étoiles *Michelin*, quittait Ledoyen, à Paris, en bas des Champs-Élysées. La décision ne venait pas d'elle. Ce serait Jean-Michel Messier – dit J2M – président de Vivendi, dont une filiale est concessionnaire du restaurant, qui aurait exigé son départ après la diffusion par M6, dans l'émission « Zone interdite » d'une séquence où la belle Ghislaine s'en prenait violemment à l'un de ses commis de cuisine.

Tout le monde était prévenu : les chefs ne sont pas des patrons, ils sont des salariés et si, comme Ghislaine Arabian, leur gestion, en particulier des ressources humaines, s'avérait critiquable, on saurait leur montrer le chemin de la porte.

La même mésaventure arrivait à Pierre Hermé, chez Ladurée. Le chef pâtissier chargé de la création était, depuis deux ans, responsable du sucré et du salé et nanti d'un titre de vice-président. Le voilà congédié brutalement par le P.-D.G. David Holder, selon qui Hermé n'aurait pas rempli ses engagements.

Deux incidents qui montraient la fragilité des créateurs dans le domaine de la haute gastronomie.

Au même moment, Senderens annonçait qu'il lâchait son vignoble de Cahors, où il avait ces dernières années beaucoup investi, pour racheter, en s'adossant aux champagnes Vranken Monopole, le luxueux Lucas-Carton à ses propriétaires japonais. En échange, il devait céder sa marque et le droit pour Vranken de commercialiser un champagne qui s'appellerait Lucas-Carton.

Après plusieurs années de changements et de tergiversations, le *Guide GaultMillau* publiait en novembre son millésime 1999 avec, à sa tête, une nouvelle équipe et, au fil de ses 800 pages, un nouveau classement où tout le monde ne jouait pas dans la même cour. Si les notes sur 20 étaient conservées, le guide distinguait désormais les restaurants de prestige, tous luxueux, les restaurants classiques, confortables voire élégants, et les bistrots, brasserie, auberges ou fermes-auberges. Le guide retirait près d'un quart des adresses de l'édition 1998 et en introduisait 900 nouvelles. Sur 6 000 restaurants et hôtels, 300 établissements voyaient leur note baisser tandis que 500 gagnaient un point ou plus. Le Savoyard Guy Martin, au Grand Véfour, à Paris, était honoré du titre de cuisinier de l'année et Guy Savoy, toujours à Paris, se voyait attribuer la note maximale de 19 sur 20 – note que le guide lui avait, ces dernières années, contesté.

Avec son entrée au second marché de la Bourse de Paris, annoncée pour la fin de l'année, Bernard Loiseau réalisait son rêve. En proposant à tout un chacun d'acquérir une fraction de son outil de travail, tout en gardant par devers lui 53% de la SA familiale, le chef trois-étoiles espérait impulser de l'argent frais dans sa Côte d'or de Saulieu où, depuis quinze ans, il n'arrête pas de réinvestir ses bénéfices, quitte à s'endetter.

Enfin, le 17 décembre Alain Ducasse lançait au Westin Marignan-Élysées, à Paris, son Spoon Food & Wine, restaurant à l'ambiance jazzy, au service jeune et à la cuisine pluri-ethnique. A la carte : soupe « Youm Kourng » aux calmars et bouillon épicé, œuf mollet sur morue « montecato » et blanc de poulet snacké, ainsi que cent vingt bouteilles du monde entier. La cuisine était confiée à Christophe Moret, ex-second du restaurant Alain Ducasse, qui expliquait que tous les plats étaient conçus pour se « mixer » en liberté.

Vaut-il mieux déguster ses travers au barbecue avec des pommes Maxim's, des tranches de potiron poêlées ou des légumes sautées au wok ? Décidément, tout est fait pour que l'actualité des marmites continue à nourrir les conversations comme jadis en Sorbonne l'existence de Dieu.

1

Un, deux, trois... brillez !

« C'est fini. Marc Veyrat s'arrête, pouvait-on lire dans *Libération* le 2 septembre 1996. Le trois-étoiles *Michelin* de Veyrier-du-Lac, près d'Annecy, a annoncé qu'il fermerait ses portes le 9 octobre, à moins d'un miracle d'ici là. Après des mois de tractations, il n'est pas parvenu à renégocier avec ses quatre banques, deux régionales, deux nationales, une dette qui se monte à 45 millions de francs. »

Une telle somme n'a rien d'obligatoire pour décrocher les trois étoiles, admettait Marc Veyrat. Mais voilà, mégalomanie à part, rien n'est trop beau pour le client, pas même 450 000 francs de remboursements mensuels, vingt heures de travail quotidien, quatre banques... Durant près d'un semestre, le petit monde des fourneaux s'est demandé s'il rouvrirait ou s'il ne rouvrirait pas... Même si on connaît aujourd'hui la réponse, le chef aura ajouté un chapitre à la crise de la gastronomie, tout juste un an après avoir ajouté une troisième étoile *Michelin* (promotion de 1995) à l'auberge de l'Éridan. « J'ai bien conscience d'avoir apporté le désordre dans l'univers policé de la haute cuisine », avait-il alors déclaré au *Journal du Dimanche*.

Marc Veyrat, c'est l'homme au chapeau noir parmi les toques blanches. Il porte, vissé sur la tête, le grand chapeau à larges bords qu'autrefois son grand-père, marchand de chèvres et gardien de moutons, remplissait pour lui de fraises sauvages. Enfant terrible, montagnard du village de Manigod, Haute-Savoie, il a été moniteur de ski, aujourd'hui cuisinier, classé, à quarante-cinq ans, dans la catégorie « jeunes créateurs ».

« Je suis un autodidacte... avec pas mal de bêtises à son actif – je me suis fait virer de toutes les écoles. Gourmand aussi, dans tous les sens du terme ! Je suis venu à Annecy et j'ai commencé la restauration en 1985 – il ne faut pas l'oublier. C'est une superbe aventure [1]. »

L'ascension de Marc Veyrat au firmament des chefs s'est faite en dix ans avec une accélération foudroyante. Il a décroché sa deuxième étoile dès 1987, le titre de « cuisinier de l'année » *GaultMillau* en 1990... Depuis 1992, au bord du lac d'Annecy, on a déménagé, inauguré onze chambres et suites de grand luxe avec vue sur le lac, ouvert un bistrot montagnard dans le centre d'Annecy, où l'on grille la traditionnelle saucisse farcie de blettes et de lard maigre. Et on a même construit, dans la cuisine de l'auberge, un chalet à l'ancienne pour déguster en direct les émotions culinaires que Marc Veyrat ressent et vous apporte dans l'assiette. L'omble-chevalier rare et ombrageux, tout frais pêché des lacs savoyards, les ravioles de légumes aux senteurs de sous-bois et, surtout, les herbes qui poussent en liberté dans les montagnes : la fleur de l'ail des ours, l'origan sauvage, la tétragone, le cresson de fontaine, les crocus dont les pistils orangé constituent le précieux safran... Mais aussi l'armoise, l'achillée, la berce, le pimpiolet et la gentiane jaune.

1. *Libération,* 16 octobre 1996.

« Je défends le terroir savoyard au maximum, sans tricher, en amenant tout l'amour du métier dans l'assiette. J'aime faire plaisir. J'ai une certaine joie de vivre, je n'apprécie pas du tout les gens qui se prennent au sérieux. Et puis, la cuisine doit être un moment de bonheur et d'authenticité. »

D'avril à octobre, Marc Veyrat, ses cuisiniers, ses serveurs, ses clients, tous chaussent des godillots pour ramasser dans la montagne ce que les autres promeneurs piétinent et que le maître cuisine, en infusion, en bouillon ou en émulsion parfumée. « Tout le monde parle le même langage chez nous, celui des plantes. Quand vous démarrez la cuisine à 5-6 heures du matin dans les champs, à 2 000 mètres d'altitude, et que vous arrivez à 10 h 30-11 heures à l'Auberge, vous attaquez la journée différemment. Ici, on commence la cuisine en brodequins. »

A chaque service, Veyrat propose à soixante bienheureux un plaisir qui n'a pas de prix. A son répertoire récent, le gâteau de pommes de terre à l'ache confite, la soupe de farine brûlée et lard maigre du chasseur alpin, ainsi que les rognons à la gentiane, la canette à l'écorce d'épicéa et aux branches de genièvre, ou encore l'aumônière des quatre haricots de Pierre Veyrat – son père – au sabayon de truffes de Seyssel... « Sa cuisine a le goût de l'instinct et les parures de la provoc [2] », a-t-on pu écrire.

Bernard Loiseau, venu fêter en avant-première les trois étoiles de Marc Veyrat et reparti en Bourgogne avec une entorse, en rit encore : « On a fait du scooter des neiges à 2 heures du matin ! Je suis monté derrière

2. *Libération*, 16 octobre 1996.

lui ; il est complètement fou, un vrai kamikaze... comme Jacques Maximin, qui faisait tourner sa Porsche à 240 km/h sur la Croisette... On s'est embourbé dans la neige en pleine nuit. Le personnage Veyrat est paradoxal, avec son éternel chapeau noir et, autour de lui, tout cet ensemble sophistiqué, avec marbres et dorures partout... »

Longtemps, les rives du lac d'Annecy ont été bénies des inspecteurs du *Michelin* – et courues des gourmets fortunés du monde entier. A côté de Veyrier-du-Lac et du Relais & Châteaux de Marc Veyrat, Talloires détint, entre 1967 et 1970, le record d'étoiles, eu égard à sa population : six cent cinquante-sept habitants... et sept étoiles, dont cinq pour la famille Bise, rappelle l'historien Jean-François Mesplède. Autre précision pour les amateurs de statistiques gourmandes : les Bise, Marius puis François, sont restés au sommet de 1951 à 1982, avant que Charlyne Bise ne retrouve – phénomène rarissime dans les annales du *Michelin* – le plus haut niveau entre 1985 et 1987. Enfin, sa fille Sophie a longtemps été la seule cuisinière de France doublement étoilée, avec la Flamande Ghislaine Arabian, débarquée depuis de chez Ledoyen. Mère et fille veillent de concert sur l'Auberge du Père Bise, bientôt centenaire. Le cadre n'a rien perdu de ses enchantements ni la cuisine de sa prodigalité : on fait toujours fête à l'omble-chevalier du lac en meunière, à la tatin de truffes, foie d'oie et pommes de terre ou au gratin de queues d'écrevisses... Des chambres semées dans les pavillons du parc sont là pour faire de beaux rêves qui eux non plus, n'ont pas de prix.

Comme Jacques Maximin, qui fut conseiller du groupe Partouche, Bernard Loiseau et la majorité des grands chefs, Marc Veyrat essaie d'apurer ses dettes et d'appuyer ses recettes sur les annexes. En l'occurrence, le bistrot d'Annecy (une expérience peu convaincante, que le chef a dû abréger) et la collaboration avec la Sodexho, numéro un mondial de la restauration collective. «J'ai installé un amphithéâtre dans ma cuisine où je donne des cours. Je travaille pour la Sodexho depuis cinq ans. Pour nous, cela représente une activité importante. Nous formons leurs chefs.» Affichant plus de dix-huit milliards de chiffre d'affaires, le géant de la RHF (restauration hors foyer) continue d'absorber les enseignes et de diversifier ses prestations pour assurer, outre la restauration collective, l'entretien, la sécurité des bâtiments... Côté couverts, la Sodexho en servait déjà cent quarante quatre millions en 1994. L'Auberge de l'Éridan, soixante couverts au grand complet, profite de la notoriété de son chef et des besoins de formation du «géant». Marc Veyrat s'octroie un salaire minimal : «Je suis nourri, blanchi, logé, je fais ce que j'aime, je suis le plus heureux des hommes»... dans la plus belle des vallées, ajouterait-il, celle qu'une dizaine de générations de Veyrat a arpenté, depuis le lac d'Annecy jusqu'au sommet des Aravis.

Le monde selon Marc Veyrat s'ouvre d'abord sur la vallée de Thônes (capitale du reblochon) à laquelle Mobalpa et le tourisme vert ont redonné des couleurs. Prendre la route de La Croix-Fry, c'est saluer les fournisseurs et la famille. Du cousin affineur au cousin boulanger, chacun égrène son chapelet de victuailles et le garde-manger de l'auberge y retrouve là son pain au four, sa charcuterie, ses gnôles... A 1 500 mètres d'altitude, il y a le village de Manigod, où naquit la cuisine de Marc Veyrat, «dans une ferme infernale où tous les arômes étaient concentrés».

En 1945, Lina, sa mère, ouvre le chalet aux chasseurs. Une manière de bistrot qui tient en quelques tables, des casse-croûte, la tarte aux myrtilles et le coup de vin. Dès l'aube, les senteurs du café qu'on grille, du reblochon qui mûrit, de la cave à cidre et de tous les plats qui mijotent se disputent les faveurs du jeune Marc. Sa mère le ravigote d'une assiette de carottes aux châtaignes alors que son père est aux travaux des champs. A Manigod, le foin, l'avoine, c'est sacré... Quant aux « mauvaises herbes », il faut que Lina ait l'idée d'en faire des soupes pour que l'ortie, le rumex ou le chénopode gagnent le respect des hommes. Marc est accepté à leur table pour ses dix ans. Deux printemps et une batterie de cuisine brûlée plus tard, sa voie est tracée, déjà parsemée d'herbes.

« Les étoiles ? J'y perçois un immense bonheur. Elles viennent à un moment de ma carrière où je me sens vraiment devenir cuisinier. »

Alain Passard a quarante ans. Il a obtenu en 1996, un an donc après Marc Veyrat, les trois étoiles du *Michelin*. Le chef breton rejoint alors le club très fermé des dix-neuf meilleurs restaurants de France.

« Un jour dont je n'attendais rien de précis, j'ai senti une fenêtre s'ouvrir devant moi, me libérant d'une réserve d'hésitation et de retenue que je ne soupçonnais même pas, pour faire place à une aisance du goût, une confiance et une facilité nouvelles dans l'approche de la création culinaire. J'aime passionnément affronter un produit – un fruit, une herbe, un vin – et ne plus le lâcher. Le brutaliser, le provoquer jusqu'au moment où naît un nouveau partenaire. Cela peut correspondre au début d'un plat. Viennent ensuite se greffer un autre produit, une épice, un condiment, pour aboutir, après de nombreux essais et dégustations, au plat fini. »

Installé depuis octobre 1986 à Paris, dans les blondes boiseries de poirier de l'Arpège, VIIe arrondissement, Alain Passard a mûri sa vocation dans ces mêmes murs, à l'enseigne alors de L'Archestrate et sous la direction d'Alain Senderens. Sa réussite n'a pas eu à emprunter les chemins périlleux de la course aux investissements : un « privilège » d'abord réservé, parmi les grands chefs, aux Parisiens. Pour refaire les décors de l'Arpège, Alain Passard n'a emprunté « que » cinq millions et demi de francs aux banques, soit des remboursements de quatre-vingt mille francs par mois. Avec une équipe de dix-huit personnes (neuf en salle, neuf en cuisine), ses charges sont légères comparées à celles de nombre de ses pairs.

Le maître des lieux sait la fragilité de la condition de cuisinier indépendant. De cette indépendance qui seule autorise la créativité, la liberté, le bonheur de s'exprimer aux fourneaux. Il pense à Pierre Gagnaire et à Michel Kéréver, son maître au Lion d'Or de Liffré, qui a ensuite connu les affres de la faillite au Duc d'Enghien. Il n'oublie pas ses autres chefs d'apprentissage : Gaston Boyer, dont le fils Gérard arbore aujourd'hui les trois étoiles *Michelin* aux Crayères de Reims. Il pense surtout à ses hôtes, qui, dit-il, nous invitent à leur table quand ils choisissent notre maison. Il s'agit de leur faire passer une soirée d'exception. « Il faut que le restaurant reste un lieu de folie, de déraison. Alors c'est magique. Ou tragique. Les banques sont quelque peu légères dans cette histoire. C'est à se demander s'il ne faudrait pas assister les banquiers de gens plus raisonnables », confiait-il au *Figaro*, le lendemain de l'annonce faite par Marc Veyrat.

Ici, à l'Arpège, comme dans chacun des « grands » restaurants, tout est profusion, abondance de dons :

amuse-bouche et avant-plats précèdent le repas, les desserts ne sauraient se passer de leurs petits fours, les cafés de leurs chocolats. La carte de Passard est plutôt sobre, comparée à celle de nombre de ses pairs. Les intitulés sont précis, sans excès de fioritures : Crème de cèpes au coulis de truffes et parmesan, Dragée de pigeonneau vendéen à l'hydromel, Homard breton aux navets en aigre-doux au romarin... Le mystère est là, insoluble. Nul ligne du « grand livre » n'étaiera la recette – surtout quand, dans le cas d'Alain Passard, il est encore à venir. Car il faut bien s'y résoudre : détacher la chair du tourteau des cartilages est affaire de brigade. La préparation ne souffre pas d'adaptation, la cuisine du commun des mortels n'y suffit pas. Ainsi le homard breton qui a fait la réputation de l'Arpège, servi entier, en quatre aiguillettes coupées dans le sens de la longueur (pour préserver les saveurs puissantes nichées dans la tête et les cavités du crustacé), après avoir été toiletté à l'eau claire et au pinceau (dans les articulations), cambré grâce à une ficelle tendue entre la queue et le rostre (c'est le « truc » du chef, qui permet ensuite de déguster le crustacé avec facilité), étourdi au court-bouillon frémissant, braisé au vin jaune du Jura, tiédi entre deux assiettes chaudes, épicé au poivre, accommodé à l'huile de noisette...

A les écouter, tous les cuisiniers sont nés dans une cuisine, ont grandi sur de profuses racines rurales recomposées au sortir des années d'apprentissage. Parmi les « modernes », rares sont ceux qui ne revendiquent pas d'emblée le terroir, ses influences déterminantes de la première heure. Chez la plupart, l'emblématique figure de la mère, de la grand-mère ou de la tante a suscité l'entrée en religion. Les plus mystiques voient au fond des fourneaux la nostalgie du ventre maternel, lieu d'étranges alchimies propres à l'art culinaire. Alain Passard s'en explique, volontiers disert sur sa grand-mère Louise, cuisinière (que les fidèles de l'Arpège connaissent en photo), et sur sa Bretagne natale dont, même s'il ne retient pas les techniques de cuisson (« ces mijotés des plats familiaux... »), il exploite les légumes à l'envi : artichaut, chou-fleur, pomme de terre, poireau... Et puis, outre le homard, il y a le beurre salé : « A consommer simplement cru, sur un pain campagnard. Ou alors ce copeau de beurre salé que vous ajoutez au dernier moment dans une sauce, un léger fumet de volaille ou de poisson, et qui vient rappeler la saveur profonde de la Bretagne. »

Pâtissier de formation, comme Michel Guérard, Alain Passard met les desserts à l'honneur et au goût du jour : Millefeuille au chocolat, Saint-Honoré, Tomate farcie sucrée confite avec douze parfums et servie avec une glace vanille. Alors qu'il officiait au Carlton de Bruxelles, au début des années 80, son chef pâtissier s'appelait Pierre Hermé : avec Philippe Conticini, de la Table d'Anvers (à Paris), l'un des grands défenseurs du sucré en cuisine.

Sucré, salé... l'Arpège joue aujourd'hui les meilleurs airs de l'équilibre et, pour Alain Passard, la troisième étoile n'est pas ce cadeau empoisonné que la crise a fait à certains de ses prédécesseurs. Il complète sa cave de grands bordeaux quand d'autres doivent rénover les chambres d'hôtel sans lesquelles leurs tables ne seraient pas viables. Il s'offre des guéridons de service en bois de poirier (à 16 000 francs l'unité) quand certains font table quasi vide à midi et attendent avec anxiété l'hiver – et les agios bancaires. Et ses clients ne boudent pas le plaisir de déjeuner ou dîner dans le « nouveau trois-étoiles » de la capitale, même si, dans le même temps, le *Guide GaultMillau* souffle le froid et rappelle qu'il n'y pas si longtemps, « Passard le Modeste gardait précieusement un menu à 220 francs ».

Ce fut la surprise du *Michelin 1998*. Non que les jumeaux Pourcel – Jacques et Laurent, 33 ans, patrons du Jardin des Sens, avenue Saint-Lazare à Montpellier – fussent tout à fait des inconnus. Depuis 1988, date de l'ouverture de leur établissement assez loin du centre-ville (« Nous n'avions que 50 000 francs en poche chacun, nous n'avons pu acheter qu'une vieille maison un peu excentrée »), ils avaient réussi un sans-faute. En 1989, c'était l'entrée en fanfare au *GaultMillau* avec un 16/20 et deux toques. « Nous avons commencé sans un sou en poche. Au début, nous faisions même la plonge. Avec Olivier Château, notre sommelier, nous avons ouvert un restaurant de trente-cinq couverts avec un menu à 120 francs. » Quelques mois plus tard, ils gagnaient leur premier macaron. Le moins qu'on puisse dire est que la troisième toque et la deuxième étoile ne se sont pas fait attendre trop longtemps : trois ans après le démarrage, les Pourcel étaient déjà classés parmi les meilleurs. Enfin, en 1997, ils étaient sacrés « Cuisiniers de l'année » par les inspecteurs du *GaultMillau*. « Nous sommes montés très vite, très haut. Mais, à présent, il faut nous arrêter et respirer un peu. Une note supérieure nous bloquerait. »

Les Pourcel ont la modestie en partage. A les écouter, ils doivent tout à leurs maîtres. Jacques fut le premier à tenter l'aventure de l'école hôtelière de Montpellier. Il avait 15 ans. Un an plus tard, Laurent le rejoint. Bien vite, les jumeaux se séparent pour entrer en apprentissage : Jacques rejoint les cuisines de Michel Trama puis celles de Marc Meneau, enfin l'équipe de Pierre Gagnaire ; Laurent, pour sa part, part à Laguiole chez Michel Bras, puis chez Alain Chapel. « Bras m'a ébloui, se souvient-il. C'est lui qui m'a enseigné la créativité, le goût des saveurs nouvelles, les plats inventés sur le piano. » Pour Jacques, l'illumination est venue de Gagnaire – « un authentique virtuose... qu'il faut pouvoir suivre ! » – mais le métier, c'est Meneau qui le lui a appris, avec « sa rigueur dans le fini des plats et sa technique d'acier ».

Aujourd'hui, la cuisine des Pourcel reste à découvrir. Leur ascension rapide a été favorisée par une cuisine en constante évolution. Si le Jardin des Sens est devenu le moins cher des trois-étoiles français, avec des menus qui s'échelonnent de 230 à 590 francs et une addition moyenne qui se situait, en 1998, aux alentours de 500 francs, la carte n'en continue pas moins d'accueillir régulièrement de nouveaux plats. « Nous sommes en perpétuelle recherche. (...) Nous nous efforçons de réaliser une cuisine créative tournée vers la Méditerranée. Nous ne voulons surtout pas figer notre style. » Les encornets farcis d'une fine ratatouille aux langoustines et vinaigrette de soja, la tête de veau en carpaccio, la petite caillette de gibier accompagnée d'un céleri rémoulade et d'un caramel aigre-doux ou le tempura de queues de langoustines au banyuls accompagné d'un émincé d'oseille à l'huile d'olive portent sans conteste la marque des cuisiniers qui ont tant impressionné les Pourcel, tout en témoignant d'une inspiration nettement orientée au Sud. « La cuisine méditerranéenne a ses racines ici, et c'est ici qu'il faut la défendre et tenter de lui donner un nouveau souffle. L'huile d'olive et les herbes seront toujours à portée de main. Comme le soleil. »

2

Georges Blanc, l'empereur de Vonnas

Cuisinier, vigneron, hôtelier, entrepreneur, écrivain, châtelain, Georges Blanc, qui entraîne dans son sillage les bons produits de sa Bresse natale, est un stratège. C'est un chef d'état-major qui arpente son territoire, de Lyon à Mâcon, impatient d'en découdre. Il rêve de nouvelles conquêtes et gagne l'une après l'autre des batailles. Dans les années 30, Curnonsky, prince élu des gastronomes, disait d'Élisa Blanc, la grand-mère de Georges, deux étoiles *Michelin* à l'époque : « C'est la meilleure cuisinière du monde. » En 1968, le petit Georges succède à ses parents ; il fera de l'auberge de la Mère Blanc, à Vonnas, un luxueux établissement labellisé Relais & Châteaux. Quand il décroche, en 1981, la troisième étoile *Michelin*, il se hisse au niveau de Paul Bocuse et Alain Chapel, mais il veut aller encore plus loin. Aujourd'hui, à cinquante-cinq ans, Georges Blanc est à la tête d'un petit empire.

Pourtant, à quinze ans, Georges rêvait d'aventures et de voyages. Il s'imaginait descendant des fleuves, bravant des rapides, posant son sac dans des rades au bout du monde. Il aurait la silhouette d'Humphrey Bogart, serait magnat du pétrole ou chercheur de diamants, Henry de Monfreid ou Paul-Émile Victor. Un truc qui l'aurait emmené loin des berges de la Veyle, des torpeurs de Vonnas et d'une vie qu'il apercevait comme tracée au cordeau, quand ses parents l'ont un peu poussé à faire l'école hôtelière.

Quarante ans plus tard, il est très content de faire ce qu'il fait. Ça le passionne « complètement ». A la maison familiale qui s'est sans cesse agrandie il a ajouté un vignoble en Saône-et-Loire, dix-sept hectares de chardonnay : c'est le château-d'Azenay, planté sur des coteaux en friche. Les ceps ont aujourd'hui plus de dix ans ; la dernière vendange promet, elle se vendra en France et à l'étranger, comme les millésimes précédents. Sa cuvée 92, Les hauts-d'Azenay, bourgogne blanc A.O.C., a obtenu la médaille d'or au concours des grands vins de Mâcon en 1995. « Pour un vin de cuisinier, ce n'est pas si mal », dit-il. « Même si ça n'est pas une grande réussite financière », ajoute-t-il modestement.

Vigneron-écrivain, Georges Blanc a également signé *La Nature dans l'Assiette*, puis *De la vigne à l'assiette. Voyage au cœur de la France des saveurs*. Deux grands beaux livres, manifestement destinés au salon plutôt qu'à la cuisine. Largement illustrés, cosignés avec le photographe américain Christopher Baker, les livres se composent de ses recettes, mêlées à celles de ses confrères étoilés. Pour l'une des illustrations, Blanc et Baker ont guetté, à l'aube, la dissipation des brumes matinales au pied de la roche de Solutré, pour immortaliser la cressonnière d'escargots de Bourgogne aux haricots blancs et au saint-véran. La patience est amère, mais ses fruits sont doux.

Président actif de la Chambre syndicale de la haute cuisine et du Comité interprofessionnel de la volaille de Bresse, Georges Blanc constate qu'il est plus facile d'obtenir de bons produits qu'il y a cinquante ans. On a motivé les producteurs pour ça. A Vonnas, il les a décidés à continuer à faire de la qualité. Grâce à la culture décalée, les légumes du printemps, les petites salades, les herbes sont cueillis du matin.

Homme d'affaires, Georges Blanc désespère son comptable, qui se demande à quoi il sert. Chaque fois que le chef caresse un projet, le comptable fait toutes les études marketing, les budgets prévisionnels, les plans d'amortissement... A chaque fois les chiffres parlent. Ils disent non. Non, ce n'est pas le moment, l'investissement n'est pas rentable, trop lourd pour la P.M.E. familiale de Vonnas. Et, à chaque fois, Georges Blanc dit qu'on va le faire quand même... Et on le fait, et ça marche, et le comptable avale son chapeau. Ce qui est un comble dans un trois-étoiles.

Sur la place du village, toutes les maisons lui appartiennent, à une exception près. Vonnas est conservé dans sa patine par ses soins vigilants – il était jusqu'à peu élu municipal, chargé de l'environnement. Il veille aussi à la bonne marche du musée des Attelages et de la Carrosserie. Sinon, il y a L'Ancienne Auberge, la première annexe : une manière de réplique à l'identique de l'auberge du siècle dernier, où l'on sert les plats authentiques du terroir : saveurs retrouvées des grenouilles sautées, labels rassurants, plumes blanches, pattes bleues et crêtes rouges des volailles de Bresse. Très tricolore, la griffe de Georges Blanc est reconnaissable entre toutes. Au Saint-Laurent-de-Mâcon, la deuxième annexe, la recette est la même, la vue sur la Saône et la ville en sus. Mitterrand et Gorbatchev y sont venus en leur temps tailler le bout de gras et une jolie réputation à l'établissement.

Le tour du propriétaire se poursuit au château d'Epeyssoles, son étang où viennent nicher les hérons, et son île sur l'étang, couronnée d'une gloriette en pierre blonde parfaite pour la traditionnelle photo de mariage. A deux pas de Vonnas, Epeyssoles, restauré par les soins de son nouveau châtelain, est dédié à la formation professionnelle et grand public, dans « L'atelier culinaire », ainsi qu'aux réceptions. Georges Blanc y a soufflé, le 10 juin 1997, les cent vingt-cinq bougies de l'enseigne familiale. Dans l'assiette des trois cents convives, se succédaient des hommages à la cuisine des mères, conclus par le gâteau à l'orange grand-mère Blanc – et la remise, par Paul Bocuse, des insignes de chevalier dans l'ordre national du Mérite à Jacqueline Blanc.

Et voici enfin le Relais & Châteaux, flanqué de ses multiples dépendances : la Cour aux Fleurs, la Résidence des Saules, le grand restaurant... Georges Blanc n'a de cesse d'ajouter de l'espace, des verrières ici, des petits salons là, des chambres, des amorces d'escalier... et une coursive extérieure, comme sur un paquebot ! Sans oublier le pont arrière, avec la piscine, les transats et les parasols... Et bien sûr le tennis et l'héliport.

A force d'empiler les casquettes, il s'est même mis à en vendre, au milieu des tabliers et des porcelaines, ainsi que des terrines de canard et des quenelles, du mâcon et du champagne, siglés Georges Blanc. Ça, c'est à la boutique (et au cellier) de la place du Marché. Partout, on a conceptualisé : on veut la « qualité totale ». La grande fierté du chef est d'avoir obtenu, sur l'autoroute Paris-Genève, une sortie Vonnas. Les cuisiniers peuvent faire tourner le monde à l'envers ! Auparavant, la route attirait le restaurant ; aujourd'hui, le restaurant dicte sa loi et impose ses aiguillages « vitaux ». Dès l'entrée du village, des confins de la Bresse et de la Dombes, les clients doivent succomber...

« Il faut jouer le plaisir du client, répondre à son attente, avoir le petit geste... La qualité totale commence sur le trottoir de l'assiette. C'est d'abord dans l'assiette que les gens viennent chercher leur plaisir, bien que ça la dépasse largement. C'est aussi la table bien dressée, les décors de la salle, la valeur de l'équipe présente pour organiser la fête ; l'environnement fleuri du village, sa propreté, dont je continue à m'occuper... Je suis compositeur et chef d'orchestre ici. J'aime aller au contact du public. En salle, mes clients attendent que j'aille les saluer, que l'on dialogue sur les plats. »

C'est donc là, en salle, que règne le cuisinier de la fin du XXe siècle. Impérial et jovial, il va de table en table. Son nom est brodé sur la veste, en sous-titre. On connaît vaguement sa tête pour l'avoir aperçue à la télévision ou en photo dans un magazine, entouré de vedettes – ou de pseudo-vedettes. D'ailleurs, ce n'est pas à son visage qu'on le reconnaît, mais à son grand tablier immaculé. Seules une ou deux taches microscopiques rappellent qu'il y a un instant, là-bas, en cuisine, c'est sûrement lui qui vous a préparé à manger.

Sacré Georges Blanc ! Avec lui, on entre de plain-pied dans l'ère de l'homme-orchestre, qui conduit à la baguette les rituels de l'art de vivre. Il goûte, sanctionne, plus qu'il ne pratique. Dans cette nouvelle cuisine de cour, le chef a troqué sa toque de cuisinier pour celle d'ambassadeur. « L'art de la cuisine est peut-être une des formes les plus utiles de la diplomatie », écrivait déjà Escoffier. Le chef le sait, qui côtoie les grands de ce monde, quand il ne les immortalise pas à la carte : Paul Bocuse a sa soupe de truffes V.G.E., le prince Rainier avait son pigeon chez Raymond Oliver. Quant à La Côte d'Or de Bernard Loiseau, François Mitterrand y avait ses habitudes.

Omniprésent, le chef sévit en salle et en cuisine, ou dans son autre restaurant, ou encore à l'autre bout du monde. Il ne viendrait à personne l'idée de reprocher à Charles Dutoit de négliger son pupitre à Paris, sous prétexte qu'il dirige d'autres formations à Tokyo ou Montréal. Au cuisinier on fait souvent ce procès d'ubiquité. Faut-il vraiment regretter qu'il ait sacrifié une partie de son artisanat originel sur l'autel du management, de la gestion informatisée et de la mondialisation?

Tyran qui mène à la dure la brigade de ses doublures anonymes ou «coach» qui motive une équipe hyperperformante, peu importe : le chef, c'est le chef. «– Oui, chef! Bien, chef! Entendu, chef!», et malheur à celui qui répond autrement!

«Je sens bien les choses parce que je vais au contact. On dit ici que 80% de notre réussite, c'est la capacité du décisionnaire d'entretenir l'enthousiasme autour de lui. Je crois avoir réussi ça. J'ai beaucoup de compliments du personnel... Je n'ai jamais vu une équipe aussi sympathique avec les clients. D'ailleurs, je ne m'occupe pas du recrutement, alors que je suis assailli de demandes. «Voyez avec le chef de service...» Dans des équipes homogènes, avec de l'autodiscipline, un individu hors normes est aussitôt éliminé par les autres.»

Souvenirs de soirées à Vonnas... Lui, Georges Blanc, dit «l'héritier» ou le «p'tit Blanc» selon le degré d'affection, observe sans être vu les entrées et les sorties des garçons, les esquives souples, cette aisance des gestes qui s'enchaînent comme sans effort. Ça roule. Il exerce une vigilance de tous les instants, sur la cuisson du turbot « à l'arête » ou le corps de la grecque de légumes. Le goût, la consistance, la largeur du cordon de jus à la lie de vin qui ceinture le plat et n'a rien à faire sur le trottoir de l'assiette, doivent correspondre point par point aux critères définis par le chef. Il contrôle aussi la bonne exécution de la partition, prévient les couacs. Les principaux solistes sont en place : Marcel Périnet, le directeur de salle, Gilles Hascouet, le sommelier... Quant à Jacqueline Blanc, elle a en charge l'accueil des hôtes de l'auberge.

Chez Blanc, les clients aiment que le maître fasse son tour de piste. Et le maître, tous les soirs, s'exécute, attentif à l'anecdote, l'air dégagé sous le compliment. D'ailleurs, c'est l'un de ces soirs comme Georges et son comptable les aiment. Cent quarante couverts, autant dire le plein : de bons Suisses et de beaux Allemands, deux ou trois tablées de Japonais. Ici ou là, quelques jeunes couples abordent la phase séduction. Ceux-là trouveront tout délicieux. Il y a aussi de vieux ménages qui l'ont dépassée depuis longtemps. Et puis il y a des habitués. Pourtant, même quand on leur offre l'apéritif ou, plus tard, près de la cheminée, un verre de vieux marc du Bugey, il faudra bien à un moment que, d'un signe discret mais sans équivoque, « l'ami » demande l'addition.

« Et d'où viennent les grenouilles ?

– Hélas, plus toujours des étangs de la Dombes... Mais l'essentiel, c'est que nous sachions encore comment les faire sauter ! »

Pour les Français, toujours un poil critiques, persuadés d'avoir tout lu, tout bu et tout mangé, Georges Blanc, tout en abondant dans leur sens, apporte le détail juste. Parfois en verve, il se fend d'une confidence calculée.

« Oooh you are Georges Blanc ! »

Les étrangers, moins blasés, plus dithyrambiques, ne tarissent pas d'éloges et de commentaires... Les Anglo-Saxons surtout, pour qui c'est toujours le meilleur repas de leur vie. La maman se lève, elle saute au cou du chef. C'est touchant...

« Aujourd'hui, on arrive à une taille au-delà de laquelle il ne serait pas raisonnable d'aller... Le luxe, c'est l'espace, et ici les gens respirent. C'est ça, la convivialité. Ce soir on a cent quarante personnes ; ils peuvent apprécier le ballet des serveurs, voir de belles dames défiler, savourer ce qu'ils ont dans l'assiette ; la discussion qu'ils peuvent avoir avec M. ou Mme Blanc, ça compte. »

Et les confrères viennent lui rendre visite. Ainsi ce deux-étoiles : Georges Blanc a craint un instant qu'il ne soit venu pour espionner, piquer un des trucs de la maison. Mais il s'est rassuré à la vue de sa commande : des crêpes vonnassiennes ! Les confrères adorent les classiques, surtout chez les autres. Ça leur permet d'exposer à leurs invités la genèse, l'historique de la « chose ». Avec force détails, à croire quelquefois qu'ils en sont eux-mêmes les inventeurs. Il leur arrive aussi de trouver, et de dire, qu'il y a du flou dans l'exécution... que ce n'est plus tout à fait ça... Blanc n'en a cure, qui ne déroge pas à la ligne de conduite qu'il s'est tracée : « Il faut toujours rechercher le progrès – et être en progrès effectif – pour paraître seulement aussi bon. »

Côté cuisine, Georges Blanc a touché à tout : la nouvelle cuisine, les mélanges venus d'ailleurs... Il a suivi les modes sans pour autant s'en encombrer. Il a su jouer les traditions familiales quand d'autres avaient le nez dans le kiwi et la fleur d'hortensia. Et perpétuer la lignée. Depuis 1872, son arrière-grand-mère, grand-mère Élisa, sa mère Paulette ont tenu les fourneaux... et conservé deux étoiles *Michelin* pendant un demi-siècle, de 1931 à 1981. Lui, il en a ajouté une troisième. Il vante cette cuisine simple et pleine de bon sens comme savent la faire les femmes et évoque le temps où Édouard Herriot venait – souvent – faire la fête, et les représentants de commerce manger, autour de la table d'hôte, un bœuf braisé aux carottes, avec des pieds de veau et un jus superbe. Ils en parlaient longtemps après.

« Ma mère m'a marqué. Elle avait un registre de plats un peu limité mais toujours excessivement goûteux, bien assaisonnés, bien maîtrisés au niveau des cuissons... Loin des fanfreluches et des sophistications, c'était une cuisine qui sentait bon le terroir, avec des produits de haute qualité dont elle savait tirer la quintessence. C'est dans cet esprit-là que j'essaie de travailler aujourd'hui, en valorisant la fraîcheur, la limpidité et la précision des goûts, et pas une cuisine échafaudée qui ferait de chaque plat un assemblage de produits préparés longtemps à l'avance. On perd un peu la fraîcheur dans l'expression culinaire si l'on a recours à des préparations trop compliquées. »

La saga familiale a du bon, qui se perpétue tous les dimanches avec un menu d'anthologie, désormais servi à L'Ancienne Auberge. Une carte unique, une salle toujours pleine, venue pour le grand rituel : la terrine maison, moelleuse et goûteuse, les escargots ou les quenelles, les écrevisses à la nage, et puis le poulet de Bresse à la crème... Enfin, les crêpes vonnassiennes. Les recettes de grand-mère Blanc sont au garde-à-vous. C'est le prix qu'il faut payer pour vendre le saumon mi-cuit à l'anchoïade, le carré d'agneau en tapenade, les gnocchis aux noix qui accompagnent la lotte rôtie et le turbot à l'aubergine et au caviar... « Si tu gagnes des clients, tu gagnes de l'argent. Si tu cherches à gagner de l'argent, tu ne gagneras jamais de clients», avait soufflé, il y a quelques années, un client avisé. Georges Blanc a bien retenu la leçon.

«Si je veux être sincère, la cuisine n'occupe qu'une petite partie de mon activité, même si c'est une préoccupation permanente. Je pense tous les jours à créer de nouvelles choses. Mais je m'attache beaucoup à l'ensemble. Et je ne mets en œuvre aucune des décisions que je prends, des idées que je peux avoir, sans les avoir testées sur un certain nombre de mes proches collaborateurs. C'est dans un esprit de synthèse que je le fais. J'ai toujours pris ainsi mes meilleures décisions, les plus porteuses.»

Mais lorsque le chef revient aux fourneaux, la magie opère. Georges Blanc s'attache à mettre au point un menu volaille en trois services: cuisse, suprême et abats, chacun à leur façon, ou à marier les saveurs de trois-quatre éléments et à créer une réelle harmonie. Exemples et papilles à l'appui.

«Une blanquette de grenouilles aux truffes, avec un peu de vin blanc, quelques échalotes... Un mariage simple, sans effet de présentation, mais plein de goût. Je peux aussi associer les truffes avec une soupe de haricots blancs... ou des Saint-Jacques avec des cèpes – c'est la même saison. On décoquille les Saint-Jacques alors qu'elles sont encore vivantes. On a une belle texture, et les sucs caramélisent en surface au moment où on les fait poêler. C'est somptueux, éclatant de fraîcheur. Le résultat est totalement différent avec des Saint-Jacques achetées décoquillées et qui attendent d'être préparées. C'est dans cette direction qu'il faut travailler aujourd'hui.»

Il s'agit, pour Georges Blanc, de montrer la voie à son fils Frédéric, qui a déjà pris les commandes au tableau

de bord de l'annexe, sur la place. Et il faut croire que ça veut dire quelque chose : c'était franc comme l'or et vraiment bon. Son père ne pense pas pour autant à décrocher, s'estimant en pleine forme et goûtant les joies d'être grand-père depuis peu. « Ça pourrait bien sauter une génération, lance-t-il en guise de boutade. » Et Frédéric, de temps en temps, pense à tout ça. Aux choix qu'il a pu faire, à ceux qu'il n'a pas faits. A cette année 1981, celle des trois étoiles. A Mionnay, Alain Chapel, son parrain et l'un des meilleurs copains de son père, trois-étoiles depuis 1972, toujours mieux noté que les Blanc au *GaultMillau*, avait pris ombrage d'être rattrapé par son proche voisin. Et, du jour au lendemain, c'en avait été fini des parties de rigolade à table, en cuisine, des descentes au marché de Lyon, sur la presqu'île, ou mieux, à la foire aux volailles de Bourg-en-Bresse. Frédéric, du haut de ses dix ans, avait compris que ce métier de générosité qu'il ferait sûrement plus tard, quand il serait grand, prenait parfois un goût amer, comme quand la sauce est ratée. Et Alain Chapel est mort, brutalement, en juillet 1990. Ce jour-là, Frédéric a perdu une deuxième fois son parrain.

« C'est l'enthousiasme qui permet de durer. Mon projet est d'inclure mes enfants dans cette affaire pour qu'ils amènent l'enthousiasme au moment où j'aspirerai à souffler un peu. L'aîné a fait du bon travail à l'Ancienne Auberge. Le deuxième voulait absolument être cuisinier. A l'école hôtelière, il piaffait d'impatience... »

Pour Georges Blanc, la personnalité joue autant que le talent en cuisine. Lui a su garder la confiance des guides qui octroient étoiles et toques : ici, « la crise glisse comme les gouttes d'eau sur les plumes des canards de la Veyle », explique *GaultMillau*. Il sait qu'une cuisine fabuleuse peut n'être qu'un feu de paille si l'enthousiasme s'envole, ou si le talent n'est pas réel, en profondeur. Il affirme aussi : « Je pense que les cuisiniers font leur métier comme autrefois. La résonance médiatique aidant, ils font désormais partie des gens connus. Mais l'attrait existait déjà. Les médias ont trouvé un public réceptif, qui souhaitait entendre parler de terroir, retrouver des racines. Aujourd'hui, le restaurant est un lieu culturel – et ce sera de plus en plus vrai à notre niveau. En défendant les produits de qualité, je défends aussi le patrimoine culinaire français. »

Et tous les gourmands d'imaginer d'être reçus à Vonnas par Georges Blanc déclamant :

Lorsqu'un homme vous vient embrasser avec joie,
Il faut le payer de la même monnaie,
Répondre, comme on peut, à ses empressements,
Et rendre offre pour offre, et serments pour serments.

3

Confessions d'un restaurateur du siècle

Aujourd'hui encore, on vous présente le canard au sang Tour d'Argent avec la cloche du même métal. Colorées à four très chaud, les aiguillettes finiront de cuire dans le jus de la carcasse pressée, avec le foie et les abats. Les cuisses suivront, grillées, sur une petite salade frisée. Puis viendra la carte postale portant le numéro du canard – le millionième est prévu pour 2003. Même si la Tour d'Argent risquait de perdre sa troisième étoile *Michelin*, la salle à manger en étage qui domine le chevet de Notre-Dame et l'île Saint-Louis resterait près du firmament. C'est ce que voulait croire Claude Terrail, début mars 1996, qui espérait qu'ils n'oseraient pas. Les inspecteurs du guide ne l'ont pas entendu. Il a répondu, dans un unique communiqué : « Lorsque j'ai appris que, dans son édition 1996, le *Guide Michelin* allait amputer la Tour d'Argent d'une étoile, j'ai été profondément blessé dans mon amour-propre. (...) C'est ensuite au personnel tout entier, 100 salariés, dont 35 en cuisine et 45 en salle, que j'ai pensé. (...) Alerté par certains signes prémonitoires depuis trois mois déjà, je me suis astreint à goûter chaque jour un plat de la carte. (...) Peut-être entrons-nous dans une ère nouvelle ? Nous allons donc apporter une vigilance accrue... »

Premier signe : le remplacement du chef, Manuel Martinez, par Bernard Guilhaudin, venu des fourneaux de la Mamounia, le palace de Marrakech. Rompant le silence imposé depuis la parution du guide, Claude Terrail précisait : «Je donne carte blanche à Guilhaudin dont on me dit grand bien... Je suis ouvert à toutes les propositions gourmandes si on respecte la tradition initiée par mon père, André, qui fut l'ami d'Escoffier et de Dugléré. Pour moi, le patrimoine culinaire de la Tour existe, et il faudra en tenir compte.»

Depuis 1582, il se passe toujours quelque chose à la Tour d'Argent. Comme le disait déjà Sacha Guitry, «on vient à la Tour pour dîner. Arrivé là, on regarde!» Pêle-mêle : une soirée de quatre cents convives en hommage à la femme, un réveillon sans cotillons, mais avec smokings et robes longues, Tony Curtis, un petit-fils Kennedy, une princesse égyptienne... Et encore : une visite de Maurice Beaudoin venu manger, pour sa chronique du *Figaro-Magazine,* le canard numéro 838167 et fêter le cinquantième anniversaire (de maison) du propriétaire-animateur des lieux... Tandis que la cohorte des confrères constate, images et reportages à l'appui, que le carnet de réservations du célèbre restaurant est déjà complet pour la Saint-Sylvestre de l'an 1999. Le réveillon du millénaire, c'est le nouveau «marronnier» (traduisez : le sujet dont on usera et abusera à date fixe), fleuri lors des fêtes de fin d'année 1995. Des confrères, cuisiniers ceux-là, y ont trouvé à redire. Sous couvert d'anonymat : «Êtes-vous sûr que certains ne sont pas en train de s'offrir de la publicité gratuite ? Moi aussi, je pourrais vous raconter que je suis complet, même pour la Saint-Sylvestre de l'année d'après, tiens !»

A propos de publicité, la Tour se serait sans doute passée de l'affaire de pots-de-vin qui, ébruitée, a dû rappeler à Claude Terrail les heures sombres de la maison : 1952, la (première) perte temporaire de la troisième étoile *Michelin* (acquise dès 1933), une vilaine histoire de maître d'hôtel qui distribuait les tables au gré des pourboires... Il est vrai que, selon ladite table, les souvenirs d'un repas quai de la Tournelle oscillent du clair à l'obscur, dans la salle du sixième étage dont les baies vitrées ouvrent sur l'un des plus beaux panoramas de Paris, avec celui du Jules-Verne d'Alain Reix (une étoile *Michelin*) au deuxième étage de la Tour Eiffel, et de la terrasse du Toit de Passy de Yan Jacquot, dont l'étoile s'est envolée, ainsi que la mention, dans le guide rouge, en 1997.

Le 5 janvier 1996 donc, on apprenait que Manuel Martinez, chef de la Tour, Christian Constant, son homologue de l'hôtel de Crillon, ainsi qu'un ancien responsable des cuisines du ministère des Affaires étrangères, Marcel Le Faou, étaient mis en examen par le juge Halphen pour corruption présumée. A l'instar d'une trentaine de cuisiniers (non cités), ils auraient reçu d'une société de négoce en poissons, installée à Rungis, Scotfish, des sommes mensuelles variant, selon le montant des achats, de mille à trois mille francs, plus quelques avantages en nature... Il s'agit « d'un usage traditionnel et constant de la profession qui veut que les chefs touchent des gratifications. Lesdites gratifications sont extrêmement modestes, une sorte de pourboire », expliquait l'avocat de Marcel Le Faou à l'Agence France Presse.

Pour la Tour d'Argent, le grossiste en question représente vingt pour cent de son chiffre d'affaires de poissons. « Il y a trente ans, c'était normal, nous avions des salaires de misère. Mais aujourd'hui, lorsque certains grands chefs gagnent jusqu'à soixante mille francs par mois, cette dérive est incompréhensible », commentait Joël Robuchon sur les ondes de France-Info. Cette pratique, le « sou du franc » d'antan, la profession a fait mine de l'ignorer, voire de s'en indigner. Ou de la connaître depuis toujours... L'enquête est en cours.

Les mauvais esprits ont ri en relisant ces sentences, extraites de *La Tour d'Argent, histoire et recettes du plus célèbre restaurant du monde*, et signées Claude Terrail : « La légende veut que le chef aille lui-même à Rungis choisir ses produits. La Tour d'Argent a renoncé à ces pratiques... » Plus sérieusement, dès le lendemain de l'affaire, dans un dossier du *Figaro* qui annonçait la couleur (« Ces pratiques sont de notoriété publique. »), Claude Terrail tonnait : « Il est clair que la gestion d'un restaurant, quel qu'il soit, suppose un contrôle extrêmement strict, parfois à un gramme près, de toutes les marchandises livrées. La moindre anomalie sur un prix, une qualité ou une facturation est immédiatement décelée. Tout est discuté en permanence avec les fournisseurs. Si quelque chose d'important concernant le restaurant que je dirige s'était produit, j'aurais été convoqué, ce qui n'a jamais été le cas. Il s'agit donc d'une affaire privée... »

Et Jacques Le Divellec (un deux-étoiles *Michelin* qui pèse deux millions de francs d'achats de poisson par an – et beaucoup plus au box-office des cuisiniers de la mer établis à Paris) d'expliquer que les fournisseurs sont à la chasse des grandes maisons et que la chair est faible... Méfiez-vous, Jacques Le Divellec voulait même fonder un mouvement de défense du poisson ! Ce colosse en veste blanche immaculée en a ras la casquette de voir, dans certains ports du littoral, les cabillauds fumés par le diesel des bateaux, les bars à l'écaille terne, victimes de chocs thermiques, les turbots jetés sans ménagement dans des caisses à glace et qui attendent parfois quarante-huit heures ou plus sur un parking avant d'être vendus. Nous vivons le dernier siècle où le poisson est sauvage, affirme ce petit-fils de cap-hornier, et il ne faut pas confondre les produits de l'aquaculture et ceux pêchés, par exemple, par l'Association des ligneurs de la pointe de Bretagne, qui veille à la qualité d'un bout à l'autre de la chaîne. Les poissons et les crustacés, ça le connaît : c'est l'essentiel de ce qu'il sert dans la longue salle bleu marine de son luxueux restaurant de l'esplanade des Invalides. Jacques Le Divellec s'est imposé depuis dix ans comme une institution de notre république. La preuve ? Il a été conseiller pour le commerce extérieur, suivant l'idée d'un de ses clients : Hervé de Charette. Et lorsque, à l'époque, Jacques Chirac a voulu faire savoir que son amitié de trente ans avec Édouard Balladur était intacte, c'est chez Le Divellec qu'ils sont allés se faire une bouffe entre copains, persuadés que ce repas partagé ne passerait pas inaperçu...

Côté spectacle et mondanités, clientèle célèbre, fortunée et couronnée, les murs de la Tour d'Argent transpirent l'anecdote à gros bouillons. On en lira un florilège dans l'ouvrage de Claude Terrail précédemment cité. En guise d'amuse-bouche, c'est ici que Henri III apprit, dit-on, l'usage de la fourchette (manche d'ivoire et trois dents d'étain). Quant à Henri IV, il faisait venir de cette hostellerie de grosses tranches de pâté de héron. Le cardinal de Richelieu allait s'y régaler d'oie aux pruneaux et de perdrix au sucre. Déjà, la répartition des tables posait problème et on ferraillait volontiers aux alentours pour la bonne cause. Le café apparaît au milieu du XVIIIe siècle. Il connaît un grand succès. Puis viennent les Lumières et les arts de la table font leur révolution, avant que 1789 n'interrompe provisoirement l'histoire de la Tour. La cave est pillée, la maison vendue à l'encan.

En comparaison, l'atmosphère née des ors et des tentures, des marbres et des meubles rares du salon des Ambassadeurs, le grand restaurant deux étoiles de l'hôtel de Crillon, merveille du XVIIIe, ferait presque moderne. Mais être chef des cuisines dans un grand palace parisien n'est pas une mince responsabilité. Christian Constant en sait quelque chose. En quittant les cuisines de l'hôtel de Crillon, au début de l'année 1997, il a rompu avec l'immense usine, située au sous-sol du palace de la place de la Concorde. Usine qui dessert à la fois les deux restaurants, Les Ambassadeurs et L'Obélisque, les cocktails, les banquets et le room service. Dans les cuisines du Crillon, on respecte encore la coutume qui veut que le «communard», le cuisinier chargé de préparer le repas du personnel, garde son tablier bleu, alors qu'au moment du service, les autres cuisiniers l'échangent contre un tablier blanc, immaculé. Dominique Bouchet, quarante-quatre ans, qui a pris les commandes, était précédemment directeur d'exploitation et chef des cuisines du complexe hôtelier Le Moulin de Marcouze, en Charente-Maritime. Sur son curriculum vitæ, on relève qu'il a travaillé sous les ordres du grand Robuchon, qu'il a lancé la Tour d'Argent de Tokyo, qu'il est un familier de l'Asie et de la clientèle asiatique. Sa mission est de protéger autant que possible les deux étoiles *Michelin* du Crillon, tandis que Christian Constant, lui, change carrément de registre. Au Violon d'Ingres, dans le VIIe arrondissement parisien, il offre à sa cuisine un cadre moins guindé et plus personnalisé. Les premiers critiques gastronomiques qui ont répondu à son invitation de leur faire découvrir le Violon d'Ingres

– Violon d'Ingres, je rappelle que c'est le nom du restaurant, la cuisine est bien plus, pour Christian Constant, qu'un violon d'Ingres –, lui ont réservé un accueil mitigé.

Toujours est-il que Christian Constant, comme beaucoup de ses collaborateurs, s'éloigne aujourd'hui des palaces, pour s'orienter vers une formule de cuisine plus bistrot, plus accessible, et toujours à base de bons produits. Agissant ainsi, il va dans le sens de l'histoire. Le succès de deux anciens du Crillon est là pour en témoigner : Yves Camdeborde, dont La Régalade, dans le XIVe arrondissement, ne désemplit pas et, rive droite, près des Buttes-Chaumont, Éric Fréchon, qui récolte tous les éloges sous sa Verrière, devenue le Restaurant Éric Fréchon.

Revenons rive gauche, pour la suite de l'histoire de la Tour – celle d'après la Révolution française. Lecoq, cuisinier personnel de Napoléon, rachète le restaurant et restaure sa réputation. C'est l'époque de Carême, qui réglemente la cuisine, de Grimod de La Reynière, qui la critique, de Brillat-Savarin, qui classe le goût, de Balzac, au regret de devoir réserver son couvert plusieurs soirs à l'avance... Le restaurant continue, tout au long du siècle, d'accueillir les puissants et les imbroglios galants. En 1890, Frédéric Delair, son propriétaire, commence à numéroter les canards dont il a inventé la recette. « Il fallait le voir, raconte Léon Daudet, avec son lorgnon, ses favoris blancs, son sérieux imperturbable, il fallait le voir découper son coin-coin dodu, troussé, déjà flambé, le jetant dans la casserole, préparant la sauce, salant et poivrant, comme peignait Claude Monet, avec le recul du juge et la précision du mathématicien. » Pendant ce temps, le grand-père de Claude Terrail dirigeait le célèbre Café Anglais, dont le rez-de-chaussée de l'actuelle Tour d'Argent garde le souvenir, celui notamment de la table du dîner dit « des trois empereurs ». Une génération plus tard, André Terrail rachète la Tour. Dîners prestigieux et canards se succèdent, et, en 1936, la salle du sixième étage est inaugurée. Un coup de « génie créateur » immobilier, qui participe aussi de la haute gastronomie et dont nous rencontrerons d'autres exemples...

La Tour d'Argent d'aujourd'hui, c'est-à-dire celle d'après 1945, sonne le rappel du soldat Terrail, dont « l'équipée exaltante », avec la 2e D.B. de Leclerc, passe par Berlin. Au retour, le choix est cornélien : « Tu veux être diplomate, avocat, comédien ? – Je serai tout cela, mais à mon quai, mon prétoire, et sur ma scène, ma tour sera mon théâtre, j'y jouerai tous mes rôles, mes cent actes divers. » Les velléités artistiques ne sont pas du goût de la famille. « Jamais le nom de Terrail ne sera celui d'un saltimbanque », lui assène sa grand-mère.

Le jeune Terrail descend de l'Orient-Express. Il a sillonné l'Europe. En compagnie de son père, en Angleterre, il a connu le palais de Buckingham, puis, en soliste, Vienne, la Hongrie, la Tchécoslovaquie. A Bucarest, l'ambassadeur d'Égypte s'attache ses services. Promu ministre des Menus Plaisirs à dix-neuf ans, il est déjà attiré par les intrigues et les subtilités de la diplomatie. A Paris, son passage par l'école hôtelière est un fiasco. Il ne saurait confondre déférence et servilité. On lui signifie de plier bagages. Cinquante ans plus tard, la postérité ayant fait de lui un brillant élève, il prononce l'éloge de l'établissement devant la promotion « Claude-Terrail ».

« Je ne suis pas un cuisinier, mais un goûteur. J'utilise une cuillère à café. Quand je la porte à mes lèvres, s'il n'y a pas un moment de sensibilité, d'émotion, le plat peut être très réussi, ce n'est pas celui que je recherche. Il faut une communion. »

André Terrail a tôt fait de comprendre que son fils n'a pas l'étoffe d'un chef. Qu'importe, la salle sera son royaume ! Aujourd'hui, il se sait parmi les derniers restaurateurs... Avec une mention pour Taillevent et Jean-Claude Vrinat, « d'une génération différente, mais un vrai restaurateur, qui mène très bien son affaire ». Autant il n'aime pas le mot gastronomie, autant « restaurateur » lui sied : « accueillir, restaurer, donner une joie répétée deux fois par jour... » Les plaisirs empruntent les chemins de la conjoncture. En 1961, Claude Terrail crée un premier menu à déjeuner, pour ne pas frustrer la clientèle, même en période de crise, du rêve, de la magie, du spectacle... En 1981, la Tour renouvelle son déjeuner. Il s'agit de « survivre avec un menu à 160 francs », lit-on dans la presse : « Depuis le 12 février à midi, la Tour d'Argent propose un menu à 160 francs sans le service (15 %) et avec un choix de vins de 50 à 100 francs. La raison : la crise qui frappe la plupart des grands restaurants. » Déjà.

Les grands de ce monde conservent leurs habitudes à la Tour. Ainsi le roi du Cambodge, Norodom Sihanouk, accompagné de la reine Monique, venu parapher le livre d'or et sceller « cinquante ans d'amitié avec le maître des lieux qu'il considère comme un frère ». Du prince Abdul Aziz au roi Zog d'Albanie, la liste des hôtes ne laisse pas d'impressionner.

Claude Terrail est là, qui veille à ne blesser personne. Depuis le jour, fameux entre tous, où son noviciat fut mis à l'épreuve : « Bonjour, une table, s'il vous plaît, je suis pressé. – Le temps, Monsieur, de descendre à la cave choisir votre bouteille ! » La diversion est belle, car l'homme est impatient, bon client, et les tables en carence. « Faites attention monsieur Claude, c'est un assassin ! » Le maître d'hôtel est prévenant mais, déjà, les deux hommes sont à la cave. « Il désigne un précieux flacon, Gruaud-Larose 1870, qu'il décante lui-même à la bougie. Il remplit un verre, verse le bon milieu de la bouteille en carafe et laisse le reste au sommelier. Il m'entraîne derechef vers l'ascenseur et sans un mot nous remontons. Orphée revenu des Enfers... Là-haut, autre miracle, une table est libre ! » L'homme, c'est Harry Thaw, fils d'une riche famille américaine. Il a tué l'amant de sa femme et sort tout juste de quinze ans d'asile psychiatrique à Sing Sing. C'est sa première soirée... tout comme Claude Terrail ! qui, à ses heures, se reconnaît volontiers une douce aliénation...

« La Tour d'Argent est une maison tenue par un fou. Le fou en l'occurrence, c'est moi ! Il y a cent personnes ici, si vous calculez les charges... Alors continuer, c'est le droit du prince, le mien. Pour être ici chez moi, j'ai travaillé pendant vingt ans, sans prendre de vacances, afin de payer les droits de succession. J'ai vendu propriétés, appartements, voitures... Il fallait garder la Tour et éviter de s'adresser aux banques. »

Mieux vaut commercer avec les Japonais. Claude Terrail l'a fait dès 1966, lors d'un séjour à Tokyo. Là, il s'agissait de négocier l'implantation d'une Tour d'Argent. Ce fut chose faite à la fin de l'été 1984. L'idée des Comptoirs aussi a fait son chemin. Ceux de la rue du Cardinal-Lemoine, d'abord, ouverts en juillet 1985, puis ceux de Tokyo, en avril 1990. Également sous la houlette du restaurateur, la Rôtisserie du Beaujolais, quai de la Tournelle, et, place des Vosges, le restaurant Coconnas.

« Il n'y a pas de rentabilité dans une maison comme la nôtre, si on a des dettes. A défaut de bénéfices, il y a de merveilleuses satisfactions. Mais tous les travaux que j'ai effectués pendant un demi-siècle ont été autofinancés. Aujourd'hui, mon fils ne peut être mis à la porte. Reste que les charges sont très élevées... »

Quand, dans l'air du temps, s'amoncelaient de funestes présages, on a vu Claude Terrail déplorer que Pierre Gagnaire ait été « aussi mal conseillé » et tempêter contre la presse internationale : « Les plaisirs de la grande cuisine ne sauraient venir, ni sans se laisser désirer, ni sans qu'il en coûte. Un dîner pour deux, dans un restaurant comme la Tour d'Argent ou Taillevent, soulage facilement de cinq cents dollars et de trois heures de temps, depuis la commande jusqu'à la consommation. Dans sa majorité, la clientèle vit dans une extrême aisance ou de généreuses notes de frais. »

Aujourd'hui, la barre est placée à plus de mille francs – sans les vins – pour le grand service. Le *GaultMillau 1997* n'a pas souhaité noter Claude Terrail, en attendant de pouvoir apprécier Bernard Guilhaudin. « Je n'apparais même pas parmi les trente premiers restaurants... C'est leur droit ; je ne suis pas propriétaire du guide. » De là à suggérer, comme dans la livraison précédente du guide, que la cave est « encyclopédique mais pas bien actuelle », il y a un pas, franchi, dont le maître des lieux s'offusque : « La cave représente quand même quatre cent mille bouteilles. Elles sont merveilleusement gérées par David Ridgway. Il a fallu trois générations pour les entreposer sous nos pieds. Certaines viennent du Café Anglais... C'est un État dans l'État. »

Précisément, sept mille deux cent trente-sept vins différents et des merveilles : un cognac clos de griffier 1788, une fine logis de servolle 1797, des bouteilles de gruaud-larose 1870, un clos vougeot de la même année terrible...

« Pendant cinquante ans, j'ai vécu avec une épée de Damoclès sur la tête. Je ne mets pas en doute un seul instant l'intégrité du *Guide Michelin*. Mais je m'absente très rarement car il suffit d'un geste de mauvaise humeur, d'une table qui ne correspond pas... et c'est le drame ! On me considère alors comme le pire des pires, on me souhaite de disparaître ou de perdre une étoile car je suis un incapable ! Si vous voyiez à l'entrée le nombre de courriers... »

La contrariété du moment s'exprime dans bien des registres. Un florilège suffit pour s'en convaincre. Il y a le mondain : « J'ai réglé par carte bancaire de société. Or, dans le silence de la salle, presque vide à cette heure tardive, mes invités ont tout entendu de la vérification téléphonique auprès de la banque. » Le pointilleux : « La table était branlante. J'ai dû demander au garçon de la caler. Le café m'a été servi dans une tasse portant des marques de rouge à lèvres et, en plus, la mousse avait débordé et se répandait dans la sous-tasse. Aux toilettes, il y avait une fuite d'eau et le sol était mouillé. » Le débrouillard : « Comme convenu, je vous prie de trouver ci-joint la contravention que nous avons trouvée lors de notre départ de votre établissement. » Et le franchement vindicatif : « Ainsi le beau rouquin Cohn-Bendit est venu à la Tour d'Argent. Voilà un gauchiste, anarchiste, qui fréquente les grands restaurants de la capitale ? Bravo ! Je n'oublie pas qu'en 1969, nous avons payé l'ardoise... A votre place, je l'aurais fichu dehors avec un pied bien placé ! »

Pour Claude Terrail, seul le lundi est un jour de paix. Même si, à soixante-dix-huit ans, il a arrêté de jouer au polo, il s'en va retrouver les Maillets d'Argent, son équipe, ses amis, ou s'offrir une partie de chasse. Ses vacances, il les passe à l'étage supérieur de la Tour, dans son jardin aménagé. « Mes parents m'ont dit : "Quand tu reçois, les gens imagineraient mal que le maître de maison soit absent". J'en ai fait mon habitude. » L'oriflamme de la Tour d'Argent, hissée dans le ciel parisien, signale d'ailleurs la présence dans les murs du maître de céans.

Omniprésent, le canard l'est aussi, qui a fait l'histoire de la Tour sous différentes appellations... Tous viennent d'un élevage unique : la ferme de Challans en Vendée. Là, chez les Burgaud, volaillers depuis plusieurs générations, le canard est nourri d'un cocktail de maïs, blé, avoine, soja, pulpe de fruits et mélasse. Après neuf semaines d'élevage, c'est l'abattage : l'animal est électrocuté – et non saigné –, ce qui lui donne une saveur particulière.

« La carte n'est pas faite au hasard. Elle sublime les produits. Le canard reste le best-seller... Déjà, au Café Anglais, mon grand-père avait un des plus grands chefs de l'époque, Adolphe Dugléré, qui donna naissance à la barbue, la poularde Albuferra, la pomme Anna, le potage Germiny... Mon père, longtemps élève d'Escoffier, a aussi créé quantité de plats, dont la fameuse quenelle André Terrail. Proposer ces grandes recettes est mon devoir naturel. Mais je laisse la porte ouverte au chef. Je lui demande de mettre au point les "collections" automne-hiver et printemps-été. »

Mais qu'est-ce qui fait encore courir Claude Terrail ? « Pas les bravos, comme au théâtre, mais un "Je reviendrai" ; c'est pour moi la plus belle des ovations. » Quant à la troisième étoile *Michelin*...

4

La Galerie des grands ancêtres

« J'ai eu plusieurs fois le sentiment, au cours de mon existence, d'en avoir terminé avec mes apprentissages. Avec le recul du temps, je me rends compte aujourd'hui qu'en réalité j'ai toujours appris. Il n'y a pas eu de commencement, il n'y a jamais eu de fin. La vie d'un cuisinier qui se respecte n'est qu'un long apprentissage, toujours recommencé. Un jour, on croit qu'on en sait assez, le lendemain on se rend compte qu'on est un ignorant. En fait, j'ai glané à droite et à gauche, mais mon père reste, et restera toujours, mon maître, celui qui non seulement m'a "enseigné" mais celui dont l'exemple sera toujours vivant dans mon esprit. »

Ces lignes ouvrent le chapitre que Raymond Oliver consacrait à ses apprentissages dans le récit qu'il fit de sa vie quand, en 1984, il quitta le Grand Véfour ressuscité. On pourrait y lire une belle leçon de modestie à la manière du peintre japonais Hokusai qui prétendait, au crépuscule de son existence, commencer seulement à « savoir peindre ». On y lira plutôt une sorte de reflet de l'indécision du siècle, au moment où les fourneaux entraient en révolution et instituaient de nouveaux rapports entre le mangeur et le manger. Comme l'écrivit si justement Jean-Paul Aron : « Lentement et irrésistiblement promue par la civilisation d'abondance à une dignité exorbitante, la chère se pose en modèle de l'existence confortable. » Si le statut des chefs atteignait soudain à l'universel, c'est que la gastronomie devenait religion et que les repas étaient autant de « cènes » ou de « noces de Cana ». Jadis, il y avait eu les banquets. Il y aurait désormais les « déjeuners d'affaire » et les « dîners en ville » – les « réservations » prises des mois à l'avance pour une rencontre avec les nouveaux dieux des saveurs. Jourdain n'était pas le nom du fleuve du Précurseur mais le patronyme possible du nouveau héros de Molière : le Gourmand gentilhomme.

Dans tous les modèles offerts par la Consommation, à partir des années 60, l'importance prise par la « nouvelle cuisine » ne pouvait se comparer qu'à la place matérielle et morale qu'acquéraient parallèlement l'Automobile, la Machine à laver et le Téléviseur, objets sacrés d'une nouvelle mythologie « scientifiquement » décrite (par Georges Friedmann, Henri Lefebvre ou Roland Barthes, penseurs que « le monde entier » nous enviait à l'égal de « nos » cuisiniers), signes extérieurs d'appartenance à une catégorie sociologique en pleine croissance qui restera mal définie : les « cadres ».

Pourquoi, dans cette perspective, Raymond Oliver est-il si intéressant ? Et pourquoi en faire une figure emblématique d'un parcours gastronomique ? Tout simplement parce qu'il est l'Annonciateur, qu'il le veuille ou non... croyant pouvoir se dissimuler derrière des allusions à l'art, comme on osait encore le dire de son temps : « En trente-trois ans de cuisine à Paris, j'ai eu des périodes, comme peut en avoir un peintre. »

Quand l'apprenti arrive à Paris, « la clientèle était tournée vers une gastronomie bien déterminée qui se résumait surtout aux langoustes mayonnaise et aux châteaubriants à la sauce béarnaise et aux pommes soufflées...» C'était en 1925. Et cela durerait encore trente ans – aléas de la guerre et de l'Occupation inclus. Le maître à «panser», comme disaient ses ennemis, était alors Escoffier, qualifié, à l'instar du grand Carême, de «cuisinier des rois et roi des cuisiniers». Le jeune Raymond, frais débarqué des succulences et des beautés de la Garonne, le portait au plus haut. Contrairement à son père, Louis Oliver, qui manifestait à son encontre «une espèce de jalousie, presque d'hostilité». Le principal grief que formulait le patron du Lion d'Or de Langon était que l'auteur du *Guide culinaire,* ouvrage que tout gâte-sauce se devait de savoir par cœur, «n'aimait que les gens de son pays : Villeneuve-Loubet !». Raymond, confiné dans l'univers de l'hôtel Chambord, grand palace des Champs-Élysées aujourd'hui disparu, lui accordait à l'inverse tous les mérites, fantasmant sur «le fait qu'il avait inventé, pour la cantatrice Melba, un dessert à partir d'une pêche...»

Mais déjà, dans le «triangle d'or» dont la Bourgogne était la base et le Dauphiné la pointe, se préparait le grand retournement de l'histoire. Trois hommes, la «sainte Trinité», préparaient les marmites d'un élixir qui, les temps venus, régénérerait le genre humain du passage à table.

Sur les nationales qui descendent vers le Midi, vers l'eau de Vichy ou ce qui n'est pas encore la P.A.C.A., même si les bonnes tables ne sont pas trop rares en ces années d'entre-deux-guerres, les grands cuisiniers ne sont pas légion. Comme le dira Jean Troisgros, le frère de Pierre : «A cette époque, il y avait trois chefs prestigieux. Au nord, à Saulieu, Dumaine faisait de la grande cuisine d'hôtel améliorée, de l'Escoffier pur. Au sud, Pic s'affirmait dans la cuisine régionale. Enfin, au milieu, à Vienne, Point savait, avec les classiques et riches produits de base, faire une cuisine légère. Le premier, il a pensé que le client devait digérer... Ceux qui ont travaillé avec lui ont compris ce que serait la cuisine de l'avenir.»

En amont de Roanne et de sa place de la Gare, Digoin (sur la Loire) est aussi une terre de chefs : Alexandre Dumaine y naît le 26 août 1895, après le grand Lapautre, bien avant Jean-Pierre Billoux, son fils spirituel. Apprenti et compagnon, le jeune Dumaine se forme à Paray-le-Monial, sous le patronage du «Sacré-Cœur» et de sainte Marguerite-Marie Alacoque, puis à Digoin, chez les Bonnevay. Il commence ensuite son tour de France de compagnon au Carlton, à Vichy et à Cannes, vient à Paris, au Café Anglais puis à l'Élysée Palace où il entre dans la brigade Delaunay qui compte dans ses rangs un saucier célèbre : M. Graillot. De la guerre de 14-18, artilleur et cuistot du régiment, il rapporte une croix de guerre, le souvenir d'avoir préparé un déjeuner à la convenance du Tigre (Clemenceau) et une fiancée, Jeanne, du Harper's Bazaar, rencontrée au cours d'une permission. En 1922, convaincus par la C.G.T. (la Compagnie générale transatlantique), les époux Dumaine embarquent pour la Kabylie et les beautés du Djurdjura, avant de connaître les splendeurs de Biskra et de l'Aurès. Durant neuf ans, le canard berbère ou la caille locale, fourrée au foie gras d'importation, côtoient sur les tables la volaille issue de Bresse et les veaux venus de France. Aux confins du désert, les Dumaine découvrent le grand tourisme et l'importance de l'automobile... Justement, sur la nationale 6, à Saulieu, ville-étape du Morvan depuis des millénaires, l'hostellerie de la Côte d'Or est à vendre. En 1931, les Dumaine s'y établissent pour trente-deux ans, et les trois étoiles, obtenues dès 1933, s'y posent pour longtemps. Curnonsky calcule aussitôt la distance : «Paris-Dumaine : 260 km (étape de gueule et d'amitié). » Le monde entier fait le voyage et dépose ses éloges sur un livre d'or que le chef, un jour de grogne, mettra au feu de ses fourneaux... Aujourd'hui, alors que le fils spirituel, Jean-Pierre Billoux (deux étoiles), officie à Dijon, Bernard Loiseau ne passe pas une journée sans croiser le regard culpabilisateur de celui qui fut son maître et prédécesseur, solidement encadré dans un portrait de la salle à manger. Au dehors, les trois étoiles sont revenues, après une éclipse qui n'aura duré qu'une dizaine d'années...

Fernand Point, le géant de Vienne, est né en 1897, au buffet de la gare de Louhans, centre d'expédition de la volaille de Bresse. Auguste, son père, tient l'établissement, sa mère et sa grand-mère font la cuisine. Après une initiation familiale et maternelle, Fernand monte à Paris – Bristol et Majestic –, redescend à Menton (Hôtel Impérial) et termine au Royal, à Évian. En 1922, en difficulté avec la P.L.M., Auguste Point quitte Louhans et, l'année suivante, achète un restaurant à la sortie sud de Vienne. C'est l'origine de La Pyramide, du nom de l'aiguille gallo-romaine érigée sur le bord de la grand-route, côté dauphinois du Rhône. Auguste meurt en 1925, laissant Fernand seul aux fourneaux. En 1930, Fernand « marie » Mado. Vienne vit le début d'un « rush » automobile vers le sud que la Seconde Guerre mondiale n'interrompra même pas. La Pyramide voit le monde entier venir à elle. En 1933, *Michelin* lui a accordé trois étoiles. Le patron est un diable d'homme dont la mauvaise humeur et les traits (d'humour) sont savamment cultivés : il affiche « complet » dès que la maison a atteint les cinquante couverts ; à ceux qui insistent et se déclarent prêts « à manger n'importe quoi », il rétorque qu'ils aillent « n'importe où » – mais pas chez lui. Il ne tolère pas qu'on fume avant le café, sinon il apporte aussitôt l'addition. Il suggère à ceux qui ont l'air de supputer son poids «de multiplier ma hauteur par ma base et de diviser par trois». Du haut de ses deux mètres et de ses deux cent cinquante livres, Fernand Point fait osciller son service entre le régime despotique et les farces, alternés de coups de gueule, le tout servi avec bonhomie. Il mourra en 1955 et Mado, sa veuve, continuera l'œuvre entreprise jusqu'en 1986. Rénovée en 1992, La Pyramide-Fernand Point est désormais tenue par Patrick Henriroux, qui vient de Mougins (deux étoiles au *Michelin* et 18 au *GaultMillau*).

Ce ne sont pas les facéties qui ont donné au grand homme sa place dans la mémoire de ses «héritiers», mais plutôt la démonstration qu'il a faite devant ses disciples du bien-fondé de «trois règles» fondatrices (entre autres) de la «nouvelle cuisine»: la simplicité, la fraîcheur des produits et l'authenticité. Alain Chapel, qui fut son élève comme Paul Bocuse ou les frères Troisgros, disait que Fernand Point «avait eu une idée fabuleuse : le menu unique. Faire la cuisine avec ce qu'on a trouvé au marché». C'est ce que Curnonsky appelait «la perfection simple» et, l'époque étant à la métaphore artistique, le Prince saluait son «cher Point comme un des plus grands artistes de son temps».

Tout comme Fernand Point, André Pic, né en 1893, doit sa passion de la cuisine à sa mère, Sophie, qui, avec Pic père, tient une modeste auberge de campagne, sur la route montant de Valence, au village du Pin (Ardèche). Le chemin est rocailleux et malaisé. L'auberge est une étape attendue. Par les voyageurs, les rouliers, les chasseurs. Et tous ceux qui s'écartent de la vallée du Rhône. On y mange les plats «pauvres» d'un maigre pays, le Vivarais, dont la sauvage simplicité tranche sur la magnificence des vins : cornas, mauves (on ne dit pas encore pleinement saint-joseph)... Châtaignes, lapins de garenne, truites, fricassées de volaille, jambons et boudins, légumes du jardin... André Pic apprend très vite que c'est la cuisson et la sauce qui font le plat. Et la réputation. Son père le veut ingénieur – ou instituteur. Il préfère la cuisine. A Saint-Péray, où il a été placé en apprentissage, il acquiert rapidement l'estime de son patron. Ce qui lui vaut de bientôt « monter » à Lyon puis à Paris, juste avant d'être mobilisé, classe 1913, pour une guerre de cinq ans (avec les prolongations), qu'il fait comme agent de liaison puis comme cuisinier. Démobilisé, il revient au pays, à l'auberge familiale du Pin où, en 1934, le *Michelin* lui décerne les trois étoiles. Deux ans plus tard, il redescend de sa montagne pour ouvrir, à Valence même, une maison dont il tiendra les fourneaux jusqu'en 1957. Il meurt en 1988. Son fils, Jacques, lui succède. Puis son petit-fils, Alain, après la disparition prématurée de Jacques, en 1992.

Jacques Pic tenait de son père un profond respect pour Escoffier, lequel assurait que « toute innovation apparaît comme la perversion d'une perfection première ». Pour Jacques Pic, tout se trouvait déjà dans Escoffier. Escoffier, c'était la base. « Qu'est-ce qui a changé ? On a enlevé la farine. Pour la remplacer par quoi ? Par du beurre et de la crème... Excusez-moi ! Mais elle est beaucoup plus acide cette cuisine. Et aussi plus sucrée. Elle a aussi changé les noms. On a supprimé "Mornay", "Nantua" ou "Florentine" pour des termes beaucoup plus ronflants. Si on met du thym ou du romarin, cela devient « à la fleur de thym » ... mais pourquoi ? C'est comme cela que se sont perdus les braisés – que les cuisiniers ne font plus que pour eux-mêmes, pour se sustenter. Mais c'est comme la mode, on y reviendra. »

Une telle attitude pourrait paraître paradoxale après la révolte qui animait certains jeunes chefs de 1960 contre Escoffier et « la cuisine de palace ». Jacques Pic avait 24 ans quand il prit la direction des fourneaux, en 1957. A vrai dire, et nous venons de le voir avec Raymond Oliver, c'était plutôt la cuisine normalisée ou internationalisée (« cosmopolite ») qui était visée. La standardisation du pavé de rumsteck, du poisson froid mayonnaise et de la langouste en médaillon... Les excès de « la cuisine prout-prout », comme dira le père Delaveyne, finiront par rendre nécessaire le retour aux sources.

Alain Pic aime lui aussi les plats du terroir, simples et généreux, comme en témoigne l'aile de perdreau façon Souvaroff qu'il m'a préparée un soir. Sortant du four dans une cocotte lutée, les deux ailes d'un jeune perdreau sont farcies au foie gras et aux truffes. Moelleuses et parfumées, elles finissent de cuire avec des cèpes et quelques trompettes-des-morts, et sont tranchées en salle sur guéridon. Ample et puissant comme les grands côtes-du-rhône qui l'accompagnent à merveille, ce plat de saison démontre qu'Alain Pic a la cuisine dans le sang. Son physique et sa barbiche de lutin gourmand ont contribué sans doute à le désigner comme président d'honneur du Monde du goûter, une association qui veut réhabiliter ce quatrième repas, joyeux et sucré. Mais Alain Pic n'est plus, depuis l'année passée, aux commandes de la maison familiale. C'est Anne Sinapian qui est désormais en position d'assumer l'héritage. Et on murmure que la passation de pouvoir entre le frère et la sœur n'aurait pas été de tout repos. Familles, familles...

*
* *

La saga de Raymond Oliver tient de ces trois ancêtres. Ils n'avaient, après tout, qu'une quinzaine d'années de plus que lui. L'histoire du « grand barbu » (Porthos ?) débute à Langon, au seuil des Landes de Gascogne, à la porte du Sauternais. Nous sommes en pleine Belle Époque et le banquet des « tabacaires » se confond avec celui des Républicains, même s'il tombe le jour de l'Épiphanie. Les Oliver, issus jadis de la lointaine Espagne, ont bonne enseigne : le père, Louis, est le patron de l'hôtel-restaurant Au Lion d'Or – traduisez « Au lit, on dort ». Le jeune Raymond fréquente, en cuisine, les « vieilles » qui comptent les tours de broche en Pater et Avé – et lui apprennent à plumer les alouettes, les bécasses et les autres petits oiseaux. Ce qui lui sera très utile par la suite. Ses heures libres et ses (rares) jours de congé, il les passe sur le fleuve qui roule à deux pas et, comme plus au nord, Maurice Genevoix, s'initie à la pêche : goujons, petites fritures, aloses, brochets et même les « creacs » – les esturgeons... dont on jette négligemment les œufs !

Convaincu par le tourisme naissant et les belles automobilistes qui s'arrêtent désormais au Lion d'Or, il ne se voit pas d'autre avenir que dans l'hôtellerie et la restauration. « C'est un métier d'esclaves ! », lui ressassent ses parents et il entame des études d'ingénieur. Mais, comme il renâcle, son père, influent dans la corporation, le place en apprentissage dans une maison dont le bon goût recommande de taire le nom. Il découvre ainsi « l'espagnole », une sauce qui reste à bouillotter au coin du fourneau pendant des jours et qui est servie à tous les plats... et sert à toutes les sauces ! Son père le rassurera : « C'est l'occasion de voir ce qu'il ne faut pas faire ! » Autre étape : chez Point. Un jour de confidence, le géant prophétise : « Tu seras mon dauphin. » Espoir que

Louis Oliver tempère aussitôt d'un air méfiant : « Il a dû le dire à beaucoup d'autres... » Le fils parlera de Point comme Ingres de l'art : « C'est toujours assez bien peint si c'est bien dessiné. » L'essentiel réside dans la structure (savoir où l'on va)... et dans les produits. Raymond Oliver en donne une version ironique : « Les grands cuisiniers choisissent les meilleurs produits par paresse ! » – et d'évoquer la cuisine anglaise, « bonne jusqu'à l'entrée des produits en cuisine »... qui sont aussitôt « massacrés ». Oliver se situe à la croisée des chemins, entre la riche cuisine ornementale du début de siècle et le retour « moderne » aux saveurs vraies du produit. Ses préparations garderont l'empreinte du Sud-Ouest et de ses ressources... mais prendront néanmoins toute leur liberté.

Nous avons déjà évoqué la gastronomie de ce temps-là : langoustes mayonnaise et châteaubriant béarnaise pommes soufflées... « Le client ne voulait rien d'autre, qu'il n'aurait pu, d'ailleurs par ignorance, apprécier. Par exemple, je me souviens d'avoir fait venir de chez moi des palombes et de les avoir servies, comme à Langon, saignantes : c'est ainsi qu'elles ont leur saveur. Et le client parisien me les faisait recuire. »

En 1948, Raymond Oliver « prend » le Grand Véfour, pour faire plaisir à sa femme, qui ne jure que par Paris. Venu pour une autre affaire, il éprouve un lent coup de foudre pour une presque ruine sise dans un quartier déserté, bref, un coup de folie ! Bien vite, sa faconde régale un public de choix : Colette, Emmanuel Berl et Mireille, Cocteau qui vient dîner de tout ce qui lui est interdit – boudin, tripes, cervelle... Pour Colette, inconditionnelle du cassoulet, du lièvre « à la royale » (« avec quarante gousses d'ail et quarante échalotes, pas une de moins ») et des confitures maison, il réinvente la chaise à porteurs et la descend de ses étages, aidé de son fidèle Simon, sa barbe de centaure perdue dans « la chevelure rousse »... L'ancien café de Chartres, rendez-vous des muscadins et des personnages de Balzac ou d'Alexandre Dumas, redevient un restaurant à la mode.

Un beau jour de 1953, la télévision – quatre ans d'âge et moins de cent mille foyers équipés – vient le chercher. L'aventure d'« Art et magie de la cuisine » commence. Pour l'animer, Raymond Oliver impose la présentatrice Catherine Langeais, qu'il ne connaît pas mais dont il apprécie le talent. La télévision tient un fameux couple médiatique ; la gastronomie, sa première star cathodique, qui soigne son « look » : veste propre, épargnée par les taches de gras, de vin ou de sang, du néoréalisme dominant. Mme Langeais aussi est en tenue de ville, maîtresse de maison sans tablier. Très vite, le visage, la silhouette, la maîtrise et l'accent d'Oliver sont reconnus – « sa chaleur lunaire », selon le mot de Pierre Sabbagh, le réalisateur, M. Langeais à la ville. Oliver sort donc le premier de ses fourneaux. Avec lui, la cuisine se découvre des racines et une valeur culturelle audiovisuelle. Sa complicité avec Mme Langeais fait un malheur, la télévision est alors très prude et le jeu de leurs répliques parfois très enlevé (« Non Catherine, pas comme ça, c'est à deux mains qu'il faut serrer la queue du chinois ! »). L'émission est filmée en une seule prise, les recettes sont interprétées sans filet, en respectant la règle des trois unités du théâtre classique : unité de temps, unité de lieu et unité d'action.

L'homme est érudit, amateur de livres anciens. Son énorme bibliothèque commence par une tablette sumérienne de recettes gravées, sur la terre séchée, en écriture dite « cunéiforme » et se termine par son propre livre, *Recettes pour un ami,* préfacé et illustré par Jean Cocteau, imprimé, dernier chic, sur des nappes en papier de restaurant, « celles-là mêmes », dit l'éditeur, « sur lesquelles Cocteau a dessiné !... »

En 1964, Raymond Oliver part pour Tokyo diriger la restauration des Jeux Olympiques. Cuisines française et orientale se rencontrent, tout comme Oliver et sa troisième épouse, Mari, Japonaise née en Chine, près de laquelle il finira ses jours... Comment ces gens font-ils le canard laqué ? Lors d'une réception à l'Impérial de Hong-Kong, le chef entend résoudre cette énigme. A son entrée en cuisine, cependant, son smoking blanc lui vaut la méfiance des cuisiniers. A défaut de reconnaissance, Oliver demande à être jugé... sur poulet. Cinquante-huit secondes plus tard, bête désossée. Les cuisiniers chinois s'inclinent... Oliver repart, recette en poche !

Conseiller culinaire de la Compagnie des Wagons-Lits, il pousse l'expérience gastronomique vers des confins « initiatiques » – à Thulé chez les Esquimaux, aux Antilles chez les Caraïbes... Il racontera, au retour de ces voyages, avoir mangé des pieds d'ours, du python, des termites, du « renard volant » (chauve-souris) en Nouvelle-Calédonie ; aux Nouvelles-Hébrides, on lui aurait servi une viande dont il a cru un moment qu'elle avait quelque chose... d'humain. Des expériences dont Oliver tire la quintessence : « Après mon voyage au Mexique, j'avais tendance à faire des plats très épicés, avec une base de maïs... après être allé en Océanie, je me suis mis aux poissons crus ou roses à l'arête. (...) Les goûts ont évolué pour en arriver, ces dernières années, à cette fameuse nouvelle cuisine qui a surtout révélé un désir de création. Une façon de traiter les plats très personnelle. C'est ça, la véritable cuisine, celle qui ne ressemble pas à celle du voisin. »

Les banquets qu'il prépare font date. A Sao Paulo, associé à Pierre Cardin, il marie haute couture et haute cuisine et régale cinq cents convives d'une salade de langouste, d'un pigeon rôti, de fromages français et d'une ronde de desserts. « Vive le Québec libre ! » En 1967, après le discours du Général à l'exposition de Montréal, Oliver officie dans le pavillon français. La table du général de Gaulle est bien garnie. Madame veille aussi à ce qu'on ne remplisse pas trop souvent le verre de son mari car « quand il est plein, il le vide ! » Le repas est minuté : le retrait de l'assiette du Général sonne le retrait de celle des autres ! Quant à la reine d'Angleterre, Raymond Oliver la plaint : servie en premier, elle doit attendre que tout le monde le soit, « elle mange toujours froid ! »

Les trois étoiles arrivent en 1956. Les mauvaises langues osent parler d'effet médiatique. Ce qui est contredit par le fait qu'Oliver ne se montre plus sur les écrans après son troisième macaron... Reste aussi son titre *honoris causa* de premier chef moderne et sa fierté d'avoir montré – réhabilité – le cuisinier. Mêlant les influences de son terroir natal à celles de ses voyages au long cours, le chef a su les transfigurer en un lieu unique et magique. « Paris, c'est le creuset, la consécration », affirme-t-il, renouvelant l'adage selon lequel « il n'est fin bec que de Paris ». En 1984, au bicentenaire de la naissance de Jean Véfour, Raymond Oliver quitte la barre de sa nef.

Après la mort du vieux maître, et bien des turbulences, scrupuleusement restauré par le groupe Concorde, propriétaire, le Grand Véfour revit. Depuis l'arrivée, en 1991, de Guy Martin, savoyard dans sa quarantaine, la magie souffle à nouveau sur le lieu.

*
* *

Qui a dit que Jean Delaveyne et André Guillot étaient les meilleurs ennemis du monde ? Ceux qui estiment que leur proximité aurait bien pu leur porter ombrage. André Guillot a investi l'auberge du Vieux-Marly en 1952, alors que Jean Delaveyne s'est implanté en 1956 à Bougival, au Camélia. L'Ouest parisien fut ainsi « occupé » par deux caractères aux antipodes : André Guillot, praticien et théoricien, et Jean Delaveyne, grande gueule et fine lame. Mis dos à dos, les deux hommes qui emploieront, un temps, Raymond Oliver, seront parmi les premiers chefs à alléger (vraiment) leurs recettes.

Jean Delaveyne s'est illustré par son verbe haut, le franc-parler du professionnel qui ne s'en laisse pas compter. Distingué titulaire du M.O.F. en 1952, c'est un homme de cuisine – comme on dit de laboratoire ou de cabinet – qui écrit ses recettes la nuit, ou dans sa voiture, en allant aux Halles. Ses recherches lui valent même l'admiration de son voisin Guillot. Delaveyne prépare son rognon de veau au beurre d'anchois, dont il use comme condiment et qu'il pique dans ses viandes grâce à l'aiguille à brider... détournement de son emploi traditionnel qui est de « larder » le bœuf carottes... Guillot, lui, conférera au feuilleté ses lettres de noblesse. Son menu marlychois en témoigne :

Feuilleté aux pointes d'asperges vertes
Pâté Pantin en croûte feuilletée
Feuilleton dauphinois
Feuilleté de homard
Feuilleté de ris d'agneau de lait au xérès

André Guillot sait faire monter les feuilletages à vingt-quatre centimètres avec une abaisse de pâte de trois millimètres. Pour un résultat aérien, léger à souhait... Et le charme du maître agit, qui peut s'enorgueillir de célèbres hôtes : V.G.E., Mitterrand, Kessel, Belmondo ou Noiret, Marielle, son cousin Jean Rochefort... Admirable Monsieur dans sa manière d'être, André Guillot use spontanément du passé simple, son temps de prédilection, et du pluriel de majesté.

Jean Delaveyne, comme André Guillot, avait « fait » de la très grande maison. C'était alors d'usage pour être consacré. Il avait servi la cour de Hollande, celle de Suède et celle d'Angleterre... Mais il avait aussi « fait » la guerre dans un camp de prisonniers. Logé dans des baraquements sur pilotis, le spécialiste des champignons n'avait pas tardé, l'automne de 1941, à reconnaître les coprins chevelus et les lépiotes élevées qui poussaient sous ses pieds. Et de régaler ses camarades de faramineuses plâtrées... Au retour, il s'adonna un temps à la peinture et ne dédaigna pas les plaisirs de Bacchus... « Si on ne sait pas manger, on a raté sa vie... Il ne suffit pas de gagner 30 000 francs par mois, d'avoir un bon job, une belle maison. »

Trois décennies plus tard – le Camélia vendu en 1985-1986 – l'ancien pâtissier d'Élisabeth II a inspiré de dignes émules : Guérard, comme lui pâtissier de formation, Robuchon, lié au chef de Bougival par le savoir-faire – il lui doit sa fameuse gelée de caviar au chou-fleur – et l'esprit de compagnonnage. De même Loiseau et Chibois... « Quand il existe un restaurant reconnu pour former de bons ouvriers, toute la « mafia », le « cooking biz » comme je l'appelle, vous envoie du personnel. Dans les années 1962-1967, rien ne se faisait sans que Delaveyne soit au courant. « Aujourd'hui, le Van Gogh de la cuisine s'est éteint. Non sans avoir – c'est Robuchon qui le dit – vendu ses conseils culinaires, « très chers pour ne pas passer pour un c... ». Il avait condensé toute sa verve dans l'écriture. De bien bons mots en perspective... car « tout être humain doit suivre sa pente, à condition qu'elle monte et qu'elle soit dure ! ».

Le La Rochefoucauld des fourneaux, André Guillot, signe cette vérité qui n'est pas un truisme : « La cuisine n'est pas une science mathématique. C'est un art intuitif. »

Au fil d'un long parcours, André Guillot ne cessa d'affiner son instinct. Nourri au grand livre d'Escoffier, il fit ses premières armes à l'ambassade d'Italie, croisa l'exigeant pâtissier Jacques Duclos au Régina et officia chez l'excentrique Raymond Roussel à Neuilly, avant de servir... dans la Marine nationale. En 1947, à La Réserve de Seine-Port, André Guillot, très courtisé, imposait ses pâtes feuilletées – félicitations des Windsor – avant de conquérir Marly...

Vingt ans de services et de bons repas, « c'est-à-dire de cérémonies comme dans l'ancien temps », tout comme de sacrifices – des journées de vingt heures – le conduisent un beau jour de décembre 1972 à une retraite regrettée... mais active. « C'est Beethoven devenu sourd... » : le chef se voit privé des plaisirs de bouche, mais il n'en transmet pas moins son savoir.

L'animal se nourrit
L'homme mange
L'homme d'esprit sait manger.

Les écrits de Brillat-Savarin inspirèrent naguère André Guillot. Jean-Marie Amat, Gérard Vié ou Marc Meneau, aujourd'hui, ont leur père spirituel.

Dans la galerie des grands ancêtres, on trouve aussi les atypiques, dont le parcours n'en inspire pas moins le respect. Assureur, restaurateur, bâtisseur d'entreprises, peintre, Raymond Thuillier est de ceux-là. De ceux qui peuvent passer de la peinture à l'huile à la cuisine au beurre avec un égal bonheur. Ce n'est qu'en 1945 – après un demi-siècle consacré à assurer les autres – que ce Savoyard prend ses propres risques et embrasse la carrière, un rêve d'enfance. A peine le temps de prendre une leçon chez Point, Dumaine et Alex Humbert qu'il s'installe déjà dans les Baux-de-Provence, au cœur d'un ancien mas du XVIe siècle : l'Oustau de Baumanière, lequel est inauguré par un jeune Commissaire au tourisme de l'époque : Georges Pompidou... Dès 1954, la cuisine de l'autodidacte Thuillier est sacrée par le *Guide Michelin*. Et le 5 avril 1984, le doyen des chefs en activité fête trente années passées à la lueur des trois étoiles. Anachorète inspiré, tirant plats et profits de son potager comme de son verger, Raymond Thuillier n'est presque jamais sorti de son Oustau provençale, quand il est mandé en Perse pour le prestigieux repas servi par le Shah des shahs, à l'occasion du 2 500e anniversaire de la fondation de l'Empire. En 1976, on le surprendra encore chez Maxim's. Les deux brigades (de Provence et de Paris) se sont entendues pour lui servir un repas parfait et les quatre-vingts bougies qui vont avec. Son petit-fils, Jean-André Charial, est désormais aux fourneaux. Le mas continue d'accueillir artistes et écrivains – et le jardin potager de fournir herbes et légumes « de Provence. » Le chef a tout de même ajouté vingt-cinq hectares de vignes et une belle cave sous le château Romazin. Lui non plus n'est pas près de quitter le vieux bourg médiéval... « Du grand-père, je fais toujours le gigot en croûte, la poularde à la crème et aux girolles,

les rougets que j'ai un peu transformés avec de la tapenade et du basilic. Les loups en croûte de temps en temps... Et j'ai un menu tout légumes. »

Depuis l'époque de Georges Pompidou, au souvenir duquel une salade de queues de langoustines aux haricots verts est dédiée, les grands de ce monde n'ont pas cessé de fréquenter le fameux rocher où plane encore l'ombre de René d'Anjou – le « bon roi René » – dont le fief relève aujourd'hui des Grimaldi (le prince Albert est marquis des Baux). Jean-André Charial a rendu hommage à Paul McCartney avec un millefeuille d'aubergines à la cardamome, à Philippe Noiret avec un pressé d'agneau à l'échalote confite, à François Mitterrand avec des huîtres chaudes à la mousseline de coco... et au Président Chirac, avec une queue de bœuf braisée au foie gras et aux truffes.

5

Michelin & C°
Mœurs des critiques gastronomiques

Il recense 4 434 agents automobiles, garagistes, dépanneurs – dont 1 532 peuvent dépanner la nuit –, 9 815 établissements dans 4 320 communes françaises (521 citées avec plan), dont 515 restaurants étoilés (21 trois fois). Il existe depuis 1900, il est tiré à 600 000 exemplaires et fait chaque année l'objet de tous les commentaires, alors qu'il n'en contient aucun. Telle la statue du Commandeur, le *Michelin* trône au sommet de la hiérarchie. Le guide rouge est la référence. Prudents, voire frileux, les inspecteurs, anonymes, payent leurs additions et font un travail de fourmis. L'incidence directe et indiscutable de la perte ou du gain d'une étoile sur le chiffre d'affaires confère au guide rouge une responsabilité objective. Peut-être excessive.

Au numéro 46 de l'avenue de Breteuil, Paris VIIe, Bernard Naegellen reçoit ses visiteurs, plutôt confidentiellement, dans une salle de réunion anonyme où seuls quelques Bibendum antiques et poussiéreux vous rappellent qu'il est le patron du *Guide Michelin*. C'est-à-dire qu'il dirige l'une des activités de la division « Services de tourisme et cartes », elle-même l'un des neuf « métiers » du manufacturier auvergnat aux 110 000 salariés, 68 milliards de francs de chiffre d'affaires pour environ 18 % du marché mondial du pneu... « Le premier objectif du *Guide Michelin* est de conduire le client à user des pneus », répète à l'envi Bernard Naegellen... « Le guide existe depuis 1900, nous avons des dossiers fabuleux et une connaissance parfaite du monde de la restauration. Alors j'admets difficilement que l'on nous accuse de changer comme des girouettes... », ajoute t-il. Ça, c'est pour les rumeurs d'étoiles « immobilières » et les francs-tireurs comme Michel Bruneau, le chef normand de la Bourride, à Caen. Un deux-étoiles qui s'est un jour emporté contre le guide dans les colonnes des *Passions de Maurice Beaudoin*, très confidentiel magazine du directeur général adjoint du *Figaro-Magazine*. Morceaux choisis : « Ils nous donnent l'impression que c'est plutôt la course au luxe et à l'investissement. Pierre Gagnaire fait-il une meilleure cuisine qu'avant son déménagement ? Et Marc Veyrat idem. Et Pacaud, et Meneau, et Lorain, et Bruneau (à Bruxelles) et Loiseau... Hélas, tous ces chefs, et j'en oublie, n'ont eu leur troisième étoile qu'après travaux ou déménagements. Si tel est le cas, le *Michelin* devrait le dire (mais alors, quel gâchis se prépare). Pourquoi alors ne pas primer les Olivier Roellinger, Jean Bardet, Michel Bras, Michel Trama ? Chefs de talent, qui ne cuisinent pas mieux qu'avant, mais qui sont bien plus endettés et soucieux de leur avenir. Que l'on ne nous fasse pas croire qu'ils ont investi autant uniquement pour leur plaisir ou celui de leurs clients. Non ! Il y a, derrière ces travaux, l'envie d'arriver au firmament de la profession, l'envie de ces toques et de ces étoiles qui provoquent une grosse rentabilité, à ce qu'il paraît. Ont-ils raison ? Ça, c'est une autre histoire (...) Sans parler des trois-étoiles, je connais aussi en Normandie une bonne dizaine de chefs qui méritent amplement leur étoile de bonne table. Autant que tout autre qui la détient depuis des lustres. Mais que faut-il faire pour que ces seigneurs du guide rouge arrêtent leurs quotas régionaux, nationaux et distribuent sans complaisance, mais avec justice, les étoiles ? »

Bernard Naegellen dit qu'il aimerait pouvoir donner une, ou mieux encore, deux étoiles à un restaurant qui sert sur des nappes en papier avec des couverts en inox. Et les Michelin précisaient, pour la sortie du guide 1994, que « l'étoile de "Bonne table" n'implique ni un cadre luxueux, ni une vaisselle précieuse, ni une addition exceptionnelle. Elle est exclusivement liée au contenu de l'assiette, puisque le choix des produits, la fraîcheur des préparations, le mariage des saveurs, la créativité et la régularité sont les seuls critères d'attribution. Des contraintes suffisamment exigeantes pour permettre – au pays même de la gastronomie – la sélection de quelques centaines de cuisiniers seulement chaque année ». Dont acte.

« Nous tenons à tout prix à demeurer un guide indépendant et impartial. A notre corps défendant, nous servons de référence, car nous avons les moyens de nous forger une opinion personnelle sur les établissements. Nous essayons de cerner des critères de qualité et de savoir-faire. Bien sûr, il y a des choses qui ne nous plaisent pas, mais il est important de faire abstraction de sa subjectivité. La bouffe, c'est comme la pub, tout le monde peut se piquer d'en parler... Mais, même dans un trois-étoiles, ça n'est jamais parfait. On mange toujours bien, et quelquefois merveilleusement bien. Chez un cuisinier, c'est la personnalité qui fait la différence. Nous ne sommes pas pour en faire des stars, mais, si ça arrive, tant mieux pour eux ! »

N'empêche que les étoiles sont parfois perverses... Quand elles filent, le chef de Pont-de-l'Isère, Michel

Chabran, perdant son deuxième macaron a aussitôt vu s'envoler un contrat avec le Japon. Et puis l'odyssée de Jean-Marie Amat à Bouliac... William Echikson, biographe américain de Bernard Loiseau, raconte aussi l'édifiante histoire du cuisinier bourguignon Jean-Pierre Silva, débordé par deux macarons vite acquis. « Nous n'étions pas prêts, explique t-il. Des visiteurs venaient de loin pour manger chez nous, pensant trouver un établissement de grand luxe. Et nous n'avions qu'une modeste auberge à leur offrir... » Et le chef de se lancer, contre son gré, dans un gigantesque programme de rénovation de son Auberge du Vieux Moulin. « Je ne voudrais trois étoiles pour rien au monde », affirme-t-il, préférant la décontraction à la gloire.

« Naegellen n'est pas intéressant. Parlez plutôt du guide. Le *Michelin* a toujours eu un côté un peu anachronique. La maison est comme ça ! Nous sommes jaloux de notre relation avec les lecteurs, qui jouent souvent le rôle d'inspecteurs bénévoles. Nous recevons vingt-six mille lettres par an, concernant essentiellement des petites adresses. Quant aux inspecteurs professionnels, ce sont soit des employés *Michelin*, soit des anciens des métiers de l'hôtellerie – pas seulement de la restauration. Notre philosophie est simple : faire un bouquin pour le lecteur. Nous mangeons, nous dormons ! »

Quand il vient tester un hôtel de luxe, un inspecteur *Michelin* se livrera à quelques activités rituelles, au secret de sa chambre, avant de descendre dîner : 1°) il remplira la corbeille à papier, une feuille de journal froissée fera l'affaire ; 2°) il laissera une serviette en bouchon par terre dans la salle de bains. Si le service est parfait, il retrouvera, en regagnant sa chambre, le lit ouvert, les rideaux tirés, la corbeille vidée, la salle de bains rangée et des serviettes propres. De même, dans un restaurant, l'inspecteur *Michelin* ne manquera pas de visiter les toilettes ; malheur à celui qui, ce jour-là, aura oublié de renouveler le papier. On prétend même que c'est à leur manière insistante de demander les lavabos qu'on peut reconnaître les inspecteurs, qui souvent, après avoir réglé rubis sur l'ongle l'addition, se font connaître.

Dans son *Carnet de route d'un compagnon cuisinier*[1], Joël Robuchon, qui conquit ses trois étoiles en trois ans, un fait unique dans les annales du *Michelin*, livre un point de vue sans ambiguïté : « Le *Michelin*, c'est le guide le plus important. On peut dire ce que l'on veut, il n'y a rien qui arrive au niveau du *Michelin*. Au-dessus de la troisième étoile *Michelin*, pour nous, il n'y a rien. Moi, je préférerais être critiqué par tous les journaux et continuer à être bien noté par le *Michelin* plutôt que l'inverse... Et, si le *Michelin* a autant de succès, c'est parce que les lecteurs en sont contents. On le voit bien : quand un chef perd sa troisième étoile, son restaurant se vide. »

« Ce n'est pas le mystère pour le mystère, reprend Bernard Naegellen. Nous sommes les dépositaires d'un savoir-faire que l'on cherche à imiter... *Michelin* est né en Auvergne où l'on est travailleur et discret. Nous le sommes restés. »

Seul sujet sur lequel les Michelin sont diserts : leur histoire. La première édition du guide rouge, tirée à trois mille exemplaires, est parue en 1900, avec une ligne de conduite déjà annoncée : « Le présent ouvrage a le désir de donner tous les renseignements qui peuvent être utiles à un chauffeur, voyageant en France, pour

1. Payot, 1995.

approvisionner son automobile, pour la réparer, pour lui permettre de se loger et de se nourrir, de correspondre par poste, télégraphe... » Délivré gratuitement, ce premier guide broché, fort de 400 pages et déjà 13 plans, couvrait les villes situées dans un périmètre de 120 kilomètres autour de Paris – l'autonomie d'un véhicule de l'époque. Comme le remarquait André Trichot, son directeur entre 1950 et 1985, les premiers guides n'utilisaient jamais le mot gastronomie. Essentiellement centrés sur l'automobile, ils comportaient peu d'informations sur les hôtels et les restaurants.

Il faut attendre 1920 pour que « les hôtels où l'on peut déjeuner ou dîner convenablement » soient distingués par un pictogramme. Dans l'intervalle, le guide s'étoffe. Dès 1904, une version belge sort, préludant à celles, européenne et nord-africaine, de la décennie suivante. En 1908, le guide se met à la couleur et, dès 1913, six cents plans de villes y sont reproduits. La Grande Guerre interrompt la parution.

« Autrefois, de 1900 à 1920, le guide était distribué gratuitement aux chauffeurs, mais on s'est aperçu que, parfois, il remplissait des fonctions imprévues : caler un meuble, une table bancale à l'office ou au garage ! C'est pourquoi le guide est payant depuis 1920. » Cette année-là, il coûte 7 francs, pour 812 pages. La publicité disparaît. La première, puis les trois étoiles, sont introduites entre 1926 et 1933, année où le *Michelin* consacre généreusement vingt-trois tables... dont six parisiennes. En 1939, seuls quatorze grands restaurants sont crédités de trois étoiles. Mais la guerre interrompt à nouveau la parution du guide... qui se révélera fort utile au débarquement allié (de 1944). C'est avec un fac-similé de l'édition de 1939 que les officiers américains partent à la reconquête du sol français.

Le retour des trois étoiles date de 1951 : sept établissements (dont trois parisiens) sont distingués. Depuis 1946, les restrictions alimentaires frappaient le pays et *Michelin* se contentait de décerner une seule étoile.

« Cet ouvrage paraît avec le siècle, il durera autant que lui », prophétisait André Michelin en 1900. Depuis, quelque vingt millions de guides sont sortis ; le système *Michelin* est parfaitement rôdé et « couvre » quelque dix à onze mille établissements. Le quadrillage ne laisse aucune place au hasard : les étoilés sont visités tous les ans, les autres tous les dix-huit mois. Quant aux trois-étoiles, ils sont auscultés plusieurs fois l'an.

Chaque année, dans les premiers jours de mars, un communiqué et une conférence de presse lèvent l'embargo sur la nouvelle édition du *Guide Michelin*, « sélection actualisée d'hôtels et de restaurants »... et c'est la valse tant appréhendée des « étoiles de bonne table ». Une tendance « lourde » se confirme : la diminution du nombre de restaurants étoilés. Ils étaient cinq cent trente-deux en 1996 contre six cent quarante-trois en 1985. Bernard Naegellen n'avait pas changé une virgule à la philosophie du guide, ni au fonctionnement du Service de tourisme du pneu. Souvent interrogé, il répétait : « La situation de nombreux établissements à Paris, mais surtout en province, n'est pas florissante. Cependant, pour le *Michelin*, ce n'est pas une raison d'être laxiste. Ce qui reste décisif, avant tout, c'est ce qui est dans l'assiette et non les atours. »

Chaque année, les différents cahiers du *Guide Michelin* sont imprimés sur les rotatives de plusieurs imprimeries, disséminées un peu partout en France, et reliés le plus tard possible pour éviter les fuites. Et en 1996, Bernard Naegellen avait très mal pris les indiscrétions qui avaient révélé, plusieurs jours avant la parution du guide, la promotion d'Alain Passard. En 1997 et 1998, jamais les secrets du nouveau *Guide Michelin* n'avait été aussi bien gardés. En verrouillant plus que jamais sa fameuse politique du secret, la manufacture de pneumatiques de Clermont-Ferrand parvint à faire un événement de son classement.

Le *Michelin* vient au printemps, précédé à l'automne par les guides *Pudlowski, Champérard, Lebey, Gault-Millau, Bottin Gourmand,* et, parmi les derniers venus, *Paris Fine Gueule.* Les amateurs de restaurants n'ont que l'embarras du choix. Plus ou moins sérieux, plus ou moins rigoureux, plus ou moins personnalisé, chaque guide propose son système de cotation, à coups de pictogrammes parfois difficiles à déchiffrer : toques ici, tour Eiffel là, quand ce ne sont pas marmites, couverts, assiettes cassées, signes d'une table en déclin, taste-vin, indices du décor et de la cave. Le *Guide Lebey* des restaurants de Paris, comme le *Pudlowski*, le *« Pudlo »*, chez Michel Lafon et Ramsay, sont des guides parisiens, encore que le *Pudlo* comporte en annexe un petit guide des villes gourmandes. Le *Lebey* ne s'embarrasse pas d'efforts de prose inutiles : huit cents adresses et la meilleure tête de veau ou le meilleur foie gras. Gilles Pudlowski donne un petit peu plus d'adresses et relève les bonnes boutiques gourmandes, mais aussi les boucheries, les boulangeries, les charcuteries.

La révolution est venue, en novembre 1995, du *Guide GaultMillau*, qui a remis sur le plat son système de notation. Christian Millau, qui dirigeait les précédentes éditions, avait inventé le 19,5 pour récompenser les plus grandes tables de France. Monique Pivot, qui lui succéda de façon éphémère, les supprima. Seuls douze chefs obtinrent, cette année-là, la note maximale de 19, ce qui signifiait que beaucoup de grands avaient été rétrogradés à 18 ou même à 17. Cela fit jaser dans le Landerneau des fourneaux, à Collonges-au-Mont-d'Or (Rhône), d'où Paul Bocuse diffusa un communiqué à sa manière, et jusqu'à New York, dans les colonnes du *Wall Street Journal*. On lut ainsi à la une, le 13 novembre 1995 : « PARIS – Grands chefs : les chattes sur une poêle brûlante. Chauffés à blanc par les notes revues à la baisse d'un célèbre guide gastronomique, quelques-uns des plus grands noms – et des plus gros ego – de la haute gastronomie pansent leurs plaies tels des fauves blessés. »

Le *GaultMillau* est un guide national, qui recense plus de quatre mille cinq cents restaurants et trois mille hôtels. Cette livraison 1996 donna l'impression de brûler ce que le guide avait naguère adoré, pour bien montrer qu'une page était tournée. C'était probablement la seule manière de revenir à un classement plus sélectif, en tous cas dans le haut du tableau. Aux lecteurs de juger si le *GaultMillau* est, comme il le proclame, un guide qui découvre, qui choisit et qui justifie ses notes, même et surtout lorsque celles-ci sont sévères.

« La conception d'un guide est un travail de longue haleine. Cela implique de se situer dans une autre échelle de temps... Et un jugement réfléchi pour éviter les foucades, coups de tête et coups de barre. »

Printemps 1994, à l'heure du déjeuner, à Paris. Christian Millau se sent bien à table. C'est son univers. Je peux constater qu'il a conservé un bon coup de fourchette, encore qu'il convienne que parfois...

« J'ai fait tous les métiers du journalisme, dit-il, tenu toutes les rubriques à l'exception des échecs – cela dit sans jeu de mot ! » Chez Sormani, dont le dernier guide, période Millau, a écrit que la cuisine de Jean-Pascal Fayet a de quoi « faire tortiller les langues » (sous les trois toques rouges et le 17/20, ramenés depuis à deux toques et 16/20), au menu : pâtes aux truffes blanches du Piémont, spaghettis aux coques, tiramisu croustillant réinventé et sabayon... et les propos d'un demi-retraité, qui bientôt va poser son tablier et signer d'un « Merci pour tout » son dernier édito dans le Magazine. Extraits :

« Le sentiment d'avoir fait bouger la cuisine, donné aux chefs la place qu'ils méritaient, tiré de l'ombre tant de talents encore inconnus ou méconnus, ouvert les jeunes à de grandes ambitions, aiguisé l'appétit du public et contribué ainsi à la formidable explosion du goût qui modifia, en profondeur, le paysage alimentaire dans les années 70 ? Oui, je crois sincèrement que nous avons fait là du bon travail. »

« La révolution de la nouvelle cuisine, de la cuisine créative qui fit le tour du monde et, après laquelle, quelles qu'en fussent les erreurs d'interprétation ou les mauvaises copies, plus rien ne fut comme avant, ni pour les cuisines ni pour les consommateurs ? Et parallèlement, la remise à l'honneur d'un terroir authentique qui en était la nécessaire et juste contrepartie ? De cela non plus, il n'y a pas lieu de rougir. »

A la fin des années 50, Christian Millau était rédacteur en chef du quotidien *Paris-Presse*. Il raconte volontiers comment, pour utiliser les sympathiques défauts d'Henri Gault (une paresse et une propension à se laisser bercer par la douceur de vivre légendaires), il décida de faire une page « Loisirs hebdomadaires » dans le journal, incluant des critiques de restaurants. Il connaissait lui-même de nombreux établissements de province pour les avoir fréquentés lorsqu'il était titulaire de la rubrique judiciaire et rendait compte des procès. Le premier guide Julliard de Paris soudera l'union des deux hommes. Vingt ans plus tard, le divorce consommé, Christian Millau obtint la garde du label *GaultMillau* – en un seul mot, quoique avec deux majuscules, marque déposée –, comme aujourd'hui Jean-Pierre Coffe, ex-restaurateur, chantre multimédia des bons produits du terroir et du bien-vivre, ainsi que d'une ligne de fours haut de gamme.

Dès 1973, *GaultMillau* codifiait le credo des nouveaux cuisiniers :

« – Tu ne cuiras pas trop.

– Tu utiliseras des produits frais et de qualité.

– Tu allégeras ta carte.

– Tu ne seras pas systématiquement moderniste.

– Tu rechercheras cependant ce que t'apportent les nouvelles techniques.

– Tu éviteras marinades, faisandages, fermentations, etc.

– Tu élimineras sauces brunes et blanches.

– Tu n'ignoreras pas la diététique.

– Tu ne truqueras pas tes présentations.

– Tu seras inventif. »

Cette mythologie de la nouvelle cuisine aura ses sceptiques. Ainsi Jean-Paul Aron, historien et essayiste, dont les *Modernes* consacraient un chapitre à la page magazine de *Paris-Presse* (entre *Tel Quel* et Jean-Luc Godard) : « L'allégement des sauces, la miniaturisation des portions, la pureté des fournitures, l'appel aux vieux exemples par-dessus les recettes dévaluées du XIXe siècle attisent faiblement un feu en train de s'éteindre. La cuisine prétendue nouvelle, d'un œil inspecte les anciens qu'elle s'applique à ressusciter, de l'autre les sportifs, les médecins, les écologistes dont l'idéologie condamne les gastronomes. » Suffit. Avec les raviolis de ricotta aux légumes frits, aubergines et cœurs d'artichauts sur une salade de roquette, Christian Millau assène : « La notoriété des cuisiniers a tout changé. Ils cherchent maintenant comment leur "talent" va leur permettre de passer à la télé. Le 20 heures de TF1 les fait dérailler. Et ça sent mauvais ! »

Un peu d'histoire vient tempérer le propos. Millau rappelle que, malgré les progrès techniques, en particulier l'évacuation des fumées et des calories dégagées par les « pianos », les cuisiniers sont, ou en tout cas étaient, des soutiers. Il fait 50 °C devant les fourneaux, et il y a vingt ans, c'était 60 °C, voire 70 °C. C'est une des raisons pour lesquelles c'est un métier d'hommes – il faut être costaud pour trimbaler les marmites. Un métier aussi où deux vies se confondent.

« Souvent, quand j'ai senti un cuisinier perdre son exigence et sa motivation, j'ai trouvé une explication familiale : difficultés conjugales, soucis avec les enfants, dont les premières années ont été sacrifiées... Je suis toujours surpris de trouver autant de haine dans une profession vouée au plaisir. Ces gens mériteraient plus d'affection. » L'origine de ces haines ? Peut-être les clans – Jean Delaveyne contre André Guillot –, voisins et concurrents, développant chacun une pratique différente, rassemblant leurs disciples respectifs... Jean Bardet, le grand chef établi à Tours comme Charles Barrier, a peut-être raison quand il dit que, dès que deux maisons sont distantes de moins de cent kilomètres, leurs patrons se détestent cordialement.

L'arbitre des élégances restauratrices, c'est le critique et, surtout, depuis une dizaine d'années, le guide. On peut bien sûr objecter que dans certains sports, le patinage artistique par exemple, la subjectivité du jugement entre en ligne de compte, certes pondérée par la multiplicité des notations et l'élimination des notes extrêmes. Rien de cela dans la critique gastronomique qui ne s'embarrasse pas de tant de précautions. N'importe qui peut se décréter critique, comme n'importe qui, d'ailleurs, peut se déclarer cuisinier ou restaurateur, le taux de remplissage de l'établissement et son équilibre financier étant alors les seuls indicateurs de la viabilité de l'entreprise.

En ce qui concerne les trois étoiles, l'adéquation entre le nombre de couverts – l'offre – et celui des clients – la demande – est extrêmement variable, voire aléatoire. A tous ceux qui les fréquentent, il est arrivé de dîner dans une salle quasi vide. Et comment ne pas comprendre qu'on ait du mal à remplir, un mardi soir de novembre ou de janvier, soixante couverts à huit cents ou mille francs, surtout hors des grandes villes ?

Alors, pas de jugement objectif, pas de sanction directe du public, qui fait, ici le box-office, là les best-sellers, le palmarès des restaurants ?

« That is the question », répondrait la réputée et redoutée « restaurant critic » Patricia Wells, auteur d'une *France gourmande* (parue en 1988 chez Flammarion), de trois années de chroniques gastronomiques pour *L'Express* et connue des lecteurs du *Herald Tribune*, et d'autres grands titres américains, pour le soin minutieux et scrupuleux avec lequel elle rend compte de ses repas.

Premier point, hormis quelques exceptions, dont Patricia Wells, il n'y a que peu de critiques qui éreintent. Est-ce à dire que tout le monde est beau et gentil ? Pas tout à fait mais presque ! Les quotidiens nationaux accordent rarement plus de deux colonnes par semaine à leurs critiques, ce qui n'empêche nullement ces derniers d'arriver comme le messie. Avec tambours et trompettes, la plupart du temps. Ils sont soit trop connus pour pouvoir prétendre à l'anonymat, soit n'y trouvent aucun intérêt – et surtout pas le leur (enfin quelquefois). En deux temps trois mouvements, les confrères alentour, et même à l'autre bout de la France, seront avertis que le *Figaro* ou *Le Nouvel Observateur* sont dans les murs. Dans le métier on appelle ça « radio-marmite », et c'est aussi efficace qu'un tam-tam de brousse. « Attention, il n'aime que le pain baguette, fais gaffe à la température des vins, il a toujours son stylo thermomètre sur lui... Tu sais qu'il est au régime ? Et la pomme ! Tu as pensé à la pomme ? » – ça, c'était pour Robert Courtine, le paléocritique du *Monde,* qui était devenu une légende. On savait qu'il ne prenait jamais d'autre dessert – quand il ne se la (la pomme) faisait pas servir en « entrée ». C'est à des petites choses comme ça qu'on mesure l'importance d'un critique gastronomique. Lui aussi a sa cote. Au bout d'un certain temps, plus personne n'oublie « la pomme ! ».

Robert Courtine, alias La Reynière, était capable, de mémoire, de remonter, numéro par numéro, n'importe quelle rue de Paris ou presque. Il connaissait chaque bistrot, chaque restaurant, et même certains cafés – ceux qui servaient du bon vin. Dans tous ces établissements, il connaissait le propriétaire et le chef de cuisine, qu'il appelait par leur nom ou leur surnom quelquefois. Il pouvait citer les spécialités qui avaient fait la renommée de la maison. Il avait un avis autorisé, que personne ne mettait en doute, sur la qualité de la cuisine, du service, du décor et des vins. Même s'il ne se mettait à table, en général, qu'une fois par jour, le plus souvent à déjeuner, et toujours à midi pile, il entretenait par des visites régulières son étonnante connaissance du milieu, et pestait sans mollir, dans ses papiers du vendredi, contre la pingrerie des menus et des formules qui affichaient la rituelle alternative : fromage ou dessert. Courtois et même un peu vieille France, il affichait volontiers une misogynie bougonne que rien ne vérifiait réellement. On lui doit aussi quelques livres qui mêlent plaisirs de table et de lecture, un *Balzac à table,* un *Zola,* des *Carnets de Madame Maigret,* une *Cuisine des terroirs de France* qui se déguste comme un roman, une autre qui tourne autour du ventre de Paris du temps où il y avait des Halles, et une suite de chroniques qui relatent ses douze repas les plus étonnants. Sa contribution au *Larousse gastronomique* est également importante puisqu'il en fut l'instigateur et le premier maître d'œuvre. Dernier dans sa catégorie à détenir un savoir quasi encyclopédique, il faisait plus figure de chroniqueur du XIXe siècle que de critique d'aujourd'hui. Sa disparition, l'année dernière, fut l'occasion d'une mini-polémique quand resurgit un passé sinistre. Longtemps avant de devenir le chroniqueur du *Monde*, Courtine avait en effet signé dans *Je suis partout*, au temps de l'Occupation, des articles malsonnants qu'on avait préféré oublier.

Aujourd'hui, les critiques gastronomiques, ceux qui ont pignon sur rue, se rangent en deux catégories. D'un côté, les collaborateurs réguliers d'un quotidien national ou d'un magazine d'importance, de l'autre ceux qui, chaque année, font paraître un guide dont le but avoué ou secret est de finir par supplanter le *Michelin*. Quelquefois les premiers et les seconds se confondent. Ce n'est pas le cas de Michel Piot qui, depuis plus de vingt ans, passe la France au chinois pour remplir ses deux colonnes hebdomadaires du *Figaro*. Il les a titrées « L'agenda gourmand », paraphrasant *L'Almanach gourmand* de Grimod de la Reynière (1748-1837), qui fut le génial inventeur de la critique gastronomique, l'organisateur de jurys de dégustateurs loin d'être au-dessus de tout soupçon, et même le précurseur d'une certaine presse à scandale... qui faisait état de la vie privée des restaurateurs, charcutiers et autres rôtisseurs. Piot se pose volontiers en ami des familles, embrassant Germaine comme du bon pain, sachant tout des études du petit dernier, prenant Marcel sous son aile : « Ce petit gars, il faut l'aider », ou mettant Riquet au piquet pour insubordination, propos intempestifs dans d'autres colonnes que les siennes, etc. Comme tant d'autres, il adorait être le premier. Au nom d'une très vieille et belle amitié, il était donc dans les nouveaux locaux de Robuchon, à répéter le grand soir avant l'ouverture (le chef et le maître d'hôtel étaient en jeans et pull-over). Pour que ses œuvres soient complètes, signalons que Michel Piot était également rédacteur en chef de *La Bonne Cuisine,* qu'il collaborait au guide de *L'Auto-Journal,* deux « supports » (de pub) de feu le groupe Hersant (son groupe) et qu'il était président de l'Apcig, Association professionnelle des chroniqueurs et informateurs de gastronomie, qui fut fondée, en 1954, peu de temps avant sa mort, par Maurice-Edmond Saillant, l'Angevin Curnonsky, prince élu des gastronomes. Pour Michel Piot, le début 1999 sonne l'heure de la retraite.

Touchant, Philippe Couderc ne l'est pas, ou alors à son corps défendant. Il n'est pas non plus critique gastronomique. Il n'en revendique pas le titre. En fait, ça l'ennuie d'avoir son nom attaché à toutes ces activités mandibulaires. Fait pour la vie de château à l'ère de la fermette normande, c'est un homme de bonne compagnie mais à caractère de cochon. De façon générale, les chefs et restaurateurs s'en méfient comme de la peste et ne savent jamais sur quel pied danser lorsqu'il arrive chez eux. Est-il de belle ou de méchante humeur, la femme qui l'accompagne va-t-elle lui faire voir la vie en rose, la cuisson parfaite, le service exquis, les vins sans défaut, ou le contraire ? On ne peut jamais savoir. Et on ne saura rien avant la critique qui paraît, une fois par semaine, dans *Le Nouvel Observateur* de son ami Perdriel. C'est à cette tribune qu'il distribue les bons points ou les mauvaises notes, ses « à surveiller », ses « en hausse », qui obéissent à un barème aussi improbable que l'humeur d'un calife. Il adore un jour, décapite le lendemain. Certains diront que, lorsqu'on est brutalement passé de la critique gastronomique dans *Minute* – où il s'est fait le nom qu'il a, ne soyons pas ingrat – à celle du *Nouvel Observateur,* il y a de quoi perdre le sens. Si cela peut prouver une chose, en tout cas, c'est que la critique en question n'est ni de droite ni de gauche.

Aujourd'hui, Claude Jolly, alias Claude Lebey, membre éminent du Club des Cent, est probablement l'un des meilleurs connaisseurs du monde de la restauration. Son *Guide des restaurants de Paris* n'est que la partie émergée de l'immense influence qu'il exerce sur l'univers des cuisines. C'est une sorte de Père Joseph, une éminence grise dont on peut chercher le Cardinal. Il y a vingt ans, ce cadre supérieur de l'industrie textile, familier des repas d'affaires, était titulaire de la rubrique « restaurants » de *L'Express*. Il a longtemps dirigé la collection de référence consacrée aux cuisiniers, aux éditions Robert Laffont. *La Cuisine Minceur* de Michel Guérard fut le premier best-seller de la série, traduit en de nombreuses langues et dont le tirage se compte, outre-Atlantique, en centaines de milliers d'exemplaires. Astucieux et prévoyant, Lebey avait signé avec la plupart de ses grands toqués un contrat d'exclusivité.

Claude Jolly-Lebey fut aussi associé à Michel Guérard (encore lui !) dans l'aventure éphémère des Comptoirs

Gourmands. A cette enseigne, une boutique fut ouverte à Paris, place de la Madeleine, entre Fauchon et Hédiard. Mais une sombre histoire de pâté landais dont l'étiquetage ne correspondait pas au contenu du bocal vint porter un mauvais coup à l'affaire. Lebey avait prévu de franchiser la silhouette de Guérard et le concept des Comptoirs Gourmands, fort de son expérience des boutiques Descamps, une des premières marques à essaimer à travers la France et le monde entier.

Il dut ravaler ses ambitions d'épicier de luxe et fermer boutique. Lebey rejoignit alors Christian Millau, qui venait de divorcer de son partenaire, et avait obtenu la garde du guide et du magazine. Il devint ainsi, pour deux ou trois ans, une sorte d'Henri Gault-bis, avant que chacun ne reprenne sa liberté.

Le poids des jugements et l'entregent de Claude Jolly dans les métiers de bouche, ajoutés à ses connexions dans le monde de l'édition et au-delà, en font un redoutable « ayatollah », disent de lui ses détracteurs, qui sont souvent les « laissés-pour-compte » de ses réseaux.

On murmure que c'est lui qui a fait classer à l'inventaire des Monuments Historiques les boiseries blondes du Lucas-Carton, au moment où Alain Senderens déménageait de cet Archestrate qui fit sa gloire. Lucas-Carton est l'un des restaurants historiques qui servirent de cadre à la saga des toqués. C'est là que Bocuse et les Troisgros furent arpètes.

Récemment encore, Claude Jolly-Lebey a servi d'intermédiaire et conseillé à la fois Royco et Bernard Loiseau lorsque les deux « marques » se sont associées pour proposer sur les gondoles de supermarchés leurs Soupers d'Or. Un contrat avec beaucoup de zéros, et deux cents spots télé en « prime time » à la clef.

Claude Jolly-Lebey est encore le premier lecteur et le conseiller, quand il n'en est pas directement l'éditeur, de sa femme, Martine Jolly, dont les livres de cuisine sont des références. Martine a signé des ouvrages sur la pomme de terre, le chocolat (Claude est un des membres fondateurs du Club des croqueurs de chocolat), les soupes, qui paraissent opportunément dans la mouvance des potages Royco-Loiseau, et un gros volume, souvent réédité, *Réussir votre cuisine*[2], qui se veut, à juste titre d'ailleurs, une bible.

A la radio, mentionnons pour finir les émissions de Jean-Luc Petitrenaud, sur France Inter, qui renoue avec la veine chaleureuse et bon enfant de feu Édouard de Pomiane.

Resterait à évoquer, outre l'intrusion de la haute gastronomie sur Internet, nombre de critiques et de figures de la « corporation », de publications aussi, plus ou moins confidentielles, et de guides, dont certains ne sont qu'une manière de rendre la politesse, un retour sur investissement ou sur invitation. A ce propos, Joël Robuchon précisait : « J'ai une attitude très simple : aucun journaliste ne paie, même celui qui prétend être le seul à payer toutes ses additions. Sauf si vraiment il insiste. » Cela vaut pour la majorité des restaurants, l'auteur de ces lignes peut le confirmer.

S'il arrive que certains journalistes ne paient pas, il n'en va pas toujours de même des chefs – et des plus grands. Une méchante rumeur s'est récemment répandue, selon laquelle « plus de cent cinquante chefs » auraient versé chacun « dix mille francs » pour figurer dans un

2. Robert Laffont, 1992.

titre édité en langue anglaise : *The Best Restaurants in Paris*... C'est du moins ce qu'affirmait Bruno Lecoq dans *Vins et gastronomie* d'août-septembre 1997, avant de donner trois noms de confrères qui, selon lui, auraient ainsi cautionné l'opération...

6

Poitevin-la-Fidélité s'en va

A 51 ans sonnés depuis trois mois, le grand Robuchon acheva sa dernière saison le vendredi 5 juillet 1996 au soir. La rumeur de son départ avait encore allongé le carnet de réservation ; il était presque impossible d'obtenir une table dans l'une des trois salles à manger – à boiseries d'acajou, tableaux, bibelots et lampes de Gallé – de l'hôtel particulier classé, avenue Raymond-Poincaré, dans le XVIe arrondissement de Paris.

Durant trente-cinq ans, sa vie avait été rythmée par deux services et, parfois, deux coups de feu. Une cuisine d'aujourd'hui, équipée d'un circuit vidéo, de fours à vapeur (sèche) et de machines à cuisson sous vide, de plaques à induction (« la vraie révolution : elle régule à la perfection ; elle est rapide, économique et sûre... »), n'a que peu de choses à voir avec celles qu'il a connues à ses débuts, où le sol était de terre battue et où les fourneaux cuisaient au charbon (« et abrégeaient l'existence tant leur usage était ingrat »). Il a appris son métier à la dure et ceux qui l'ont vu diriger sa brigade savent qu'il a une poigne de fer. L'ancien pensionnaire du petit séminaire de Poitiers – devenu franc-maçon – est sincère, discret, comme étonné de ce qui lui est advenu. Il s'est raconté à Élisabeth de Meurville dans un livre-interview[1] et nous a ouvert son carnet de route, depuis les steaks-frites d'une enfance trop courte, la fierté des premières sauces poisson, créées au Vert Galant, les concours gagnés (il en a gagnés beaucoup), les étoiles conquises...

« Poitevin-la-Fidélité » – c'est le nom que les membres de l'Union compagnonnique avaient donné à Joël Robuchon en 1966 – a préféré arrêter pendant que tout allait bien, plutôt que de descendre la pente petit à petit ou de ne plus supporter le rythme. « Il faut être en bonne condition pour faire passer sa joie à travers le produit. Les contrariétés, les maladies se retrouvent dans l'assiette. J'ai l'amour du métier. Quand ma cuisine n'allait pas comme je voulais, j'en étais le premier vexé. » Il aspirait à profiter de ses loisirs, d'une vie « normale », et pensait à ses pairs disparus : Jacques Pic, Alain Chapel, Jean Troisgros. « Je ne suis pas allé voir mon cardiologue depuis ! Je n'ai plus cette vie tourmentée et stressée que j'avais. Aujourd'hui, ce que je fais, c'est presque une détente, et je n'ai plus vraiment de contraintes... même si j'ai une activité débordante, même si je pars, quatre à cinq fois par an, une semaine au Japon. Je me retrouve avec la forme que j'avais il y a dix ans. J'ai surtout le temps de réfléchir. C'est important, surtout si on veut évoluer. Il y a tellement de choses à faire dans la restauration où il ne se passe plus grand-chose. »

Après son déménagement avenue Raymond-Poincaré, en janvier 1994, il servait à chaque repas cinquante couverts, pas plus, comme avant, chez Jamin, rue de Longchamp, où, fait exceptionnel, en trois saisons

1. *Les Carnets de route d'un compagnon cuisinier*, Payot, 1995.

(1982-1984), il avait conquis une à une ses trois étoiles. De Jamin, il garde le souvenir nostalgique de l'ambiance en salle (unique pour un grand restaurant parisien) et du bonheur en cuisine. Ce fut un moment fabuleux de sa carrière : « Les trois étoiles, je les ai obtenues par la rigueur, alors qu'un Peyrot, un Delaveyne les ont gagnées par leur génie – je pèse mes mots. »

Son désir annoncé de se désengager de son restaurant à cinquante ans obligea Joël Robuchon à sortir de sa réserve quasi légendaire au dernier moment. La rumeur s'était invitée à sa table. Question disputée : « Fallait-il comprendre que le futur ex-trois-étoiles *Michelin*, "19,5" et "cuisinier du siècle" *GaultMillau*, meilleur ouvrier de France (MOF) en 1976, "meilleur cuisinier du monde" pour Patricia Welles et d'autres, vainqueur de la coupe Prosper-Montagné, de la coupe Marcel-Bouger, du prix Taittinger, du trophée national de l'Académie culinaire (française)... s'en irait au soir du dernier jour de l'année de ses cinquante ans, le 31 décembre 1996, ou, plutôt, au soir du dernier jour de ses cinquante ans, le 6 avril 1996 ? » Pour que cessât la rumeur, il fallait une mise au point. Le 17 novembre 1995, une interview « exclusive », recueillie par Michel Piot, parut dans le *Figaro* sous le titre : « Je ne suis pas encore parti ! ». Le prix du fonds de commerce Robuchon – les murs appartiennent à Vivendi – n'y était pas rendu public. Pour le reste – l'identité du repreneur – des supputations étaient infirmées. Ainsi étaient « sortis » la Japan Airlines et le Stéphanois Pierre Gagnaire, qui avait déjà démenti l'hypothèse dans le *Journal de l'hôtellerie*. Exit pareillement Ghislaine Arabian, alors installée elle aussi dans des murs de Vivendi, aux pianos du prestigieux restaurant Ledoyen – ce qui ne lui donna aucun droit de préemption. « Si Alain Ducasse ou Alain

Dutournier s'étaient portés volontaires, disait Robuchon dans le texte, je ne cache pas que cela m'aurait plu. Mais l'un est trop bien à Monte-Carlo et vient de s'investir à Moustiers-Sainte-Marie dans une bastide très séduisante, et l'autre, en qui je vois personnellement un prochain trois-étoiles *Michelin*, vient de faire d'importants travaux d'embellissement dans son Carré des Feuillants de la rue de Castiglione. Je ne les vois donc pas me faire de propositions. Quant au profil idéal de mon successeur, je dirai qu'il devrait avoir une longue expérience au plus haut niveau, connaître la gestion, lourde, d'une grosse maison, être, sinon un trois-étoiles, du moins susceptible de le devenir. Tout cela en étant jeune encore, disons autour de la quarantaine. Mais ce ne serait pas forcément un cuisinier lui-même : le regretté Marcel Trompier, auquel je dois tant dans ma carrière, aurait admirablement fait l'affaire en son temps. Et si Claude Terrail avait trente ans de moins !... »

On sait qu'Alain Ducasse s'est finalement embarqué dans l'aventure, au risque de faire les frais de cette succession : « Par orgueil, peut-être aussi parce qu'il n'a pas renoncé à demeurer le maître de son Louis XV ensoleillé (Paris-Monte Carlo : 955 kilomètres), le chef étoilé s'est appliqué à ne pas nous redonner sa belle cuisine à Paris. Pour en produire une encore bien incertaine, qu'à regret nous apprécions mal. Alors, soyez simple, monsieur Ducasse. Faites Ducasse », lisait-on dans les colonnes de *L'Express*.

Quant à Alain Dutournier, s'il n'a pas (pas encore ?) rejoint Joël Robuchon dans la galaxie des trois-étoiles parisiens ni embelli encore les murs de l'ancien couvent-club révolutionnaire redécoré par Slavik, il s'emploie à promouvoir le bœuf de Bazas, les volailles de Chalosse, l'agneau de lait des Pyrénées, ainsi qu'à perfectionner ses « goûts vrais », tout droit venus de l'Adour, pour convaincre les inspecteurs du guide : langoustines aux piments d'Espelette, rouget à la fondue de laitue, volaille aux truffes, estouffade de céleri et haricots, brioche perdue aux baies rouges... Après le satisfecit décerné par le corps médical aux magrets, confits et autres réconfortantes préparations, une troisième étoile serait une belle consécration pour le Sud-Ouest gourmand, dont il « sort » autant de grands chefs que, finalement, de grandes tables.

Reste qu'avec le départ de Joël Robuchon, une page est tournée sur le rôti d'agneau en croûte de sel, la salade pastorale aux herbes, le homard, le pigeon, les truffes et la « simple » purée de pomme de terre. Seuls, désormais, le Taillevent-Robuchon de Tokyo et le restaurant de l'hôtel Astor, à Paris, continuent de proposer les « classiques » du chef.

« Il n'y a rien de pire qu'un client avec une idée fixe : "Je vais vous emmener manger tel plat à tel endroit"... Si par malheur on a retiré le produit de la carte, on peut tout lui suggérer, il sera déçu... La gelée de caviar, je ne peux plus la voir ! Chaque fois que j'enlevais les raviolis, les clients étaient perturbés et moi aussi ! Une maison est marquée. » Cela semble moins gêner les confrères. Ainsi le chef du Domaine des Hauts-de-Loire, Rémy Giraud, un deux-étoiles et « modèle » de Relais & Châteaux, était-il récemment célébré par un vénérable critique national pour une merveille : la gelée d'huîtres au caviar et choux brocolis... Ladite gelée, façon Robuchon, dont celui-ci dit avoir trouvé la première inspiration dans un consommé – de caviar – de Jean Delaveyne, est un magistral exercice : « C'est simple. Ce qui domine, c'est le caviar avec la crème de chou-fleur. C'est un plat travaillé où toutes les saveurs sont respectées. D'abord vous mangez cette gelée de chou-fleur puis vous tombez sur une gelée de crustacés qui s'accorde très bien – rien que des produits de Bretagne. Après vous cherchez le caviar qui apporte un peu l'agressivité du sel, adoucie par la crème de chou-fleur qui, elle, amène l'aigreur. Je trouve le mariage très heureux. Le métier de cuisinier, c'est savoir fixer au maximum des parfums et des saveurs. Avec un navet et un peu d'eau, j'ai vu des cuisiniers chinois faire des bouillons extraordinaires ; ils connaissent la juste cuisson, la quantité d'eau, le moment de couvrir ou de retirer... Je fais une cuisine de base traditionnelle, mais revue et corrigée, adaptée au goût du jour. Il y a dix ans, cette cuisine de tradition existait encore, mais les produits étaient masqués ; on ne savait pas toujours ce qu'on mangeait. Je crois l'avoir dépouillée et remise à la mode, en retrouvant le respect du goût. Mais rien n'est jamais acquis. Aucun cuisinier ne fait et ne fera jamais l'unanimité. Cela fait d'ailleurs le plaisir de notre profession. »

Que Joël Robuchon soit un perfectionniste, c'est là une certitude. « Et il en veut toujours », assurait, peu de temps avant le « départ », son directeur de salle, Jean-Jacques Caiment, aujourd'hui, patron de la Closerie des Lilas : « Professionnellement, il me manquera. C'est dur... » Sur les dix-huit années passées aux côtés du chef, qui vivait « chaque service avec nous », Jean-Jacques Caiment est resté très discret. Sauf quand il lui parut nécessaire de défendre les métiers de bouche en général et de la salle en particulier : « à revaloriser sans plus attendre »... Ou de pourfendre les clients qui oublient d'annuler leurs réservations. Inutile de compter sur lui pour nous livrer, même *a posteriori*, les secrets de la maison ou pour nous raconter les détails du déjeuner entre Guy Dejouany, futur ex-président de la Générale des eaux, et André Rousselet, futur ex-président de Canal Plus (cela se passait quelques heures avant le désormais célèbre : « Édouard m'a tuer »). Voilà pour les potins. Pour Robuchon, le restaurant idéal serait celui où le chef laisserait libre cours à ses envies. Avenue Poincaré, parfois, le rêve se réalisait au gré des arrivages.

« Un soir on m'a mis de côté trois daurades extraordinaires, comme on n'en voit plus. Elles faisaient deux kilos. En me couchant, je les ai mijotées dans ma tête. Le lendemain, j'ai fait un plat fabuleux, on salivait de plaisir. Le client ne pouvait qu'être ravi ; l'émotion était passée, comme l'amour. »

La même histoire, mais version cauchemardesque :

« Un jour, je reçois des langoustines royales d'environ quatre cents grammes pièce. Un produit exceptionnel dont j'ai dû disposer trois-quatre fois en dix ans. Je les fais rôtir au four, avec un filet d'huile d'olive. Le produit pur... J'étais content d'avance pour mes clients, jusqu'au moment où le maître d'hôtel m'explique : "Ça n'a pas l'air de leur plaire, ils parlent de cuisson, de ceci, de cela..." Je goûte une langoustine : elle était superbe, bien cuite, mais cotonneuse à l'intérieur ! C'était impossible à déceler et mes clients sont partis avec l'idée que j'avais trop cuit mes langoustines... »

Ces moments extrêmes ne sauraient éclipser les lourdes contingences du service. Avec quarante personnes pour cinquante couverts, « nous avions le personnel pour répondre à toute attente de la clientèle, ainsi que pour assurer l'autonomie du restaurant, des plongeurs aux secrétaires en passant par les gens de la maintenance ». Indispensable pour éviter les dents de scie et les aléas, fatals dans un trois-étoiles. « Notre passion de la qualité coûte cher. Le profit est faible, mesuré à l'investissement. Si je n'avais eu que les revenus du restaurant, je serais arrivé à soixante-cinq ans sans le sou. Nous sommes dans le collimateur des pouvoirs publics. Pas une pomme de terre n'entre ici sans sa facture. La profession n'est pas fortunée, la moitié des trois-étoiles sont endettés... Le grand gagnant, c'est le bistrot de quartier et ses deux plats du jour. Certaines "formules" à la mode me gênent quand même, le rapport qualité-prix y est mauvais. Moi, j'adore le Bistrot de Guy Savoy. Si je devais m'y mettre, je voudrais faire un produit simple et bien traité : du turbotin par exemple, ou un pigeon rôti à la broche, avec des pommes paille, voire du homard canadien, qui n'est pas si mal, poché, grillé ou rôti au four. J'y verrais bien aussi des produits non nobles comme le merlan, les maquereaux, les sardines... Le bon produit, bon marché : telle serait ma formule. »

Aux dernières nouvelles, la « formule » ne compte pas parmi les projets de Joël Robuchon. Il a évoqué, ici et là, le projet d'une école de cuisine avec Fredy Girardet, l'Helvète de Crissier – le « meilleur » pour Robuchon, qui l'a précédé de quelques mois dans la « retraite ». « Sa qualité professionnelle est extraordinaire, sa valeur morale aussi. Attachant et profond, il a un comportement d'une droiture exemplaire. Et je défie quiconque de le prendre en défaut », explique t-il. A défaut d'école de cuisine, Joël Robuchon donne ses leçons à la télévision et ses livres à l'édition. Plus, le samedi, « un petit papier dans le *Figaro* ».

Il a assuré ainsi une « quotidienne » de cinq jours en cinq minutes, sur TF1 (vers 12 h 10) : ça s'est appelé « Cuisinez comme un grand chef ». Un condensé de tours de main, de bons trucs, de recettes très bien détaillées en vidéo... et de grands chefs : Alain Ducasse y vient parler de tomate et de Méditerranée, Georges Blanc de volaille de Bresse, Bernard Loiseau de pommes de terre et de persil plat...

Chez Robert Laffont, à l'automne qui a suivi son départ, il a fait paraître *Le Meilleur et le plus simple de la France* où dix-huit régions, présentées par Christian Millau, sont illustrées par une dizaine de plats. On y trouve le baeckeofe alsacien, la potée auvergnate, la piperade basquaise, le bœuf bourguignon, la quiche lorraine ou le farci poitevin... A chaque fois, la recette est détaillée et commentée par le chef. Chez Hachette, ce même automne 1997, *L'Atelier de Joël Robuchon,* visité et commenté par la critique Patricia Wells, permit de se faire une idée des rapports secrets que le maître entretient avec la pomme de terre, le caviar, la Saint-Jacques, le cèpe, le ris de veau, la truffe, le marron et l'amande, huit produits phares symboliques de la palette de l'artiste et de son école – laquelle était représentée par cinq de ses élèves installés aujourd'hui en Charente, en Bourgogne, à Tokyo et même à Paris...

C'est peut-être précisément son origine, qui, désormais, attire autant Joël Robuchon vers l'Espagne, « un pays où on peut manger tous les jours, au restaurant, une cuisine saine et bon marché : des petits lapins, un poisson grillé tout simple... » En France, c'est plus compliqué : « C'est pourquoi Fleury-Michon fait un gros effort pour aller vers cette cuisine-là ». Avec cette entreprise vendéenne, Joël Robuchon a développé une collaboration de savoir-faire. Rappelons que ce groupe agroalimentaire basé à Pouzauges emploie trois mille salariés et que son chiffre d'affaires s'établit à près de 3 milliards de francs. Son travail avec le service de recherches a permis à Joël Robuchon « de mieux connaître la réaction des produits ».

Le riz par exemple, qu'il peut faire manger à n'importe qui sans l'avoir cuit ! Il a appris à maîtriser l'humidité, la macération, et arrive à attendrir les fibres et à obtenir des moelleux. « L'industrie apporte beaucoup sur le plan nutritionnel et chimique, dans la transformation des matières premières. Ma manière de cuisiner s'est modifiée, et j'en apprends encore... »

Quand on interroge Robuchon sur la cuisine de demain, les idées fusent : « Rien n'a été fait autour des grillades. Pour le commun des mortels, c'est un poisson ou une viande que l'on pose sur un gril. Alors que l'on peut jouer avec le bois, fumer les mets, les couvrir, travailler les accompagnements, mettre aussi les légumes à griller... » Le « cuisinier du siècle » selon *GaultMillau* a établi ses quartiers dans un petit laboratoire où il dispose de tout ce qui se fait de plus performant aujourd'hui. « Il n'y a pas le gaz... Là, ce sont des fours à micro-ondes tout nouveaux – ils sortiront sur le marché d'ici un ou deux ans. Nous travaillons dessus avec le groupe japonais Panasonic. Ils sont révolutionnaires et régulent la cuisson à la perfection. Même pour le canard, dans ce four-là, les aiguillettes seront rosées et les cuisses bien cuites... Ici, c'est l'induction qui fait du chaud sans faire de chaleur. Comme c'est une remise en question, beaucoup de cuisiniers ont du mal à s'adapter. Là, vous avez une grillade traditionnelle. Ici, une salamandre. Tout le matériel... Et je connais beaucoup de restaurants qui n'ont pas cette installation. Voici un four à convection, qui a également une fonction "vapeur sèche" : il envoie celle-ci entre 60 et 80 °C sans qu'elle se condense en eau... Et voici une "petite plonge", une machine à faire le "sous-vide", un pétrin traditionnel... Mon petit bureau est à côté. C'est là que je peux rêver... »

En attendant de faire la cuisine de ses rêves (« à trois ou quatre vrais amis, et nous vivrions alors de très grands moments de bonheur »), Robuchon continue de superviser, outre celle du Relais du Parc, annexe de son ex-restaurant, la cuisine de Philippe Braun, le jeune chef de chez Laurent, une institution des Champs-Élysées, ex-propriété de feu Jimmy Goldsmith. Contrairement à ce qu'on dit, le « meilleur cuisinier du monde » reste persuadé que l'on n'a jamais aussi bien mangé en France qu'aujourd'hui. « Je crois qu'il y a un vrai retour vers la qualité. On le voit pour le vin, par exemple. Et si on veut que la cuisine française continue à ce niveau de qualité, il faut prendre garde à l'uniformisation. Je ne suis pas contre l'utilisation de produits "étrangers" – comme le soja, par exemple – mais il faut les adapter à la cuisine française qui reste très personnalisée. Dans tous les plats façon "retour des Indes", il n'y a plus d'identité... Aujourd'hui, si je reprenais un restaurant trois étoiles, je chercherais l'ambiance, en premier lieu. Confort, service, tables espacées, prix abordables : je crois que ça correspond à une attente, à une évolution de la restauration... Ensuite, je ferais une cuisine qui ne soit pas un plagiat, une cuisine que les petits restaurants ne puissent pas copier. »

Élève du maître pendant dix ans – et aujourd'hui brillant (doublement étoilé par le *Michelin*) cuisinier-patron de l'Amphyclès, grande table du XVIIe arrondissement de Paris –, Philippe Groult aura le mot de la fin : « En trente-cinq ans de labeur derrière les fourneaux, Joël a plus travaillé que bien des Français pendant toute leur vie. On n'a pas assez noté sa puissance de travail, sa faculté de penser plusieurs repas, plusieurs plats à la fois, son extrême intelligence et sa maîtrise intérieure.

Quand il s'est établi à son compte rue de Longchamp, il n'a pas quitté les fourneaux durant des années, midi et soir, car il voulait à tout prix s'affirmer. Et réussir comme Charles Barrier et Jean Delaveyne. Contrairement à pas mal de ses confrères en toque, il n'est ni vaniteux ni jaloux. C'est un homme de bien. Et je vous le dis, il n'a pas fini d'épater le monde. Il va rebondir. Loin de moi l'idée de penser qu'il a décroché. »

7

Du côté de chez les L***

Côté rêve, la Côte Saint-Jacques ouvre les portes de la Bourgogne. Devant le Relais & Châteaux de Joigny, à quai, un petit yacht invite à flâner au fil de l'Yonne en se régalant d'une savoureuse collation. Sur la rive : des chambres et des appartements plongés dans la verdure et la volupté labellisée, piscine couverte et tennis à disposition. Un passage souterrain privé, pavé de dalles romaines et décoré de chapiteaux bourguignons, permet de rejoindre la maison-mère sans rompre le charme. Là, baigné dans la chaleureuse atmosphère familiale d'un ancien relais de poste, un apéritif de fête, escorté de ses amuse-bouche chauds et froids, précède le dîner d'huîtres bretonnes en petite terrine océane, de turbot braisé au bois de fenouil et aux câpres, de poularde de Bresse à la vapeur de champagne, accompagné de chablis, d'irancy... ou des meilleurs vins de France.

Alentour, le pittoresque de la petite ville de Joigny, des excursions et des découvertes à profusion. On vous aidera à les accomplir, comme on s'efforcera de prévenir le moindre de vos désirs : boudin noir au petit déjeuner, sauna après la promenade... La salle de bains d'une chambre de la Côte Saint-Jacques vaut à elle seule le voyage à Hollywood-sur-Yonne. Le luxe à l'état pur, avec une immense pièce-douche indépendante à six jets, croulant sous le marbre précieux...

A 1 h 30 de Paris et de Dijon, le paradis a son prix – pas totalement inaccessible en son genre, hôtel de grand luxe et restaurant trois étoiles. Sinon, on a pensé à tout : au menu-déjeuner à 320 francs (avec deux verres de vin), et à la maison-sœur, Le Rive Gauche, sis de l'autre côté de l'Yonne, comme son nom l'indique, et qui prodigue un bon confort hôtelier à prix plus doux. Côté coulisses, la Côte Saint-Jacques est l'œuvre d'une vie et d'une famille, les Lorain, tôt embarqués dans la course aux étoiles. Bernard Pivot, préfacier des *Six Grands Cuisiniers de Bourgogne,* expliquait : « Ainsi l'autoroute du sud menaçait-elle de vider la Côte Saint-Jacques, habituelle étape de Joigny sur la nationale 6. Michel Lorain décréta alors que, si les Parisiens et les étrangers ne s'arrêtaient plus chez lui par nécessité, il les ferait venir par gourmandise. Il misa tout sur la qualité. Deux étoiles lui échurent à cinq ans d'intervalle. De calamité, l'autoroute était devenue bienfait. »

La Côte Saint-Jacques d'avant l'autoroute est une modeste maison dont l'histoire commence pendant la Seconde Guerre mondiale avec Marie Lorain, la grand-mère couturière qui tient table ouverte pour les amis et les visiteurs du camp de prisonniers local. La pension familiale est convertie en auberge et la succession assurée : le fils, Michel Lorain, apprend la pâtisserie, puis la cuisine dans les bonnes étapes de la région : l'hôtel de la Fontaine à Auxerre, l'hôtel de Paris à Sens. Il n'a pas fréquenté les grandes maisons de l'époque car ses parents n'avaient pas de relations, explique-t-il. En 1957, il se marie avec Jacqueline et ils ont deux enfants : Jean-Michel et Catherine. Arrivent l'autoroute, ouverte en 1965, et la première étoile, décrochée en 1971. Jacqueline Lorain se souvient : « J'ai éprouvé la rage de vaincre. Je me souviens d'un déjeuner chez Alain Chapel où il nous avait dit : "Tous les matins, en mettant mes chaussettes, je me répète : J'aurai trois étoiles ! J'aurai trois étoiles !" J'ai presque voulu plus la deuxième que la troisième. J'en étais obsédé, c'était mon ambition. Quand nous avons effectué notre visite au *Michelin*, et qu'on nous a laissé entendre que ça y était, en sortant, je me serais comme envolée. Michel m'a dit : attention ! et il a eu raison. L'année suivante, sans doute le choc en retour, j'ai quasiment fait une dépression. »

Tandis que Michel Lorain concocte ses futurs classiques, Jacqueline Lorain se passionne pour l'œnologie – une tâche plutôt réservée, à l'époque, aux papilles masculines. Son savoir et ses talents sont reconnus. « Autrefois, les représentants des grandes maisons, Drouhin, Bouchard, Viénot, connaissaient bien leur métier ; j'avais même confié à l'un d'entre eux toute la carte des bordeaux. Puis est venue la mode des vins de vignerons. En même temps, j'ai eu la chance de rencontrer Pierre Ramonet, à Chassagne. Il m'a initiée au monde du vin. Le *Larousse* et quelques autres livres m'ont aussi aidée. Je n'ai jamais fait de concours... »

En cave, en cuisine, mais aussi en salle, la maison Lorain est résolument une affaire de famille. Les tâches sont réparties au fil des talents et des mariages. Père et fils sont aux fourneaux, fille et belle-fille chargées de l'accueil : « Ici, chacun a ses qualités, encore que tout retombe un peu sur notre fils Jean-Michel, le "premier de la classe" – il a eu son bac C avec mention. Avec ma fille, ça a été moins facile : à une époque, on s'est pas mal bagarré. Il faut dire que, Michel et moi, nous avons toujours eu un troisième enfant : la Côte Saint-Jacques. Michel et les enfants disent qu'ici je suis le pilier ;

chacun a sa personnalité. Nous avons toujours été un couple très uni, et, contrairement à certains, je ne me suis jamais plainte de ma profession. »

Flash-back sur l'affaire du « tunnel ». Jacqueline raconte : « Michel a une sorte de folie. Quand il a eu l'idée, pour nous agrandir, de faire un passage sous la nationale 6, tout le monde a dit : il est dingue, inconscient, les Lorain courent à la faillite, etc. Il a vendu le projet aux banquiers ; le tunnel nous a coûté le prix d'une suite. » Avant, il y avait l'Yonne, la nationale 6 et l'hôtel. Le rêve des Lorain était à l'étroit, et surtout manquait d'unité. Est arrivé le « génie créateur » de Michel Lorain. La famille a inauguré le tunnel en grande pompe, en invitant les cuisiniers du voisinage et le Tout-Paris, la presse gastronomique et la cohorte de vedettes assidues des fourneaux étoilés...

Quelques mois plus tard sort le *Michelin 1986* : les Lorain décrochaient une troisième étoile, dix ans après la deuxième. De là à penser que les étoiles devenaient immobilières... Déjà, lors de la fête, les confrères calculaient que tous les matins, en se réveillant, le père Lorain devait payer dix mille francs de frais financiers... Aujourd'hui, de l'eau a coulé sous le pont de l'Yonne. Jean-Michel Lorain, qui a fait son apprentissage chez les grands (Troisgros, Taillevent, Girardet), renouvelle avec son père les classiques de la Côte Saint-Jacques. Dans une haute gastronomie encline aux querelles intestines, l'entente des deux Lorain étonne la critique. « Original. Il n'y avait donc pas de conflit entre ancienne et nouvelle école, entre le terroir si sacré et les impertinences d'un César tout neuf. Curieux. Quelle était la recette ? Le paternel, Michel Lorain, est un vieux briscard aux moustaches à la James Coburn et à la veste blanche avantagée d'un rien de bleu-blanc-rouge ; le fiston, Jean-Michel, a, lui, le regard amusé et armé de ces jeunes hommes pour lesquels le travail n'est pas loin du divertissement. Il joue plutôt dans la catégorie fleurettistes, cette nouvelle race de cuisiniers aux muscles nerveux et prompts à l'assaut. Le nouveau charme, leur minceur. »

Ces dernières années, quand il n'était pas en train de préparer la truffe au chou, le canard croisé sauce aux petits fruits, Jean-Michel Lorain partait en tournée à Saint-Pétersbourg, où les clients de l'hôtel de l'Europe pouvaient apprécier ses recettes. Tandis que son père, sûr des qualités de sa suite, s'affairait dans son vignoble : cinq hectares de chardonnay – et du pinot noir de Joigny qui donnera bientôt du « vin gris ».

Des bords de l'Yonne à l'embouchure de la Neva, on peut mesurer le chemin accompli par la famille Lorain. La nationale 6 n'est pas la « route Napoléon ».

De Joigny à Chagny, la nationale 6 ainsi que l'autoroute A 6 mènent chez le plus discret des « six grands » de Bourgogne, à l'ombre du mont de Sène et du château de la Rochepot, à proximité des halles de Nolay, des vignobles de Santenay et de la route de la « Côte »... « Bourguignons de vieille race, les Lameloise ont également imposé leur nom au ciel étoilé et toqué de la cuisine française grâce au relais des générations. » Ici, ni tintamarre ni falbalas – on osera dire que ça ne manque pas – mais « une impression de bien-être qui, elle, n'a pas de prix », a-t-on pu lire dans le *GaultMillau*. Là, sur la place d'Armes, dans un relais de poste converti en hôtel-restaurant et pourvu d'un confort proverbial, le siècle a suspendu son vol depuis 1920, tandis que les casseroles des Lameloise exhalaient leurs solides parfums d'œufs en meurette, de grenouilles des Dombes, d'escargots, de pochouse sauce beaunoise et de tête de veau sauce ravigote. Les inspecteurs du guide *Michelin* ont apprécié, qui leur ont décerné les trois étoiles en 1979, la même année qu'à Gérard Boyer, à Reims. Les habitants des pays du vin aiment bien manger, conclut-on du côté de Chagny.

Aujourd'hui, à la suite de son grand-père et de son père Jean, Jacques Lameloise continue de décliner, pimenté d'une manière bien à lui, le répertoire bourguignon : celui des escargots, servis en raviolis dans un bouillon d'ail doux, des grenouilles, dont les gigots sont accommodés d'une purée de pomme de terre truffée, celui de la cuisine au vin aussi – le grand produit stimule et le grand vin apporte toujours la bonne nourriture, dit-il. C'est ainsi que le turbot, le rouget ou les Saint-Jacques taquinent, sur la carte, le coq au vin, le filet de charolais et les rognons. Voire le risotto de langoustines aux cèpes, récemment introduit à la carte et dont le succès tient principalement, aux dires de son créateur, à l'intitulé du plat et aux cèpes. « Pour mettre au point de nouveaux plats, je fais des essais tous les jours. J'ai les produits et les vins, l'envie de faire pour le mieux et le souci du bien-être de mes clients. Voilà. M'échauffer l'esprit ou me rouler par terre pour composer la carte, ce n'est pas mon style. Cela se fait naturellement. »

La cave de Chagny fait la part belle aux flacons locaux (pas nécessairement ruineux) et l'accueil au sourire de Nicole Lameloise, sous les voûtes immaculées, les boiseries cirées et les fers forgés des petits salons de la maison. Quand il n'est pas aux fourneaux du Relais & Châteaux familial, Jacques Lameloise voyage, au Japon, à New York, pour les affaires et le plaisir. Il se passionne aussi pour les voitures de collection et on le croise parfois sur les routes bourguignonnes au volant d'une Aurélia 1956, d'un cabriolet Lancia 1934 ou Mercedes 1960.

La tradition a du bon chez les Lameloise, ce qui n'empêche pas Jacques de se préoccuper (et de parler) de sa clientèle et de sa comptabilité. Pour le million nécessaire au toilettage de l'accueil, il attendait 1998, parce que, disait-il, « il ne faut pas mettre la charrue avant les bœufs ». La charrue, ce sont les 240 000 francs mensuels qu'il prélève de son chiffre d'affaires pour finir de rembourser les parts de l'affaire, rachetées à ses trois frères et sœurs. « On en est tous là, on fait vivre les banques, l'hiver, avec nos agios, et l'été on rattrape le tout. » « Avec des additions qui grimpent à huit-neuf cents francs par personne, il faut pouvoir trouver le client », continue-t-il. Les nombreux Suisses, Allemands, Américains (quand il n'y a pas d'attentats) et les gens du vin ne remplissent pas toujours la salle, surtout en semaine.

Sincère, Jacques Lameloise l'est également, à son corps défendant, lorsqu'il évoque son apprentissage des métiers de bouche, au cours duquel il a découvert (auprès d'un meilleur ouvrier de France) que, pour faire bien ou pour faire mal, il faut toujours travailler... « Contrairement à Jean-Michel Lorain, j'étais mauvais élève, peu motivé par l'école, sauf la gymnastique ! Cela me fermait beaucoup de portes. Et, à quatorze ans, quand vous ne faites que des c..., il faut bien se décider à travailler. A l'époque, on vivait dans l'hôtel. Alors... »

Aujourd'hui, la « vocation » de la quatrième génération n'est guère plus affirmée. Le fils aîné de Jacques Lameloise – un « véritable intellectuel » diplômé en histoire de l'art et en cinéma – souhaite devenir metteur en scène, les deux filles étudient, l'une les beaux-arts, l'autre la médecine. «Je lui dis toujours, c'est mon grand truc: la cuisine, c'est plus important que la médecine. Un chef qui dégraisse bien ses sauces prévient les maladies de ses clients.»

Soit. Mais derrière la pointe d'ironie et le fond de bonhomie du chef, on sent poindre la passion. Quand il parle Saint-Jacques, parfumées de safran et d'un peu de curry, ou queue de bœuf (aux truffes)... Quand on relit ses propos de table: «Les gens aiment à retrouver ce qu'ils ont mangé à une époque plus ancienne, ce que leur mère faisait. Certaines personnes iraient même jusqu'à exiger ce qui se cuisinait au temps de Brillat-Savarin... Tous les goûts sont valables. Vous savez, la cuisine, ce n'est pas compliqué. Il faut juste respecter trois ou quatre règles. (...) La cuisine qui fait rêver les gens, si on la sert, elle ne passe pas toujours. Alors il faut qu'on la transforme. Certains exigent de la simplicité, d'autres préfèrent l'élaboration. Dans tous les cas, il faut que ceux et celles qui la pratiquent des deux côtés des fourneaux, chefs et convives, soient heureux.»

8

Les pirouettes de « Monsieur Paul » (Bocuse)

Quand on demande à Bocuse si son état de monument historique ne l'encombre pas, la repartie est immédiate : « J'aurai quand même passé un bon moment... » Ce à quoi il ajoute, plus sérieusement : « Peut-être ai-je eu beaucoup d'avantages dans la vie ; la nature m'a gâté. Mais j'ai aussi connu beaucoup de souffrances dans ma jeunesse. Je suis un enfant de la guerre. A 14-15 ans, j'étais au travail. A 18 ans, engagé dans la 1re division française libre, au bataillon de marche du Tchad (BM 24), j'ai été grièvement blessé en Alsace. J'ai été sauvé par du sang américain (transfusé). Ici, à Lyon, nous avions le centre de la Milice. Plusieurs de mes copains de Collonges-au-Mont-d'Or y sont restés. J'avais déjà une autre vision de la vie. »

Paul Bocuse est né le 11 février 1926, à l'hôtel du Pont, quai de la Plage, à Collonges, dans le lit qu'il occupe encore aujourd'hui – la rivière de Saône « à main gauche pour m'endormir ». La cuisine, le jeune Paul la découvre très tôt. A neuf ans, il sait faire cuire les rognons de veau, les déglacer d'une larme de madère et couler « un rien de crème ». Son premier maître, c'est son père, Georges, « qui connaissait tout ». Il lui apprend « ce sentiment de la simple beauté qui berça ma prime enfance » et une évidence : « La cuisine est bien plus que le simple accommodement des mets. Elle peut être une raison de vivre. Elle peut servir la manière d'être d'une époque. Je décidai d'être cuisinier. »

Aujourd'hui, septuagénaire, « l'homme des bords de Saône » mesure sereinement le chemin parcouru. Si l'on évoque les privilèges du cuisinier, il n'y voit que le fruit d'un travail de longue haleine, entamé dès le plus jeune âge. Revenu de tout et de la guerre, le jeune marié (avec Raymonde, sa « voisine de Collonges ») monte la pente du col de la Luère pour se présenter à Eugénie Brazier, « notre Sévigné », deux fois trois-étoiles *Michelin* (au col et rue Royale, au cœur de Lyon). La mère Brazier l'engage sur sa bonne mine : « Si tu es monté à bicyclette, c'est que tu es bien courageux. Je t'embauche »... Chez cette Bressane, « qui avait dû se louer très tôt en maison bourgeoise », il fallait tout savoir : traire les vaches, bûcheronner, bêcher, faire la lessive, repasser « à l'amidon » et... cuisiner, de cinq heures du matin à onze heures du soir. L'apprenti n'est pas un ingrat : « Elle m'apprit l'évangile... Bon croyant, je martèle sans relâche ses enseignements depuis que je fais ce métier. »

En 1949, à vingt-trois ans, Bocuse passe chez le maître de Vienne, Fernand Point, naguère compagnon de cuisine de son père. Il vit deux années à la dure et jette là les fondations de sa future carrière. Il en a naturellement conçu reconnaissance – du ventre – pour son modèle. « Fernand Point est celui qui a le mieux revalorisé le métier de cuisinier... et sa maison aura gardé quand même plus de cinquante ans les trois étoiles *Michelin* ! »

En 1956, lorsque Paul Bocuse, rappelé par son père, commence l'exercice de cuisinier-patron, l'heure est à la modestie : « Ma mère était à la caisse, ma femme servait, et moi j'étais en cuisine... ça n'a pas toujours été l'époque d'or. » La seule richesse qu'il concède avoir acquise aujourd'hui se calcule « en expérience et en satisfaction personnelle ». Quant au reste, il sait fort bien que tout monument peut un jour tomber de son piédestal. Les rumeurs, qu'il laisse volontiers courir – « c'est la vie » –, ne l'émeuvent pas outre mesure. Même les plus brillantes étoiles finissent par se consumer. Lui garde les siennes... et se construit un garde-fou de la sagesse acquise. « J'ai commencé avec rien et je peux toujours finir avec autant. »

L'hommage que signait Alain Chapel en son temps mérite d'être relu, ne serait-ce que pour faire pendant à la meute des critiques, le *GaultMillau* en tête, qui remisent déjà la statue du commandeur Bocuse au grenier et, serpents à sonnette, sifflent en passant que « les Loiseau, Robuchon, Veyrat, Gagnaire, Meneau, Bardet, Bras et autres Roellinger, bref les meilleurs cuisiniers de France », eux, fourmillent d'idées : « La chance de cuisiniers comme Paul Bocuse, écrivait donc Alain Chapel, est d'avoir eu une éducation rurale. Leurs préparations y ont gagné une assise, quelque chose qui les éloigne à tout jamais d'une sophistication perdue dans les nuées. On sait bien que certains cuisiniers, aujourd'hui, se prennent pour des inventeurs et voudraient présenter leur sorbet de truffe ou leur feuilleté de sole à quelque concours Lépine de la cuisine. Ils se font plaisir à réaliser, croient-ils, quelque chose d'inédit, qui n'a pas germé au soleil de la nature mais au néon de leur fantaisie. Moyennant quoi, ils nous concoctent des plats aussi inutiles et compliqués que la traduction en alexandrins d'un roman policier. Ces usages sont très différents de ceux que règle le terroir, qu'impose une connaissance précise de son espace. Plus que privilégier l'originalité à tout prix, le cuisinier doit tenter de capter ce qui reste d'un héritage, s'interroger sans cesse sur les particularismes culinaires, chercher à en savoir les motivations profondes. »

A défaut d'envisager un avenir qu'il aurait « plutôt derrière », il use de pirouettes qui font les délices du personnage. « Mozart et Beethoven ont eu des enfants... » Plus sérieusement : « J'ai une fille, mariée avec Bernachon, qui, pour me montrer ce qu'elle savait faire, a ouvert un restaurant à Lyon. Il marche bien... Quant à mon fils Jérôme, je le vois plus en haut d'une montagne... »

L'actualité immédiate prouve, si besoin est, que la fougue de « l'Empereur » est toujours intacte. Après l'Abbaye de Collonges, les brasseries bocusiennes ont pris le relais de nouvelles inspirations. En 1994, Bocuse a racheté une vénérable enseigne, Le Nord, située en plein cœur de Lyon, rue Neuve. Le coq à la bière, les harengs au vin blanc, la choucroute et les incontournables beaujolais s'y déclinent à la mode septentrionale. L'appel du Nord n'a pas tardé à se répercuter, avec trois cent cinquante couverts par jour en moyenne. L'année suivante, il a récidivé et s'est approprié un nouvel établissement situé à deux pas du Rhône, place Bellecour. Clin d'œil oblige : Le Sud est né. A la mode méridionale, « Monsieur Paul » revisite le bistrot du Soleil, celui de « tous les Suds ». Chef italien oblige, risotto, osso bucco et rigatoni sont de la fête, ainsi qu'une pizza au saumon, aneth et caviar... Le Portugal n'est pas en reste avec le bacalao, l'Espagne avec la paella à la catalane. Quant au Maroc, la pastilla est... de volaille de Bresse, et le tajine, une merveille au citron confit, olives noires et oignons. Des vins ad hoc : rioja, boulaouane, comme il se doit, ou, plus proches, de la vallée du Rhône. La

Provence n'est pas absente, au hasard d'une marmite des pêcheurs à l'aïoli ou d'un saumon à la tapenade. Au Sud aussi, la quête de la table est œuvre de longue haleine.

Mais, au fait, qui a vu « l'Empereur »? Fait-il encore à manger? Avec un art consommé de la stratégie, il a réparti sa garde fidèle aux quatre coins d'une solide formation en carré : Roger Jaloux, Christian Bouvarel, Jean Fleury et François Pidala, tous quatre meilleurs ouvriers de France.

« Ce n'est pas Ferrari qui vissait les boulons de ses voitures, ni Fred Chandon qui bouche le Dom Pérignon... Pour le plaisir, bien sûr, je continue. Nous sommes soixante dans la maison, dont une vingtaine en cuisine et près de vingt-cinq en salle. Avec cent quarante couverts par jour en moyenne, nous n'avons pas souffert. La clientèle lyonnaise est fidèle. Et il faut que la cuisine reste une fête. »

Mais la fête a ses exigences : « Chez Bocuse, les hommes ont le cheveu court, ne portent ni bracelet ni moustaches et aucun ne fume. J'accorde une grande attention à la qualité des ongles, à la manière d'être, aux chaussures étincelantes... » Parlant des cuisiniers, ses pairs, Bocuse fustige au passage les mœurs contemporaines : « Les cuisiniers sont sortis de leurs cuisines? Avant, ils y étaient sûrement un peu trop... Aujourd'hui, il faudrait peut-être qu'ils y retournent. Quand on était chez Lucas-Carton, dans des cuisines qui n'avaient pas changé depuis 1914, chez La Pérouse, en sous-sol, ou chez Maxim's, on ne voyait pas beaucoup le soleil. Pour un chef, le soleil c'était le porto ou le madère qu'on utilisait dans les plats. Ça donnait un peu de ciel bleu... Si le cuisinier sortait de sa cuisine, c'était plutôt comme bonhomme en contreplaqué, à la porte du restaurant, rouge de figure en général. »

Pour beaucoup, la réussite tient à l'alchimie créée par le couple. Bocuse ne déroge pas à la règle et rend au César de Vienne ce qui lui revient : « Le couple modèle, cuisinier dans sa cuisine, patronne dans la salle, même s'il y en a eu d'autres avant, c'est à Fernand Point qu'on le doit. » Ainsi les Bocuse, Paul et Raymonde, égaux devant la gloire, voire plus... « Bocuse n'existe que s'il y a une équipe et l'équipe commence par ma femme... à 80 %. » A un journaliste qui, après avoir fait le tour des cuisines, lui faisait remarquer qu'il n'y avait pas de femmes chez lui, Bocuse ne s'en laissa pas compter : « J'en ai, répondit-il, mais dans les bureaux... » Et de gratifier l'imprudent d'un inventaire de quelques célèbres mères nourricières : « Je ne dis pas que la cuisine de femmes n'est pas merveilleuse : il y a quand même eu les mères Brazier, Fillioud, les tantes Alice, la mère Bise. Peut-être parce que c'est un métier difficile... Bien souvent une femme s'applique à faire un plat. Elle est minutieuse et, en général, elle fait ce qu'elle sait faire. Regardez la mère Brazier ! Elle a quand même duré plus de soixante ans avec des fonds d'artichauts au foie gras et des quenelles de brochets... Une cuisine simple mais des produits parfaits. Plus maternelle sûrement. Une cuisine de femme est plus conviviale aussi. Il y a cette chaleur unique. Quand la mère fait un rôti de veau avec une purée et qu'elle amène le plat sur la table, c'est convivial. Et puis on peut se servir deux fois... Il faut revenir aujourd'hui à cela. »

Chez lui, au Nord comme au Sud, le chef s'emploie à ramener ses convives dans des territoires chaleureux et traditionnels. L'occasion de se dresser en chevalier pourfendeur des ambassadeurs de la cuisine nouvelle. « J'aurais peut-être des reproches à formuler contre cette nouvelle cuisine d'inspiration japonaise... Finalement, ce sont les Français qui sont allés au Japon et qui ont pris ce style de tout découper. Avec de grandes assiettes, agréables à l'œil, mais bien souvent avec peu d'odorat... » Ensuite, il sert le piment : « Rien dans l'assiette, tout sur l'addition. Plus les assiettes sont grandes, plus les portions sont petites. Et on met sous la cloche pour que ça ne s'envole pas ! »

De l'assiette réduite à la portion congrue aux falsificateurs de l'inspiration, il n'y a qu'un pas... que le chef franchit sans ambages. « Il y a eu cette course où tout le monde imitait tout le monde. Si l'un mettait des kiwis, l'autre en mettait... Ainsi, on a eu l'époque kiwi, l'époque brocoli et l'époque du "tout-purée", même avec les pommes de terre ! » Ne voyant pas très bien de quel confrère il parle... nous pourrions lui faire querelle de s'être trouvé impliqué dans l'invention de la nouvelle cuisine – mais il semble que ce soit à son corps défendant. Écoutons-le nous livrer sa version de l'acte fondateur – nous dirions même de la « scène primitive » tant les conséquences de cet instant eurent d'importance dans nos vies quotidiennes et nos mentalités. « Ce que Fernand Point nous apprit et que nous établîmes comme évangile n'a rien à voir avec les fondements de cette "nouvelle cuisine" que mes amis Gault et Millau m'attribuèrent, à l'orée des années 70. A l'époque, ces deux gastronomes défendaient une cuisine simple et légère, où la qualité des produits, la maîtrise raisonnée des modes de cuisson valaient mieux que la manière boursouflée que l'avant-guerre avait mise en vogue. Un beau jour, après un déjeuner copieux servi à ma table, nos deux amis revinrent le soir en me demandant à dîner quelque chose de léger. »

La parole est ensuite à Henri Gault et Christian Millau, qui se firent servir une salade de haricots verts (« d'une exceptionnelle saveur ») et des petits rougets de roche (« portés de tous les parfums de la mer »), avant de conclure, péremptoires : « La nouvelle cuisine existait, nous venions de la déguster. » Le monde entier aura sans doute mal compris – ou faudra-t-il rendre responsable de la mauvaise interprétation « l'un des plus formidables déferlements gastro-médiatiques de l'époque » ? En 1980, dans *Le Crapouillot*, Jean Ferniot estimait que : « ... de toutes les "nouveautés" conçues par la frivolité intellectuelle du parisianisme depuis quelques années – nouveau roman, nouvelle gauche, nouvelle droite, nouveaux philosophes, nouveaux économistes, nouveaux historiens – la nouvelle cuisine est bien la plus redoutable. » L'article de l'ancien chroniqueur de *France-Soir* (entre autres) est immédiatement suivi d'un commentaire de... Paul Bocuse qui se dédouane effectivement de la paternité gastropédique qu'on lui a accordée. Jean Laborde, présentant le commentaire du grand chef de Collonges, termine son « chapeau » biographique en ces termes : « Ainsi Paul Bocuse a-t-il fait son apprentissage avant (d'avoir vu) le jour. Il lui appartenait de porter au sommet le nom qu'il a reçu. C'est chose faite. Est-il satisfait ? Oui, sans doute. Mais inquiet en voyant ce qui se passe autour de lui : c'est ce qu'il a voulu dire. »

Que dit Paul Bocuse en 1980 ? Il reconnaît être critiqué pour son « sens excessif de la publicité », ce qui est compensé par le fait qu'on l'estime généralement « homme simple et direct ». Près de vingt années plus tard, il n'aurait pas grand-chose à supprimer de ce qu'il disait alors : « La cuisine est un sujet à la mode. Elle est devenue pour certains une excellente affaire. Bien des personnages plus farfelus que professionnels, flairant le bon créneau, arborent pignon sur rue, après avoir procédé à des études de marché (...). Quelques célébrités étant convoquées pour servir de locomotives, le restaurant est lancé ; selon la chance ou l'habileté de chacun, il arrive à se faire dans les meilleurs délais une place au soleil que bien d'honnêtes travailleurs mettent des années à obtenir »... Encore n'était-il pas question alors du rôle tenu désormais dans l'économie des fourneaux par le banquier. Après la charge traditionnelle contre les mets « cernés de kiwis et autres fariboles », le grand Paul déclare que « tout cela sonne creux dans l'assiette comme dans l'estomac, vu les portions congrues servies ». Ensuite, il porte le coup de grâce, racontant comment, dans un restaurant très parisien, il s'est vu servir « un sorbet au camembert » (sic !). Et de dauber sur tel chef (« rhonalpin » ?) qui, « gagné par la contagion », alla jusqu'à « vaporiser Numéro 5 de Chanel » sur un dessert... ou sur ce « très jeune chef importé de France » exerçant à New York, qui lui présenta une carte où figurait la quantité de calories « qu'il était prudent de comptabiliser » à chaque plat... Conclusion de toutes ces « folies » : « Que nous fassions dix, cent, mille kilomètres ou plus, les mêmes déviations culinaires nous sont proposées. Nous en perdons le goût des voyages, ne pouvant plus être dépaysés. » Voilà pourquoi, avec plus de quinze ans d'avance, le Commandeur annonçait – terrifiant – la querelle du Terroir et des Épices. Maints godelureaux, pris pour des séducteurs, y laisseront leurs plumes de perdreaux, s'imaginant fini le septuagénaire de Collonges...

Pour Bocuse, l'invention n'existe pas. A l'instar d'un Jean Troisgros, il a fait sienne l'idée qu'un chef, s'il a inventé un plat dans sa vie, peut se vanter d'être un grand cuisinier. C'est ainsi qu'il peut démystifier l'histoire de la légendaire soupe de truffes, qui n'est ni de Bocuse, ni de Meneau, ni de quelque autre chef... « Un jour, raconte-t-il, comme pour décrire la méthode, je vais chez Haeberlin – nos deux villages sont jumelés depuis près de vingt-cinq ans – et il me sert, dans une petite cocotte, une jolie truffe en croûte : « C'est une bonne idée... lui dis-je. – Oh ! tu sais ! c'est d'origine anglaise. Je me suis inspiré du chicken pie. » Et de passer au fond de la question : « Chaque hiver, vers la fin janvier, des paysans m'invitaient en Ardèche. On allait manger la soupe avec le pépé. Toute une tradition, cette soupe de légumes. Bien souvent, on y cuisait un morceau de lard. Chacun avait la soupe dans son bol. A un moment donné, ils amenaient un panier de truffes épluchées. Et le pépé de dire : "Allez, monsieur Bocuse, râpez-vous donc une truffe". On en prenait une qu'on coupait en lamelles... et voilà ! »

En 1965, il est décoré par le Président Pompidou et reçu à l'Élysée. Ce qui prouve, par parenthèse, que la prise en haute considération de la cuisine comme l'un des beaux-arts ne date pas d'aujourd'hui. Sur le sujet des truffes passe ensuite un interlude d'une décennie. Puis, sous le septennat du Président Giscard d'Estaing, Bocuse revient à l'Élysée... Cette fois, il officie aux fourneaux.

« Mes fameux marchands de truffes ardéchois sont alors venus me dire : "Vous savez, il y a une mévente de truffes, on sait que vous allez faire le repas à l'Élysée... Si vous pouvez nous trouver un plat avec des truffes, on vous les donne..." » L'apport de Bocuse, finalement, se résume pour lui à un tour de main : « C'est ainsi qu'avec toutes ces "inspirations" m'est venue la soupe de truffes, faite avec de la queue de bœuf, des petits légumes, un consommé et... des truffes. Le tout servi dans de petites soupières lyonnaises, avec un couvercle par-dessus. Il n'y a pas "invention". »

Reste la fameuse soupe aux truffes, estampillée V.G.E. pour la postérité. Et toujours le savoir-faire, reposant sur des principes de bon sens et quelques ingrédients de terroir. « Pour moi, la cuisine, c'est du beurre, de la crème et, selon la région, de l'huile d'olive, du vin... Il est très important d'utiliser les produits de sa région. La cuisine doit aussi être quelque chose d'identifiable, avec des os, des arêtes, de la peau. Le plus difficile dans notre métier, c'est de rester toujours intègre et sérieux, et le sérieux, c'est la qualité des produits. »

Pour toute bible, il avoue s'en tenir au fameux guide d'Escoffier, version 1959, où déjà la perte des produits était stigmatisée. A une époque où, en même temps, la cuisine se « compliquait » au gré des féodalités et des distinctions de goût. « Avant, il n'y avait qu'un seul poulet – un vrai – qui courait dans la cour, nourri au grain. Ce poulet, de grande qualité, était aussi bien mangé par le gardien du château que par le châtelain. La différence venait de ce que le châtelain se disait : "Je ne vais tout de même pas manger le même poulet que mon gardien !" Alors, il le bourrait de truffes, de foie gras, etc. Aujourd'hui, l'échelle de valeur gastronomique du poulet varie de 1 à 10. »

« L'Homme à la moto » reste fidèle à ses classiques, inscrits à l'arc de triomphe des fourneaux, tels le bar en croûte, la soupe de grenouilles crémeuse, l'ineffable baba au rhum, ou, toujours, les fromages de Renée Richard. Si Paul Bocuse a rencontré le meilleur plat du monde (« une volaille de Bresse, rôtie à la broche, puis débrochée et découpée devant vous ») et s'il l'a mis en scène sobrement, il a aussi côtoyé le pire : « Le grand drame qui se joue aujourd'hui pour nos enfants et pour le goût de demain, c'est le "fast food". Les enfants sont attirés dans un endroit agréable – il faut le dire – où les toilettes sont propres, avec une cuisine sucrée. Mais ce n'est pas avec un steack haché et du pain mou que les enfants auront des dents. Le besoin est pourtant là, je leur tire mon chapeau.»

Autour de «l'Empereur», la garde impériale n'a pas plié – même en entendant siffler les boulets de 96. Elle sait aujourd'hui qu'il ne fallait pas compter sur «Grouchy». «Roger Jaloux est avec moi depuis je ne sais combien d'années. Car je l'ai eu à l'âge de douze ans. Il était mon voisin – une petite auberge à côté. Puis il a fait son tour de France en tant que compagnon et il est revenu. J'en ai qui sont avec moi depuis trente ans. Ainsi, Alfred. François, depuis vingt-huit ans; Christian, depuis vingt ans; et Serge, bientôt vingt-deux ans...»

Tel est l'avantage de travailler avec des gens dévoués et d'avoir une certaine règle de vie. Ce sont presque tous des gens du compagnonnage... Des virtuoses qui ont gagné leurs grades aux rudes joutes du Meilleur Ouvrier de France. Ils sont cinq dans l'équipe Bocuse. «J'étais Meilleur Ouvrier de France en 1961. Pour un manuel, c'est la plus belle décoration. Aujourd'hui, en tant que président du concours, j'ai créé une nouvelle discipline – le maître du service de table – pour revaloriser un métier dégradé par le service à l'assiette et à la cloche. Pour retrouver un authentique service et ne plus avoir d'automates.»

Même la présence d'une telle brigade ne peut suffire à expliquer l'éternelle jeunesse de Bocuse. Lui n'y voit qu'un «concours de circonstances». «Il faut d'abord une bonne santé; ensuite, une bonne discipline. Tout est facile ici. Il suffit de taper dans ses mains... Mais il faut savoir rester à sa place. On ne peut pas vivre comme ses clients. Chacun a des passions dans la vie. Mais je pense qu'il faut bien séparer la cuisine et la vie privée. Exister, c'est bien, mais durer, c'est plus difficile : regardez Troisgros qui atteint vingt-six ans de trois étoiles, ou Haeberlin... Et Claude Terrail ! Pour moi, c'est un exemple. Il est toujours là. »

« L'Empereur » n'est pas en reste qui, en juillet 1995, fêtait le trentième anniversaire de sa présence au firmament des trois étoiles *Michelin*. Il avait préparé un repas de circonstance, en son Abbaye (de Thélème). Pour les intimes. Florilège d'une journée placée sous la bannière étoilée :

Menu – Independence Day 1995

***

A l'apéritif
Caviar, Saumon, Foie gras
Champagne Mumm Grand Cordon 1985 en magnum

***

Homard du Maine Médina
Monterey County Classic Chardonnay 1993

***

Côte de bœuf Angus à la broche au feu de bois
Haricots verts et pommes nouvelles
Cabernet Sauvignon 1989 Private Reserve
Beringer – Napa Valley

***

Fromages Mère Richard

***

Ambassadeur
Petits fours et chocolats Maurice Bernachon
Bombe glacée Vanille, Pistache
Champagne Mumm Cordon Rouge
Framboise Massenez

***

En 1965, alors que Bocuse accède au Saint des Saints du Livre rouge, Robuchon n'a pas vingt ans, Loiseau et Savoy attendent leur tour d'apprentissage. Les frères Troigros ne seront triplement étoilés qu'en 1968... A cette époque, Paul Bocuse est midi et soir aux fourneaux. Il se voue à son art mais n'a pas encore d'enseigne à son nom. En effet, non loin, l'actuelle abbaye de Collonges, cédée par les grands-parents de Paul à un certain Borissof, porte toujours le nom de Bocuse... à défaut d'en proposer la cuisine. Ce n'est qu'au prix d'un an de tractations que l'enseigne est rachetée. Le nouveau promu peut enfin exercer sous son nom !

Trois décennies d'art culinaire plus loin, le temps est à la célébration cosmopolite, l'occasion de jalonner le chemin parcouru. Trente ans après, l'enseigne – flamboyante – est toujours reconnue unanimement, même si l'art du jugement est un exercice délicat. « Notre métier est un métier d'appréciation. C'est un feu d'artifice, il est très difficile de juger. Et les meilleurs jugements ne sont ni le fait des clients – ils y contribuent – ni des guides. La réputation se fait par les cuisiniers. C'est un métier de compagnonnage. »

Beau joueur, Bocuse décerne un « parfait, rien à dire » à la perspicacité du *Michelin*... qui l'a sacré trente fois consécutives. Et jure tous ses grands dieux : « Si demain, on nous enlève une étoile, jamais il n'y aura une réflexion. Et s'ils nous en mettaient une quatrième, ce serait le summum. » Quant au petit « plus » qui propulse un chef au firmament des trois étoiles, Bocuse n'en sait pas plus, reconnaissant que d'autres les mériteraient aussi. « Peut-être l'envie, un concours de circonstances aussi, être dans le vent du moment... C'est sûrement l'achat de très bons produits, essayer de les développer. C'est aussi un tout, une maison et son équipage... Nous avons obtenu deux étoiles avec des nappes en papier, des couverts en inox et les toilettes dans la cour. Mais aujourd'hui, est-ce que le client aimerait retrouver ça ?» A l'époque, les plaisirs de la table ne régnaient pas sans partage... «J'avais 9 tables et 9 chambres. Je les louais surtout l'après-midi !» Quant aux vertus de l'entrechat d'après-déjeuner ou d'avant-dîner, elles laissent le chef plutôt circonspect. «Je ne sais pas s'il vaut mieux passer à table avant ou après !»

Chez Bocuse, la cuisine s'ancre dans la tradition et le terroir. Une ligne de conduite à laquelle le maître de Collonges ne déroge pas. A toucher le star-system, Bocuse n'en reste pas moins lucide. «Ça fait l'affaire des cuisiniers et des journalistes. Tout le monde y trouve son compte... le client aussi. Raymond Oliver, le premier, a donné une autre image du métier de cuisinier. C'est quelqu'un de formidable mais... il travaillait surtout pour lui. Jamais il n'a amené un autre cuisinier avec lui. Et, selon moi, pour décupler le bonheur, il faut savoir partager...»

Et perpétuer la tradition. Avec le «Bocuse d'or», le chef entend sacrer tous les deux ans «le meilleur cuisinier du monde». En tant que président d'Euro-Toques, fédérant quatre mille chefs, il recense et promeut les produits de terroir au niveau communautaire. Avant ce tour d'Europe, «l'Empereur» avait aussi relevé le défi américain : faire dans le Nouveau Monde la même cuisine que dans l'ancien. Et toujours, il se voit décerner des brevets d'excellence, comme un juste retour du travail accompli... et comme une éternelle boutade.

«J'ai le bac moins huit... Nous sommes des manuels, notre métier s'apprend. L'important est de le transmettre aux générations futures. Et je doute que l'on puisse le faire avec des livres. Bien sûr, il y a toujours celui qui se dit autodidacte... mais seulement aux chefs des grandes maisons[1].» Une seule exception, celle de Raymond Thuilier, trouve grâce à ses yeux: «Un cas renversant que celui de cet assureur réputé qui, à 52 ans, en pleine guerre (1942), décide d'acheter un moulin délabré aux Baux-de-Provence, un pays méconnu de tout le monde. Un génie. Il apprend le métier avec des gens qu'il fait venir de chez Point et d'autres maisons. Et il en fait le premier restaurant du monde! Finalement, il n'y a rien d'écrit ou de sûr...»

Et ce ne sont pas non plus les discours «scientifiques» des nutritionnistes et autres diététiciens qui trouveront grâce auprès du chef. Un temps tourmenté par son quintal, il ne doit qu'à son bon sens sa jeunesse et sa ligne retrouvées. «J'ai la chance d'avoir un petit domaine à vingt minutes d'ici, les 65 hectares de l'étang de Montellier. J'y assouvis ma passion de la chasse. Dès que j'ai cinq minutes, j'y fais un saut. C'est une chose que je dois à ce métier... Il faut être reconnaissant. Si on avait dit à Bernard Loiseau, il y a vingt ans, qu'il serait à la tête d'une maison avec 50 millions de francs d'investissements, il n'y aurait pas cru...» Ultime pirouette, le temps pour «Monsieur Paul» de tirer sa révérence: «En fait, j'ai toujours été en vacances, toute ma vie...»

---

1. Paul Bocuse, *La Bonne Chère,* Flammarion, 1995.

9

Tout ce que vous avez toujours voulu savoir sur Loiseau

Paris-Lyon : le premier tronçon continu de l'autoroute du Soleil est achevé en 1970. Aux confins du parc régional du Morvan et de l'Auxois, les beaux jours de Saulieu sont comptés. Le nouvel axe passe désormais au large, à l'est, à quelque vingt-cinq kilomètres. Il est pourvu de self-services alimentaires, plus rapides et économiques que ces « auberges » qui ne servent plus guère que des truites au bleu et le pâté (du chef) obligatoire. La nationale 6, qui traverse le haut lieu gastronomique, ressemble à un pantalon trop large pour les nostalgiques de la côte de Bourgogne – certains « ennemis du progrès » refusent alors les chaussées de béton comme d'autres la télévision. Serait-ce la fin d'une longue histoire ? Les Sédélociens se sont toujours attachés à traiter honorablement le voyageur ou le pèlerin qui passent par leur cité : déjà Rabelais vantait la bonne chère du lieu et Madame de Sévigné, en route de poste, avouait y avoir ressenti les pieux effets de la « crapule »... En 1936, quand règnent encore sur les beaux-arts et l'Instruction publique Curnonsky et Édouard Herriot, Saulieu affiche une santé rayonnante et une constellation d'étoiles *Michelin*. Rien moins que six pour un chef-lieu de canton d'à peine trois mille habitants !

Une pour Le Petit Marguery, deux pour l'Hôtel de la Poste et trois pour La Côte d'Or où officie Alexandre Dumaine, le Beethoven des fourneaux...

Paris-Saulieu : en 1999, La Côte d'Or est encore là, au beau milieu du bourg, mais à la différence de l'époque de Dumaine, la distance entre la capitale et l'auberge célèbre paraît s'être réduite. Quand, aux jours rouges de Bison futé, les automobilistes sont déversés sur la nationale, comme les eaux de barrage dans un torrent de montagne, et qu'ils traversent Saulieu, le cœur du chef de La Côte d'Or frémit. Les entendant se dire, dans leurs voitures surchargées : « Regarde, c'est là chez Loiseau ! », il se prend à rêver qu'ils s'arrêtent tous... et qu'ils se rassemblent, dans les trois salles à manger ouvertes sur le jardin et ses roses anciennes, le temps d'une soupe d'oursins aux pointes d'asperges et d'un gâteau de pied de cochon au foie gras...

Bernard Loiseau a repris La Côte d'Or en 1975. Depuis 1991, il lui a redonné ses lettres de noblesse et tout son lustre d'antan. C'est en partie le travail de sa femme, Dominique, qui a officié, choisissant et négociant mobilier, vaisselier, tableaux... Dans le cadre volontairement raffiné et familial, seule la grande salle à manger de Dumaine a été épargnée. L'essentiel des travaux aura consisté à tourner la maison de l'autre côté, dos à la rue. Un virage à 180 degrés pour ouvrir sur le petit jardin créé de toutes pièces et les lointains vallonnés du Morvan – que l'on aperçoit, malgré un immeuble de quatre étages en béton, disgracieux à souhait (un des rares de Saulieu) mais que la grâce d'un permis de construire a laissé pousser il y a vingt-cinq ans, à l'époque où plus personne ne pensait que la maison du grand Dumaine revivrait un jour à cause de l'autoroute !

Loin des déferlantes de voyageurs et de leurs promesses, Bernard Loiseau ne pouvait que provoquer le sort en se projetant sur le devant de la scène. «Si les gens ne viennent pas à moi, j'irai à eux», pouvait-il dire, paraphrasant ce que Fernand Point et Mado s'étaient dit, un demi-siècle plus tôt. Cependant, il lui revenait d'incarner ce mouvement vers Paris, la capitale où, quoi qu'on en dise depuis l'échec de Rubempré, les réputations se font et se défont... Cinquante ans après que le Spectacle s'arrêtait à Vienne (et à La Pyramide), l'affaire passe désormais par les médias. Cela exige, à chaque fois que tourne une caméra ou que se tend un micro, que la parole du chef prenne son envolée cathodique et serve un même discours simple : «Le meilleur, il nous faut le meilleur !», monté en boucle. Bernard Loiseau (devenu B.L.) l'a fait. Et voilà le résultat.

Sa faconde, son discours basique, son enthousiasme communicatif, son sourire de brave et sa bonne volonté évidente font qu'on lui donnerait le bon Dieu sans confession. Or, il se trouva que le Président (celui de ce temps-là), justement, avait depuis longtemps ses habitudes en pays morvandiau... A condition d'insister un peu, à pas de loup, B.L. vous fera visiter «la 25», LA chambre du Président. Quant au plat, prenez donc le dindonneau à la Louis XIV : c'est lui qui avait les faveurs de «Dieu». B.L. l'a naturellement rebaptisé «dindonneau Mitterrand».

A en croire B.L. et à l'écouter, les murs de La Côte d'Or sont drapés d'anecdotes, plus ou moins heureuses. C'est ainsi que la famille Pivot, en route pour le Beaujolais, déboule en pleins travaux de... restauration et que B.L. est contraint d'improviser et de dresser le couvert dans ses cuisines. Ironie suprême, voici qu'un jour, c'est tout le staff McDonald'sFrance – les têtes « pansantes » de la restauration rapide – qui décide de tenir chez lui un séminaire... Que faire quand une meute équipée de cuir et montée sur Harley-Davidson s'agglutine à la porte et commente en tumulte les prix pratiqués à la carte ? Que faire d'autre que suivre le bon Loiseau invitant les Angels vrais ou supposés à prendre le champagne dans le jardin du restaurant, en toute décontraction... Pour le chef, peu importe les confessions, pourvu que son œcuménique chapelle soit pleine. Une manière bon enfant servie en toute circonstance.

Un beau 14 juillet – de 1994 – à quelques jours du bicentenaire du 9 Thermidor, voici que l'illustre Président distingue le grand Bernard dans l'ordre de la Légion d'honneur comme l'avait fait, pour le grand Paul, deux septennats plus tôt, l'illustre Prédécesseur. En la circonstance, Bernard Loiseau sait rester simple : « C'est bien joli, les médailles, mais demain, les carottes doivent être dans l'assiette... »

Bernard Loiseau est comme ça : entre deux apparitions sous les projecteurs de l'actualité, il ne s'agirait pas d'oublier les impératifs du service. Il s'agirait encore moins de phagocyter les médias et que les fourneaux refroidissent. On l'a vu plus que figurer dans « Capital » le dimanche, rehausser de sa présence « Nulle part ailleurs » le lundi, et tenir sa page haute, toute la semaine, dans les journaux. Parfois, les méchants lui prêtent un certain don d'ubiquité. Ainsi, dans *Télérama,* Alain Rémond observe qu'un jour, en zappant, le même invité lui est apparu simultanément sur deux chaînes concurrentes, dans deux émissions censées se dérouler chacune en direct. Est-ce le fruit d'un hasard ? L'invité pris en flagrant délit n'est autre que notre Bernard Loiseau ! Mais il s'agit d'un leurre...

B.L. vous promet, juré-craché, qu'il n'a jamais quitté Saulieu et qu'il est toujours là, devant ses fourneaux. La preuve est donnée sur place. Les journaux, tous bords confondus, se l'arrachent, chez lui, chacun selon sa sensibilité. Pour le *Figaro,* il ouvre les portes de la maison de notaire et du jardin de curé où, à deux rues de la Côte d'Or, il a fait son nid. C'est là que s'épanouit la famille des petits B.L. : Bérangère Loiseau, née en 1990, Bastien Loiseau, millésime 92. Le *Figaro* nous présente, photos à l'appui, « une vraie maison bourgeoise (...) spacieuse, avec un jardin clos de quatre murs, immenses et protecteurs. Avec ses vingt-quatre fenêtres aux volets blancs, elle est telle que Bernard, dans ses rêves d'enfant, imaginait sa maison (future) ». *L'Humanité-Dimanche,* en revanche, l'interroge sur ses clients, des gens riches forcément ? Là, il prend feu : « Vous croyez qu'ici il n'y a que des Rolls et des Ferrari ? Les gens se disent que, pour aller chez Loiseau, il va falloir être tiré à quatre épingles, coiffé merveilleusement. On se demande comment se tenir avec les serveurs qui vont être derrière vous à regarder comment on mange. Alors, les gens ont peur de venir dans les grands restaurants. Et moi, ça, je ne le veux absolument pas ! »

A ses (rares) moments perdus, le chef se fait rédacteur. Le temps de coucher sur papier glacé quelques bonnes recettes savamment compilées. Le temps d'une intronisation réussie dans le monde de l'édition. Avec *L'Envolée des saveurs,* c'est celle des ventes qui se produit. Dans la foulée du succès, d'autres propositions lui parviennent : tenir une rubrique dans le *Journal du dimanche* ? Qu'à cela ne tienne : sa femme Dominique, qui a travaillé pour la *Revue de l'hôtellerie,* tiendra la plume – ça ne sortira pas de la famille ! Outre-Atlantique, le *New York Times* l'affiche à la une... Et B.L. clame inlassablement mis en scène – c'est selon – par Labiche, Feydeau ou Molière : « Le meilleur, il nous faut le meilleur ! »

Ce « meilleur », dont il parle sans cesse, qu'est-ce qu'il en fait ? C'est – bien sûr – grâce au « meilleur » qu'il a réussi à accrocher les trois étoiles à l'enseigne de La Côte d'Or. Souvenons-nous de ce fameux 2 mars 1991, veille de la sortie du *Guide Michelin* de l'année : l'Agence France Presse lâche le scoop. Bernard Loiseau, depuis une semaine, sait déjà qu'il est promu, grâce à un coup de fil libérateur de Bernard Naegellen, directeur du guide...

« Si je peux faire le meilleur, dit-il encore, c'est que chez moi, il y a en cuisine et en salle une équipe motivée et compétente ; c'est qu'avec moi j'entraîne les bons produits de mon Morvan d'adoption, l'industrie agroalimentaire, et même mes confrères, les autres grands cuisiniers. » Et voilà qu'existe maintenant la bande à Loiseau – aux effectifs variables. C'est une sorte de club informel – on y entre et on en sort sans autre forme de procès – mais efficace, qui parvient à trouver un créneau dans le vingt heures de TF1, par exemple, quand il annonce – oyez oyez bonnes gens ! – qu'enfin une femme, la blonde Ghislaine Arabian, mérite d'en faire partie. Cette Flamande, qui règnait alors sur les tables et les lambris du luxueux pavillon Ledoyen, avait apporté avec elle quelques tours de main de sa région natale. Bières et frites savoureuses avaient notamment droit de cité. Le Tout-Paris était conquis. La bande à Loiseau, c'est la Grande Armée avant l'arrivée à Leipzig : on y entre et on en sort selon les « opportunités » – comme on dit aujourd'hui au lieu d'« occasions ». On y a trouvé, on y trouve, on y trouvera des grognards et des bonnets à poil et des toques de tous les terroirs ; celles et ceux qui comptent ont tenu, tiennent ou tiendront pour profession de foi (« Allah est grand ! », disait Alexandre Vialatte) ces propos du prophète de La Côte d'Or : « Il faut veiller au grain ! Il faut se ressaisir ! La cuisine française n'est plus à l'étranger ce qu'elle était. Même au Japon ! Les Japonais nous préfèrent aujourd'hui les cuisiniers italiens ! A force de fiche des épices partout, on est en train de saloper nos saveurs originelles ! »

D'aucun vont affirmant que ce fut ici le temps fort de la guerre des terroirs et des épices. Et qu'à partir de là il y eut reniements, fatwas, oukases, abjurations, retournements – et même conversions. L'instant d'une pétition, d'une déclaration, d'une motion, furent ainsi réunis, mais pas toujours ensemble, l'Alsace d'Antoine Westermann et de Marc Haeberlin, plus celle du souvenir de Jean Schillinger, la Savoie de Marc Veyrat, la Bretagne d'Olivier Roellinger, l'Aubrac de Michel Bras, la Côte d'Azur de Jacques Chibois, etc. Quelques Parisiens se montrèrent : Joël Robuchon en tête, et Alain Passard et Guy Savoy. Toutefois, on ne vit pas de Lyonnais. Ni autres Bourguignons.

C'est un fait que Savoy et Bernard Loiseau se côtoient déjà de longue date puisqu'ils ont fait leurs classes ensemble : d'abord chez les frères Troisgros, à Roanne, puis à La Barrière de Clichy, chez Verger. En 1987, Guy Savoy s'apprête à conquérir Paris : il s'installe rue Troyon puis encercle la place de l'Étoile de ses trois bistrots. Vient ensuite La Butte Chaillot, avenue Kléber, avant une excursion rive gauche, chez Les Bookinistes, quai des Grands-Augustins, et un retour derrière le Drugstore des Champs-Élysées, au Cap Vernet, brasserie de quatre cents couverts. Cuisinier ou chef d'entreprise, selon les bonnes ou les mauvaises langues. Nonobstant, la redoutée Patricia Wells, de l'*International Herald Tribune*, inscrit Savoy au panthéon des « Dix meilleures tables du monde ». Cette Madame Wells, Loiseau redoute toujours ses apparitions – depuis le jour où un plateau... de fromages lui a déplu.

Après la bande à Bocuse, qui regroupait les briscards chevronnés autour du chef charismatique, la bande à Loiseau aura fédéré, un temps, quelques jeunes chefs ambitieux, sur des terroirs moins fermes qu'affirmés. Quand il s'agit de s'attirer les faveurs des news et des magazines, l'équipe monte à Paris, le temps d'une prestigieuse séance de pose pour l'agence de presse Sygma. Sous les projecteurs parisiens, vingt-deux étoiles et quelques ambassadeurs de la gastronomie hexagonale sont ainsi réunis...

Si Bernard Loiseau est comme ça, s'il est sans relâche l'invité prêt à tout sur les plateaux de télévision, s'il est choisi par Royco, une des grandes marques de la Fralib (Française d'alimentation et de boisson) comme figure emblématique de Soupers d'Or, des soupes en briques fabriquées en usine à partir de légumes et de poissons surgelés, c'est tout simplement parce qu'il est bon. Cela lui vaut deux cents passages, veste blanche et cuiller à la bouche, dans les écrans de pub, seul « terroir » de l'espace télévisuel (avec la météo) qu'il n'a pas encore investi – quand Dechavanne et consorts se l'arrachent : « En fait, Loiseau n'a pas son pareil pour transfigurer le plus humble des produits, la pomme de terre justement, dont il fait tout un menu "en fête", ou encore le chou-fleur, qu'il transforme en soupe incroyable de goût après l'avoir caramélisé en plusieurs gratins successifs. »

GaultMillau, cuvée 96, année funeste pour tant d'autres, ne tarit pas d'éloges. Le chef de Saulieu pérenniserait donc une certaine excellence culinaire à deux heures de Paris. Hubert Couilloud, son directeur de salle, ou Lyonel Leconte, Meilleur Sommelier de France, ne sont pas étrangers à l'affaire.

Son succès, Loiseau l'analysait ainsi dans les colonnes de *L'Humanité* : « Pour moi, la simplicité est la grande qualité d'un chef. Ce n'est pas de faire des ragoûts de homard aux truffes ou des ragoûts d'asperges au caviar. Pour moi, l'art de la cuisine est d'abord de revaloriser son terroir. Je suis ici, dans le Morvan. J'ai des œufs en meurette, du sandre, des grenouilles, du bon poulet. Je me suis dit : je vais leur donner un titre de noblesse. J'ai donc apporté une cuisine de saveur, de goût, en me calant avec ma région. »

Et de remettre quelques spécialités bourguignonnes au goût du jour. Ainsi, ses escargots nouvelle façon. Le chef ne les fait pas dégorger, la cuisson les dessécherait. Il est aussi peu enclin à les immerger dans le beurre et l'ail. Il les cuira donc dans leur coquille. Les saveurs seront conservées et les gastéropodes enchantés seront servis chauds, agrémentés d'une purée d'ortie – leur « milieu naturel » (?). Son tour pour préparer des œufs au plat, simple et astucieux (le blanc cuit avant le jaune), a aussi fait les délices des médias.

Qui pourrait reprocher à un cuisinier d'avoir une grande gueule, quand il sait vous régaler d'une simple assiette de cèpes aussi bien que d'un ris (de veau) et foie gras chaud à la purée de pomme de terre truffée ? Le personnage de Bernard Loiseau peut prêter à sourire. Il n'est cependant pas si facile de faire la part entre l'application qu'il met à tenir son rôle et la part que prend sa vraie nature dans le jeu.

« Regardez-moi bien, regardez mon visage et tâchez de vous en accommoder car j'ai l'intention de rester, que cela vous plaise ou non. Alors vous allez devoir vous habituer à moi... ou prendre la porte. » Nous sommes en 1975, Bernard Loiseau achète La Côte d'Or que lui vend son ami Verger. Les vétérans de la glorieuse époque Dumaine s'accrochent et font de la résistance... Ils sont remerciés. Dès 1977, la première étoile tombe dans le tablier du chef. La deuxième suit, en 1981. La Côte d'Or connaît bien une seconde jeunesse.

L'ancienne maison du grand Dumaine s'était assoupie sur le mol oreiller de la « Belle Aurore » – un pâté croûté nommé ainsi par Brillat-Savarin en hommage à sa mère. Ce qu'a représenté cette très ancienne auberge dans le paysage gastronomique français est considérable. Quand, en 1927, Curnonsky et Marcel Rouff s'y arrêtent dans leur tour de la France gastronomique, ils obéissent au conseil « d'un ami sûr », un Dijonnais, qui leur recommande La Côte d'Or de « M. Budin ». C'est le prédécesseur de Dumaine... Ils y soupent d'un potage Saint-Germain, de deux douzaines d'escargots, d'un cuissot de sanglier sauce venaison, « plat régional que la ville (de Saulieu) s'enorgueillit de préparer "à sa façon" et que d'aucuns tiennent pour la meilleure », écriront à leur tour Henri Gault et Christian Millau, dans leur *Guide gourmand de la France*. Aujourd'hui, au centre de la salle à manger conservée par les Loiseau, subsistent toujours le portrait du grand Dumaine et, un peu partout, de nombreuses photographies, coupures de presse et menus de la haute époque. C'est tout cet héritage spirituel et gourmand que revendique à juste titre Bernard Loiseau...

Il a ressuscité La Côte d'Or assoupie d'une manière qui peut surprendre : en se faisant l'apôtre de la cuisine à l'eau ! Depuis toujours, cuisinières et cuisiniers ont déglacé les sucs, caramélisés au fond des sauteuses ou des poêles, en utilisant des vins, des eaux de vie, des bouillons, des infusions ou des fumets parfumés. Avec de l'eau pure, Loiseau a réussi à faire chanter en solo la quintessence des goûts – des jus délicats, sans une goutte de crème ou une miette de beurre. Un jour, au détour d'une interview, il avouera cependant qu'il craque volontiers devant une belle assiette de... frites ! Reste à le surprendre, en tournée dans la capitale, sacrifiant quelques instants de détente à Ghislaine Arabian.

Aujourd'hui, s'il a étoffé son répertoire, il est toujours prêt à faire entendre son grand air pour trompettes de la Renommée, orchestration méthode Coué : « Les gens sont heureux chez moi, où ils trouvent le vrai luxe de la convivialité... Grâce à moi, les bons produits du Morvan revivent... »

Cependant, affirme B.L., « avec ma maison, je ne gagne pas d'argent. » A l'heure de la transparence et des bilans financiers, rien de tel qu'un plateau de télévision pour faire passer le message. Parole d'un chef qui ne manie pas la langue de bois. Et sait faire ses comptes : « Avec mes emprunts, je dois rembourser 310 000 francs par mois jusqu'en 2010 !... Mais je vais réinvestir. J'ai encore vingt millions de travaux à faire ici. Il faut le savoir ! Je vais refaire toute l'aile sur la nationale 6, recréer encore des chambres, creuser une piscine car, dès qu'il fait beau, je voudrais retenir les gens deux ou trois jours... » Autant de projets que Loiseau a pu réaliser en 1998.

Comme les autres, il répète invariablement : « La cuisine seule n'est pas rentable, l'hôtellerie l'est. » Et d'en fournir la preuve, calculette à l'appui. Le voici qui détaille en direct l'une de ses compositions : les jambonnettes de grenouille à la purée d'ail. La version n'est que très peu romantique et ne tenterait guère qu'un expert en arithmétique comptable : « Voici une entrée à 295 francs. Là-dessus je retire 75 francs d'aliments, 49 de taxes, 27 d'électricité et chauffage, 26 de remboursement d'emprunts, 112 de personnel... Il me reste comme bénéfice 6 francs ! Dont 2 iront aux impôts et 4 repartiront en investissement... »

Avec La Boutique de Dominique, les époux Loiseau greffent un léger plus (10 %) à leur chiffre d'affaires : livres, toques, vestes, cravates ou produits, tous estampillés « B.L. ». Le chef vend aussi du conseil. Mais toute diversification a ses limites. En bon père de famille, il songe souvent à l'avenir : « J'ai 45 ans, mon fils en a 5. Quand il en aura 20, j'en aurai 60. Ce n'est pas à ce moment-là que je pourrai prévoir mon avenir. C'est aujourd'hui... » Et de servir un scoop... en forme d'appel d'offres : « Je suis prêt à ouvrir mon capital à un grand groupe financier. Pour qu'il vienne me donner une bouffée d'oxygène... La Côte d'Or avec moi dedans, ça vaut aujourd'hui entre 40 et 50 millions. » Depuis, Loiseau a réalisé une première avec son entrée en Bourse en décembre 1998.

Le chef rêve aussi de retourner au Japon. En 1992, il a ouvert là-bas un restaurant. Depuis, la terre a tremblé à Kobé sous les pas des meilleurs bœufs du monde – après ceux du Morvan. « J'ai mon chef japonais au chômage. Là aussi, il faut essayer de retrouver des investisseurs. Le gouvernement français devrait subventionner les grands restaurants qui défendent la culture, le patrimoine français à l'étranger. » Obstiné, Bernard Loiseau frappe à toutes les portes. Pour continuer à offrir aux clients des « moments de rêve et de fête ».

Tout grand chef vous racontera qu'un beau jour il a ressenti un fameux déclic. Pour Bernard Loiseau, cela se produisit lors de son passage chez les Troisgros. En mars 68, quand le *Michelin* sacra la grande maison de Roanne et lui conféra la troisième étoile, distinction suprême, le petit Bernard avait 17 ans et, dans les cuisines, pelait les pommes de terre et grattait les carottes. Le spectacle du succès ne le laissa pas insensible. Avec les radios, la télévision, les célébrités qui se pressaient, le jeune apprenti découvrit un autre univers.

Avec ce souci du détail vérifié qui fait la qualité du travail des auteurs américains, William Echikson, son biographe, rapporte que, « sur les murs de sa garçonnière, à Saulieu, au premier étage de la Côte d'Or, trône une photographie des frères Troisgros. Chaque matin, avant de descendre en cuisine, Bernard Loiseau se plante devant le poster et murmure entre ses dents : "Bientôt, j'aurai ma troisième étoile". » Entre nous qui savons, l'excellent Echikson ignore que B.L. y ajoute parfois un geste vif de l'avant-bras. Parce que les Troisgros n'ont pas épargné l'apprenti qui leur arrivait tout droit de son Clermont-Ferrand natal où, sur les bancs d'école, le petit Loiseau avait déjà côtoyé... certains des rejetons de la famille Michelin. Ce qui, on s'en doute, ne lui servit strictement à rien. « Si ce garçon devient cuisinier, je veux bien me faire archevêque ! » aurait même lâché, à bout de patience, le « bon » Jean Troisgros. Mais le métier rentrait, vaille que vaille. Cela dura trois longues années, seize heures par jour, de huit heures du matin à plus de minuit... B.L. a pardonné – pas oublié.

Aujourd'hui, Bernard Loiseau est courtisé par les plus grands. Il a entendu V.G.E. en personne lui suggérer de revenir s'installer dans le Clermont-Ferrand de son enfance. Japonais et Américains l'ont inscrit, lui aussi, dans l'itinéraire gourmand de leur tour en France – persuadés qu'il figurait déjà dans celui de Thomas

Jefferson. Et le fameux « effet trois étoiles » confère à son chiffre d'affaires une embellie « de 60 % ». Quand il reçoit la distinction, il reste fidèle à sa réputation de bon vivant et convie toute son équipe, soixante personnes, à un périple lyonnais qui finit chez Bocuse ! Pierre Troisgros est là, bien sûr. Bocuse, pas en reste, accueille son cadet, à l'entrée de sa maison, flanqué de... deux éléphants ! Le temps de jucher les deux chefs sur les bêtes à trompe, une bouteille de champagne Mumm à la main, le spot publicitaire est bouclé ! Loiseau est intronisé – qui peut rêver mieux ? – par le Commandeur en personne...

D'ailleurs, dans la bande à Loiseau, on ne rate pas une occasion de se retrouver et de célébrer les grands instants. Pour la Légion d'honneur du chef de Saulieu, c'est chez Savoy qu'on s'attabla, autour d'une poule au pot, avant de faire sauter les bouchons... En mars 1995, quelques jours avant la troisième étoile de Marc Veyrat, c'est au tour de Bernard Loiseau de rendre visite au génie des alpages, en sa maison au nom d'étoile de la rive orientale du lac d'Annecy. La nuit s'achèvera par une virée – mouvementée – en motoneige du côté de la Croix-Fry, au-dessus de Manigod... Depuis, les rapports entre les deux géants se sont un peu durcis – mais autant en emporte le vent.

Comme l'écrivait le *GaultMillau* de 1995, « il est tout de même étonnant, ce Loiseau-là. Cela fait vingt ans déjà qu'il s'est posé à Saulieu (...), vingt ans qu'il se bat avec le même enthousiasme contre les banquiers, contre les médias, contre les casseroles, pour être encore plus beau, encore plus fort. Et cela marche. On le dit candide, mais en fait, il sait très bien ce qu'il veut. (...) Et s'il ne battait pas autant des ailes pour qu'on le remarque, qui ferait le détour par Saulieu, alors que l'autoroute passe au large depuis belle lurette ? »

10

Jean, Pierre, Michel et les autres

En est-il passé des automobiles sur la nationale 7, et des trains sous les verrières de la gare de Roanne, depuis que Jean-Baptiste Troisgros s'est installé juste en face, dans ce qui s'appelait alors l'hôtel des Platanes ! En prenant possession des lieux, il s'était dit que la cour plantée d'arbres servirait de terrain de jeux à ses deux garnements et donnerait de l'air au personnel. Il quittait Chalon (sur Saône) où il exploitait le café des Négociants. On était en 1930 et son fils Pierre ignorait encore (il avait deux ans) qu'avec son frère Jean, un jour de 1968, ils décrocheraient les trois étoiles du petit livre rouge : cette année-là, en aval sur la Loire, à Tours, le restaurant de Charles Barrier serait également distingué – juste avant les « événements » que l'on sait... et un mois sans clients.

Trois étoiles *Michelin* : c'était mieux alors que Lucas-Carton, c'était comme Maxim's ou Fernand Point, chez qui Pierre et Jean avaient appris, ils le disaient eux-mêmes, à faire une cuisine individualisée. Entre-temps, l'hôtel des Platanes était devenu l'hôtel Moderne, puis Chez les frères Troisgros. En 1974, amoureux du bon vin et mémorable amphitryon, Jean-Baptiste mourut à table, comme Molière en scène. Neuf ans plus tard, ce serait Jean qui disparaîtrait. Le père avait eu le plaisir de voir ses deux fils égaler les plus grands. Jean, nez fameux et saucier hors pair, s'occupait des cuissons. Pierre gérait le garde-manger. Jean-Baptiste avait aussi eu le temps de connaître les étoiles : la première en 1955, la seconde en 1965, puis la troisième... Et de voir le monde gourmand de la politique, du journalisme et des arts et spectacles, se presser chez lui, devant des plats dont il était l'inspirateur.

Doyen dans sa cuisine, Pierre Troisgros tient à la fois du cardinal-archevêque et du chirurgien tant il est sûr de lui-même, de sa science et de sa main. Chaque jour, dès matines, il préside au cérémonial dont il est gardien de l'orthodoxie. Un sourire d'ironie illumine parfois son visage tout en rondeur quand l'un ou l'autre emploie le mot cucurbitacée, et la consonance ambiguë des plantes angiospermes qu'il accommode le rend volubile. Entre les services qu'il ne compte plus, il a commis une charretée de plaisanteries – certaines avec la complicité de son voisin et compagnon d'apprentissage, Paul Bocuse. Il a aussi écrit un livre pour rire (qu'il vaut mieux s'empresser d'oublier) : « De farce en farce, de toque en toque, on alla de l'avant, et si je me retrouve aujourd'hui seul patriarche à bord, la maison reste ce que Jean disait d'elle, la Roulotte, où une famille de gitans d'un genre un peu spécial surveille les fourneaux en ajoutant l'humour aux sauces. » Mais qu'on ne s'y trompe pas, la cuisine des Troisgros est une affaire sérieuse.

Comment pourrait-il en être autrement lorsqu'on se maintient au sommet depuis plus d'un quart de siècle, lorsqu'il faut quotidiennement veiller au plaisir des gastronomes accourus du monde entier à Roanne pour une grande escale gourmande ? Réchappés de la curée conduite par le *GaultMillau* de 1996, funeste millésime, les Troisgros se maintiennent à 19, parmi les douze meilleurs : « Rarement restaurant aura donné pareil sentiment d'équilibre et d'éternité. (...) Mais le vrai miracle, c'est la constance de la cuisine d'exception, à la technique parfaite : une vraie leçon de simplicité savante, qui ne s'enlise jamais dans un classicisme convenu », précise la notice justificative.

La dynastie supérieurement toquée qui s'est installée au pied du Forez et de la vallée du Lignon en est désormais au troisième règne, selon la filiation salique la plus authentique. Michel, fils de Pierre, est aujourd'hui, en compagnie de son père, aux commandes de l'immense laboratoire vitré, toujours méticuleusement propre, même et surtout au moment du coup de feu. Devant le chef-d'œuvre, Pierre Ier de Forez commente : « Elle (la cuisine) est d'une conception très personnelle et conforme à ce dont nous avions rêvé, mon frère et moi. Nous l'avons construite en 1978, après y avoir réfléchi pendant trois ans et avoir déchiré dix-sept plans. Nous voulions une pièce unique, sans séparation entre la pâtisserie, le garde-manger et les autres parties pour que l'ambiance soit bonne, l'équipe unie et le contrôle plus facile sur le travail de tout le monde. Nous avons ainsi une pièce totale de 180 mètres carrés. En outre, mon frère et moi avions passé notre jeunesse dans des sous-sols mal aérés et peu hygiéniques. Nous voulions donc de la lumière et du bon air. Pour cela, nous avons fait construire une baie vitrée de 23 mètres de long qui, donnant sur la cour, fait entrer à flots la lumière du jour. Au plafond, de nombreuses reprises d'air renvoient un air sain et climatisé. Nous avons abandonné les fourneaux à gaz pour un chauffage électrique qui ne dégage aucune pollution. Les quatre fourneaux sont équipés de trois plaques à intensité de chauffe graduelle, ce qui permet de passer de l'une à l'autre pendant la cuisson. Tout le mobilier de cuisine est en inox et carrelage ce qui nous permet de laver la surface entière à grande eau et ainsi d'entretenir une parfaite hygiène, essentielle dans l'alimentation. Il faut dire que nous passons dix à douze heures par jour dans la cuisine et qu'il n'est pas superflu de le faire dans un lieu agréable et adéquat. »

C'est de cette cathédrale de verre et d'acier (demandez à la visiter, ça vaut le coup d'œil), que sortent deux fois par jour des créations hardies, comme l'entre-deux de lasagnes de truffes noires et petits pois, ou la cassolette de queues d'écrevisses, mais aussi les grands classiques de la maison comme la pièce de charolais au fleurie à la moelle, servie avec son gratin forézien, et, évidemment, l'illustrissime, l'incontournable, la succulente escalope de saumon à l'oseille. Discrètement relevée au vermouth, c'est l'un de ses secrets. La dernière édition du *Larousse gastronomique,* parue à l'automne 1996, livre les grands traits de la recette, et précise, à propos des Troisgros, que « leur cuisine s'inspire des recettes transmises par les générations passées, avec parfois un caractère presque paysan, mais ils ont su admirablement perfectionner les apprêts familiaux ». On doit l'introduction de notices biographiques dans ce *Larousse* à un comité (de rédaction) gastronomique, présidé par Joël Robuchon – Pierre Troisgros y figure. Les mots y sont pesés comme les ingrédients des recettes, avec une minutie que la querelle du « terroir et des épices » a remise au goût du jour.

En l'honneur du plat mythique qui a blasonné les lieux, la gare d'en face – celle de Roanne – est la seule de France à être crépie de rose saumon rehaussé de vert profond, non pas vert épinard, mais vert oseille, bien sûr ! Et la place de la Gare a été rebaptisée place

Jean-Troisgros, comme celle de Perpignan pourrait s'appeler place Arthur-Conte. Et comme Châlons-sur-Marne, lasse d'être sans cesse confondue avec le berceau des Troisgros, Chalon-en-Bourgogne, s'est baptisée Châlons-en-Champagne, Roanne pourrait, pour rire, devenir Roanne-Troisgros, continuant de promouvoir son destin portuaire, industriel, gastronomique, et... littéraire (puisqu'aussi bien l'ennuyeuse œuvre d'Honoré d'Urfé est désormais inconnue des jeunes générations ou, à tout le moins, oubliée).

Michel, consacré officiellement dauphin un an avant la mort de son oncle Jean, a pris la relève aux très hauts fourneaux de Roanne après un apprentissage chez les grands pairs : un an chez Fredy Girardet, un an chez Taillevent, et de ces voyages qui forment la jeunesse des chefs, en de prestigieuses maisons de Bruxelles, Londres, New York, sans parler d'un détour par le royaume de Navarre, chez Michel Guérard... Pour Michel, être cuisinier allait de soi.

Il en parle bien, de ce métier qui lui est venu par imprégnation, comme à d'autres la sainteté : « Un cuisinier doit être généreux. La table est une fête. Il ne faut pas craindre d'acheter de bons produits même chers, il faut avoir envie de faire plaisir aux clients. Un cuisinier doit être sensible aussi. Il doit savoir choisir, marier et respecter les produits. Il doit être perfectionniste dans sa façon de traiter les plats, les cuire ou les assaisonner. J'ai envie d'ajouter qu'il doit être sportif car personnellement, je trouve dans le sport un équilibre irremplaçable. « Michel, assurément, a hérité de la "Troisgros's touch", une manière de jovialité et d'esprit de famille, que les coups de feu et les conjonctures difficiles ne sauraient entamer. Demandez-lui des nouvelles du Central, l'annexe bistrotière montée par les Troisgros, à

Roanne même, et à la semblance de tant d'autres copains, il vous répondra le sourire aux lèvres : « On a tellement bien travaillé depuis l'ouverture qu'on a décidé de donner le réveillon de Noël à tout le personnel et de fermer... »

Voilà pour la boutade. Sinon, le Central ressemble pour moitié à une épicerie de luxe où l'on vend les bonnes choses griffées Troisgros, pour moitié à un bistrot plutôt sophistiqué où l'amateur communie également avec des bonnes choses à prix « étudiés »... On s'y régale des pots d'escargots à la tomate et du tendron de veau mijoté à la paysanne, de la tartine de comté au lard fumé et de la pêche blanche au granité de vin, le tout accompagné de côtes roannaises et conclu d'une addition qui font oublier que le grand Relais Gourmand est à côté. Au grand Relais où, toujours à l'instar des confrères, les Troisgros ont ouvert boutique, on trouve cendriers, peignoirs, vaisselle, draps siglés du « T » familial – outre des artichauts à l'huile d'olive et des cèpes, des vins et des eaux-de-vie. Sous l'égide de la fondation Jean-Troisgros est également organisé, à Roanne toujours, un festival annuel des Arts de la Table. C'est également à Roanne, patronnée par les « T », que siège l'association des Amis des Bibliothèques gourmandes, fondée à Dijon, naguère.

Inattendu est toutefois le ballet des clients qui, au moment des fêtes de fin d'année, viennent aux cuisines et repartent, à travers la salle du restaurant, avec, dans le cabas, qui une selle d'agneau farcie aux cèpes, qui un civet de canard au vin rouge et cassis, qui des Saint-Jacques à la nage. Michel Troisgros n'en plaisante pas trop, avant d'expliquer qu'il renouvelle chaque année une carte de plats à emporter, grands classiques et préparations de saison, faciles à réchauffer à la maison. Et ça marche.

Même l'escalope de saumon à l'oseille, tant de fois copiée, est à la carte, dans sa manière la plus récente. A propos de ces plagiats, Pierre Troisgros expliquait à la revue *Le Chef,* en mai 1993 : « Je tremble en pensant à ceux qui vont vouloir du Pierre Gagnaire, ils auront toutes les chances d'arriver à des échecs cuisants... » C'était trois mois après que le chef encore stéphanois eut décroché sa troisième étoile, vingt-cinq ans après les Troisgros, vingt ans après « l'invention » du saumon à l'oseille. En une génération, la cuisine a fait sa révolution, entraînée notamment par Jean et Pierre Troisgros.

Mythe culinaire comparable au saumon à « l'oseille » – et c'est l'une des conséquences les plus savoureuses de l'élection de Jacques Chirac à la Présidence (mais qui songerait à s'en plaindre ?) : la tête de veau. Jamais, dans les restaurants de France, on n'en a servi et consommé autant. Joël Normand, chef à l'Élysée, s'y est mis de bon cœur... Quand le Président a dîné avec Helmut Kohl, dans l'une des plus célèbres winstubs de Strasbourg, qu'y avait-il au menu ? De la tête de veau.

Le plat préféré du cinquième président de la Ve République – il en aurait mangé à déjeuner le jour même du scrutin – se prépare de multiples façons. La plus classique, en tortue, s'accompagne de la cervelle et de la langue de la bête ; c'est tout un art d'éviter l'excès des parties les plus gélatineuses pour favoriser celles qui touchent la joue et sa viande goûteuse et tendre. Michel Troisgros, à Roanne, la prépare en terrine serrée, avec des pétales de tomates roma, confites longuement au four très doux. Joël Robuchon, à Paris, servait, lui, une fameuse tête de cochon, qu'affectionnait, quand il allait chez Jamin, le président Mitterrand. Deux étages plus bas, sur la terrasse du Relais du Parc, dont Robuchon supervise les cuisines, Gilles Renaud a mis à sa carte une tête de veau accompagnée de jeunes carottes et d'une vinaigrette bien relevée d'herbes fraîches, que les clients plébiscitent. La tête de veau fait un tabac chez le Père Claude, dans le XVe arrondissement de Paris : Claude Perraudin, un ancien de chez Troisgros (où il fut condisciple des apprentis Guy Savoy et Bernard Loiseau), la sert en terrine, mais cette fois avec de la queue de bœuf. Grâce à cette vogue présidentielle, les professionnels de la triperie voient leur avenir à l'embellie. La prochaine fois que vous allez au restaurant, regardez la carte : ce sera peut-être le plat à succès. On la sert encore tiède, bien moelleuse et charnue, chez Batifol et dans nombre de petits bistrots, de village ou de quartier, tout simplement avec une sauce gribiche, qui est une mayonnaise aux cornichons (ou aux câpres), tournée à partir de jaunes d'œufs durs et montée sur blanc d'œuf dur haché – comme chez Chinaud, aux Mûriers, dans le XVe arrondissement de Paris. Aucun doute, pour la tête de veau, c'est l'état de grâce.

Peut-être cela donnera-t-il l'idée à Claude Troisgros, frère de Michel, de la mettre à la carte de son restaurant de New York. Après quinze années au Brésil, et un retour à Roanne, le voici qui triomphe près de Park Avenue, avec un foie gras au vinaigre balsamique, des filets de canard et purée de poire aux fruits de la passion, et d'étonnantes crêpes de crabe cru, avocat et citron. « Digne héritier de la dynastie Troisgros, Claude est en effet un cuisinier inventif, imaginatif, jamais engoncé dans la routine : la surprise goûteuse est partout sur la carte », écrivait Nicolas de Rabauby, le critique dépêché (en janvier 1996) par le *Figaro* pour goûter l'événement que le Roannais de New York venait de créer.

Pendant ce temps-là, Pierre et Michel, mais aussi Marie-Pierre et Olympe, continuent de connaître le succès. La crise, même celle de la « vache folle », ne paraît pas avoir de prise sur la maison de Roanne. « On a toujours travaillé du bœuf 100 % charolais, provenant de nos fournisseurs 100 % locaux, à Marcigny ou à Charolles. Nous n'avons remarqué aucun changement d'habitudes chez nos clients. Ils ne se posent pas la question : on n'a même pas besoin de leur souffler, quand ils commandent une pièce de bœuf au fleurie à la moelle et la côte de bœuf aux échalotes et au poivre, que c'est sans risque ! Même chose au Central, avec le tournedos de bœuf Stroganov (servi avec une sauce à la crème, aux oignons et au paprika). Là où il y a une petite réticence, même chez nous, c'est pour les abats : le ris et le rognon de veau en particulier. Nous avons retiré du menu les grillons de ris de veau, une spécialité de la maison », commente Michel Troisgros, dont les pairs n'ont pas tous vécu la « crise » avec la même sérénité.

Michel Troisgros a appris de son père et de son oncle comment choisir de jeunes bêtes sur pieds, élevées pour leur viande. Au Japon, il a cuisiné et dégusté le fameux bœuf de Kobé. Les bœufs ne sont pas, comme on l'a dit, massés à la bière : ils la boivent... Mais le massage est pratiqué sur eux plusieurs fois par jour de la manière suivante : ils sont debout dans leur étable méticuleusement propre, et de gros rouleaux les astiquent énergiquement – un peu comme dans les machines à laver les voitures. Grâce à ce traitement, la graisse est répartie dans les chairs.

Des nouvelles de la famille ? « Mon père a beaucoup plus de temps libre qu'il n'en avait, je lui en ai donné !

Grâce à moi (rires), il fait ce qu'il veut... » Et côté cuisine ? « Si vous étiez venu en août dernier, par exemple, je vous aurais fait profiter des truffes blanches d'été, à l'huile de noix et escortées de chanterelles, après des écrevisses en aspic, avec une gelée faite avec les carcasses, du sauternes, un peu d'agrumes... Tout cela très froid. Après, un sandre de Loire, peut-être à la meunière, aux câpres et au persil, comme ça... Avec des perce-pierres frais, une algue de mer que j'aime bien. Et puis une côte de veau avec des oignons nouveaux et un jus au cumin, très court. Enfin, un dessert soit aux abricots, soit aux reines-claudes et aux amandes fraîches. » Ça marche déjà !

Pierre Troisgros aura néanmoins le dernier mot : « Un des grands avantages de notre profession est d'accueillir chez nous, à notre table, une diversité de personnes que nous n'aurions, autrement, jamais eu l'occasion de rencontrer. Une autre satisfaction est ce que mon père résumait en disant : Nous sommes les derniers seigneurs d'une grande race. En effet, qui peut, aujourd'hui, comme moi, avoir autant de personnel pour se faire servir ? Nous pourrions effectivement vivre un peu comme des seigneurs du Moyen Age mais il faut bien se garder de se laisser prendre au piège. »

11

Heureux comme Pacaud en France...

Pousser Bernard Pacaud à l'indiscrétion relève de la gageure. Certes, ses convives gardent longtemps en mémoire le mariage du thon et de l'abricot sec, des poivrons en mousse et de la langoustine en feuillantine, mais ils ne se souviennent pas d'avoir aperçu en salle quelque amphitryon trapu, barbu, en tenue de cuisinier, parlant presque à mi-voix. Encore moins de son nom ou de ses initiales qui, à rebours de certains confrères, ne signent pas plus les verres que les couverts. Ils ne se souviennent même pas toujours de son enseigne, L'Ambroisie, mentionnée du bout du stylo par les échotiers, lorsque les Chirac et les Clinton y vinrent dîner, un soir d'été de 1996.

Pour cuisiner heureux, Bernard Pacaud a décidé de vivre caché dans son restaurant du cœur du Marais, au milieu des savantes compositions florales, des dorures brunies à l'acanthe et des meubles rares, sous les lumières de lustres inspirés du Grand Siècle. C'est en 1985 qu'il a installé ses pianos dans l'ancienne demeure du duc de Chaulnes (belle revanche pour un Breton qui se souvient des « Bonnets rouges »), demeure qui fut aussi au duc de Luynes, avant d'être aux Nicolaï et aux Moreau, place des Vosges, dans le IVe arrondissement de Paris. Drôle d'endroit pour une retraite, dira-t-on, et pour un chef qui tient le star-system culinaire pour le comble du ridicule : « On n'est quand même que des cuisiniers. Il ne faut pas trop se prendre au sérieux. Je peux faire mon métier comme je l'aime parce que le *Michelin* nous a suivis à L'Ambroisie. C'est ça, le luxe des trois étoiles. » Plongé dans l'amertume légère d'un verre de manzanilla – « un peu d'amertume avant le repas, ça n'abîme pas le palais » –, Bernard Pacaud chuchote son credo, celui de la liberté et du plaisir en cuisine. Le tout entrecoupé d'histoires de tapas, de plaidoyers à la gloire du produit... et de tranches de son enfance bretonne, tôt réfugiée dans la cuisine.

« Ma grand-mère faisait la cuisine le dimanche, dans les familles bourgeoises de Saint-Brieuc et des environs. Ma mère aussi adorait faire la cuisine. Moi, je faisais à manger à mes frères – j'étais l'aîné – pour éviter les conflits, calmer la tension. Mes parents ne s'entendaient pas. En 1961, à l'âge de quatorze ans, j'étais dans un foyer, à vingt kilomètres du col de la Luère et du restaurant de la mère Brazier – la seule femme qui ait jamais obtenu les trois étoiles *Michelin*. Je venais de l'orphelinat où l'on mangeait très mal, alors que les bonnes sœurs... La mère Brazier cherchait des extras pour les week-ends et les vacances. Je me suis présenté... et je suis resté pendant quatre ans. Je ne voulais plus retourner en pension. Là, j'ai trouvé un refuge et un métier. » Tombé dans les fourneaux sous le poids des circonstances, Bernard Pacaud va persévérer. D'abord l'hiver, chez Tante Alice, également « mère » lyonnaise, comme la mère Charles ou la mère Guy, qui régnaient alors, entre Rhône et Saône, aussi bien sur le gratin de langouste, la poularde demi-deuil, que sur le gratin de macaronis ou le tablier de sapeur. Pendant son service militaire, Bernard Pacaud est affecté à Bordeaux, comme cuisinier d'un général d'armée. Au printemps 1968, le voici à Paris, aux premières loges, en face du théâtre de l'Odéon – six mois à La Méditerranée et le souvenir de quelques scènes cocasses.

Après les pavés, le bridge... Bernard Pacaud dirige pendant cinq ans les cuisines d'un club, assisté de deux commis. Il tient une salle de cinquante couverts et doit obéir à un impératif : garder les clients à manger. Puis, un beau jour de 1975, alors qu'il occupe une place de second dans une table étoilée de Paris, La Coquille, le destin entre dans l'arène. « J'avais déjà treize ans de maisons et j'étais un peu bloqué. J'achète pour la première fois un journal professionnel, je lis les annonces... et me voilà embarqué chef de cuisine chez Claude Peyrot – il avait trois étoiles *Michelin* à cette époque. Entre nous, ça a fait tilt tout de suite. » Claude Peyrot est ce cuisinier à qui *L'Événement du Jeudi,* il n'y a guère, avait décidé d'attribuer une quatrième étoile, fac-similé à l'appui, deux mois avant la parution du *Michelin 1996*. Le canular provoqua une « affaire » en haute gastronomie, un démenti furieux du guide et les commentaires mi-amusés, mi-indignés de la critique. Pour le cuisinier du Vivarois, tout devait bien finir : après en avoir obtenu trois entre 1972 et 1983, il conserva ses deux étoiles et l'estime des grands chefs, qui le tiennent pour le meilleur d'entre eux. Il profita aussi des circonstances pour fêter les trente ans de sa maison des « beaux quartiers », ouverte en octobre 1966.

Bernard Pacaud a passé cinq belles années au Vivarois, avant que la lassitude ne gagne : « Travailler dans un trois-étoiles, c'était dur, stressant. Je voulais freiner un peu... monter un petit restaurant sympathique, de copains, où je puisse faire de la bonne cuisine sans le tralala des étoiles... » Bernard Pacaud ouvre sa première Ambroisie avec la complicité de sa femme, Danièle, qu'il a rencontrée au Vivarois et qui, tout en étant historienne, se passionne pour la cuisine. Il reçoit aussi l'appui d'un ami décorateur. Nous sommes en 1981. Le restaurant, vingt-six couverts seulement, est blotti quai de la Tournelle, au coin de la rue de Bièvres, à deux pas de la Tour d'Argent... et du logis officiel du Président Mitterrand. La critique le repère aussitôt et, moins d'un an plus tard, *Michelin* lui décerne une première étoile. « Nous étions repartis dans le cycle... »

L'année suivante, Pacaud décroche une deuxième étoile, alors qu'il continue de travailler seul, avec sa femme, un maître d'hôtel et bientôt un plongeur. Au bout de cinq ans, il doit se rendre à l'évidence : « C'était très difficile de tenir les deux étoiles dans cette maison. » Toujours avec l'assistance de son ami décorateur, il déménage son Ambroisie place des Vosges, multiplie son personnel par cinq et passe de vingt-six à... trente-cinq couverts seulement. Le *Guide Michelin* suit. En 1988, vient la consécration des trois étoiles. « Et donc la liberté de faire mon métier comme je veux », insiste Bernard Pacaud, tandis qu'il finit de siroter son manzanilla. « Santé ! »

A propos de santé, une fois encore le hasard veut que Bernard Pacaud aille un jour à Bercy assister à un match de tennis qui avortera, pour cause de blessures, et qu'il y croise Jean-Noël Fabiani. Le spécialiste de la chirurgie cardio-vasculaire charrie gentiment le cuisinier, avant qu'ils ne sympathisent et ne décident de commettre de conserve un ouvrage sur le cholestérol : *La Cuisine de vos artères,* qui paraît en 1994, chez Albin Michel. C'est une réflexion sur les rapports entre l'alimentation et la maladie, l'artériosclérose, que les auteurs s'emploient à prévenir le plus savoureusement possible : « Ne parlons pas de régime ; il est fait pour être violé ! On ne peut pas, de toute façon, être au régime sa vie durant... Alors parlons cuisine, mais après avoir réfléchi à ce que nous mangeons. » Le livre de Pacaud et Fabiani est une autre expression du « french paradox » qui va bientôt épater les Anglo-Saxons. D'autant qu'il s'avère qu'un taux de cholestérol trop bas conduit... à la mélancolie. Ce qui n'a rien d'étonnant.

« Je pratiquais une cuisine très dépouillée, avec peu de sauces et pas de matières grasses, bien avant que ce ne soit la mode. Et puis le cholestérol, ça me connaît : j'en ai malheureusement... » Attentif aux rapports entre santé et gastronomie, Bernard Pacaud ne s'en refuse pas moins à codifier sa cuisine. « Je détesterais, ce n'est pas du tout mon style. Je ne fais pas deux fois un plat de la même façon. D'abord à cause du produit : un petit rouget ne se travaille pas comme un gros, les proportions varient. La cuisine n'est pas une science exacte, comme la pâtisserie. Et heureusement... »

La carte de L'Ambroisie, toujours très courte – six entrées, six poissons, six viandes, ainsi que des suggestions – témoigne de ce tribut versé au produit et aux inspirations du maître, ainsi qu'à la diététique et au soleil. « Toutes mes grandes préparations actuelles proviennent de la cuisine méditerranéenne, la pastilla au thon, le rouget au cumin... J'ai eu la chance de rencontrer un grand cuisinier tunisien, qui m'a beaucoup appris. Et puis, c'est comme la couture, la cuisine a sa mode. » Cela dit, L'Ambroisie collectionne déjà les plats emblématiques : son historique mousse aux poivrons, la feuillantine de langoustines aux graines de sésame et la pastilla de thon, déjà mentionnées... et tous ces poissons préparés à base d'émulsions d'huile. C'est la trouvaille de Pacaud et c'est encore un hasard. « Le problème de la cuisine respectueuse de la diététique, c'est la sauce : le filet d'huile et le gros sel finissent par lasser. Je me suis souvenu par hasard d'une tante qui faisait sa mayonnaise avec des œufs entiers... J'ai donc mis au point une émulsion de blanc d'œuf et d'huile, à laquelle j'ajoute un corps sec, assaisonnement, concassée de tomates, coulis, jus de viande réduit, vin réduit... Les huiles peuvent être parfumées et le tout permet des variations à l'infini. Seul inconvénient : cette sauce est toujours froide, mais on peut la déposer sur une assiette chauffée. Elle s'adapte mieux aux poissons. De toute façon, je restreins mon registre de viandes à la volaille et au veau. »

Avec cette cuisine allégée et parfumée, Pacaud souhaite répondre aux attentes de sa clientèle. Il avoue ne pas avoir fait une béarnaise ou une béchamel depuis quinze ans... Le cuisinier doit s'adapter, explique-t-il, surtout, comme à l'Ambroisie, quand la majorité des clients sont des habitués. Et puis aujourd'hui, les hommes d'affaires sont attentifs à leur ligne, il faut leur faire plaisir... et se faire discrètement plaisir aussi.

« C'est facile de devenir une star... mais les cuisiniers de province ont peut-être davantage besoin de cette médiatisation. Moi, à quatorze ans, je n'imaginais pas devenir un grand cuisinier parisien, je dessinais des restaurants, simplement... Peut-être que les enfants qui, comme moi, ont été un peu rejetés dans la vie, ont une soif plus grande de réussir. Ça explique peut-être les trois étoiles... Il y a aussi ma femme, Danièle, qui compte pour 80 % dans la réussite de l'Ambroisie... Mais je vous le répète, je me fais plaisir avant tout... »

C'est tellement vrai qu'on serait bien en mal de surprendre Bernard Pacaud hors de ses fourneaux. Rien, ni conseil, ni surgelés, ni succursale, ni annexe ne l'en détourne : « Ma clientèle le comprendrait difficilement, je crois. » Et d'insister à nouveau sur le fait que Point, la mère Brazier, Pic, Guillot, sans être des stars comme on l'entend aujourd'hui, étaient peut-être plus respectés. Avant de revenir sur le sujet qu'il affectionne : la qualité, le produit, encore et toujours... et au juste prix.

« Ici la gamme de prix est élevée, je ne fais pas de menus ni de formules, sauf exception, pas plus que de prix d'appel. Il n'y a que comme ça que je peux présenter de la qualité. Le bar de ligne pêché la veille, le saumon sauvage d'Écosse ou d'Adour – si j'en ai un par an, je suis content ! – les perdreaux sauvages, tout ça se paie. Bien sûr, j'ai des réseaux pour obtenir mes produits mais c'est toujours un peu secret. Pour dix kilos de langoustines exceptionnelles par jour, c'est la croix et la bannière... Par contre, quand l'arrivage est à la hauteur, je n'ai presque rien à faire. Les bonnes Saint-Jacques, je vais simplement les poêler, mettre un peu d'échalote, de persil... Pareil avec les deux lièvres que j'ai eus ce matin : je vais proposer des râbles à une table de quatre couverts. Certes, le service est parfois dur. Je me tiens à la douane et aux postes où il y a des problèmes. Mais je reste assez calme : j'ai quand même plus de trente ans de métier... »

Chef d'orchestre heureux de son petit théâtre, Bernard Pacaud renouvelle l'inspiration en s'abreuvant à toutes les sources. La mode, les voyages, les découvertes bien sûr... Ses propres envies culinaires aussi, même s'il avoue faire son bonheur, le dimanche en famille, d'un jambon à l'os et de coquillettes. Son équipe, conduite en salle par son fidèle maître d'hôtel, Pierre Le Moulac, joue un rôle important dans les progrès de la maison. « En salle, j'ai dix personnes qui m'apportent régulièrement des suggestions. En cuisine, je suis chef d'orchestre : je donne les idées et je les laisse faire pendant quinze jours. On travaille ensemble sur la prochaine carte d'hiver : l'arrivée de la truffe noire, encore un peu de gibier à poil, des poissons avec des sauces au vin rouge, de la poularde... Et puis, quand un plat ne marche pas, je me dis : "Heureusement que ça arrive, c'est rassurant". »

Bernard Pacaud cultive son charme discret en toute sérénité. Seule ombre à ce portrait plutôt optimiste, cette saison-là : les truffes blanches. « Cela fait une semaine qu'il pleut sur le Piémont. » (Et donc sur le lac Majeur !)

A la rentrée de 1997, l'événement fut l'ouverture d'une Ambroisie rénovée. En même lieu et place que l'ancienne, avec une nouvelle salle de soixante-dix mètres carrés où les treize tables tiennent à l'aise mais autorisent sept couverts de plus : quarante-cinq contre trente-huit, avec vingt mètres carrés supplémentaires pour les cuisines, avec de nouveaux couteaux à poisson et de nouvelles cuillers à sauce, avec de nouveaux lustres « repensés » par Martine Lotz, avec un plancher du XIXe, un carrelage de marbre beige clair du XVIIIe, des chaises venues d'un vieux théâtre de Vienne (Autriche), des dorures incroyables comme on n'en faisait plus depuis l'édification du faubourg Saint-Germain, à la fin du règne de Louis XVI : « Dix-huit opérations successives », s'extasiait l'excellent François Simon, du *Figaro*. Bernard Pacaud et Danièle, sa femme, avaient écouté l'architecte François-Joseph (Graf). De l'avis général, le restaurant « s'ouvre enfin sur Paris »... Car, en vérité, il faut le dire, jusqu'ici, seule « une lucarne ouverte dans les toilettes des dames donnait sur la place des Vosges ».

12

Le clan des Alsaciens

A Cannes, au restaurant de l'hôtel Martinez, la prestigieuse Palme d'Or, certains convives peuvent se prendre à rêver, et même à humer dans l'air quelque chose de l'ambiance étoilée du festival du Film. D'autres songent peut-être au dîner qu'ont partagé là, en juillet 1995, les quinze chefs (d'État) de l'Union européenne. La langouste rouge, l'agneau de Sisteron, les farcis niçois, les fromages et la pêche blanche Comtes de Champagne, qui ont été servis au cours de ce repas, sont toujours à la carte, en saison. Peut-être serez-vous assis à la place de Jeanne Moreau ou de Kirk Douglas (si ce n'est celle de Hugh Grant)? «Tous les clients sont traités de la même manière», dit le chef, Christian Willer, Alsacien, cinquante-cinq ans, dont plus de quarante aux fourneaux et onze de Croisette. Un record de longévité pour un chef de palace, salué au *Michelin* par deux étoiles, mais semoncé par le *GaultMillau 1997* (17 contre 18 l'année précédente). Le chef ajoute: «Une bonne saison, c'est autant le soleil que les clients», avant de dérouler le générique. Herbes et salade tendre, champignons aux raisins, saint-pierre aux feuilles de basilic, poissons de pêche locale rôtis au four, veau à l'italienne et sa cremonata à base d'orange, de citron, de coriandre, de jambon de Parme et de sauge. A la Palme d'Or, Christian Willer ne fait pas de cinéma.

Il est né loin de la Côte d'Azur, près de Colmar, dans un village de paysans, ou plutôt de vignerons, où l'église est classée monument historique et où il se régalait, enfant, d'une côte de veau à l'oseille. L'oseille, il la cuisine au Martinez, quand il la trouve à son goût, tendre et acide à la fois. Christian Willer la marie avec des morilles. Comme on trouve en Provence d'autres champignons : girolles, mousserons, cèpes, truffes d'été, noires et blanches, midi et soir, à la Palme d'Or, on fête les beaux jours. Comme au cinéma.

A l'instar de Christian Willer, les chefs alsaciens font recette... « à l'alsacienne ». Il y a le voisin, Dominique Le Stanc, parti du Négresco pour la Méranda de Nice ; le Parisien Philippe Braun, sous la houlette de Joël Robuchon chez Laurent, aux Champs-Élysées ; le Catalan Jean-Louis Neichel, dans son Relais Gourmand de Barcelone, ou encore Michel Berring, doublement étoilé pour sa carte du Patin d'Or, au Luxembourg...

Émigrés ou établis au pays depuis plusieurs générations, ils ont la manière généreuse, inventive et jamais totalement oublieuse de leurs racines. Le terroir et la tradition leur ont donné les bonnes choses en abondance : les poissons d'eau douce et les écrevisses – enfin de retour –, le gibier et le foie gras, « réinventé » à Strasbourg au XVIIIe siècle, le cochon et ses délicatesses, mais aussi les asperges, le munster et une enfance de desserts dont l'ambassadeur est le kouglof, tendre brioche moulée en couronne et garnie de raisins secs. Les truffes sont cuisinées depuis cent cinquante ans de ce côté des Vosges, et pas seulement celles, rarissimes, que l'on trouve en Forêt-Noire. Quant à l'esturgeon, ne vivait-il pas autrefois dans les rivières d'Alsace ? Ce qui justifie le caviar...

Il y a bien sûr la choucroute... Mais qu'est-ce au juste que la choucroute ? Est-ce le chou fermenté, taillé en fines lanières ? Est-ce le plat entier ? Est-ce le légume cuisiné, garni de viande, de saucisses, de lard et de pommes de terre ? L'association amicale des Saveurs de France, coprésidée par Jacques-Louis Delpal et Pierre Bonte, invitait, à l'automne 1996, le gratin national de la presse gastronomique à arpenter l'Alsace. Subsidiairement, il s'agissait de répondre à diverses questions choucroutières. Première certitude, acquise d'emblée, au Cerf de Marlenheim, auprès du grand-père Wagner, de l'arrière-petit-fils Lucas, de Roby le père et de Michel son fils : la choucroute est chez les Husser une affaire de famille. Le croustillant de cochon de lait de Kochersberg, et une escalope de foie gras fumé qui l'escorte, lui confère une noblesse authentique : celle du terroir. Deuxième certitude, acquise chez Philippe, au restaurant Schade à Blaesheim, devant les dessins coquins de Tomi Umgerer : la choucroute est un plat canaille, crue en salade. Relevée de graines de coriandre, son croquant et son acidité font merveille pour ouvrir ou réouvrir l'appétit. Devant ses fourneaux de Rosheim, Hubert Metz s'attelait lui à une autre démonstration tout aussi convaincante : rouge, vert, pommé, frisé, hâtif ou monstrueux comme le légendaire quintal d'Alsace, le chou, qu'il soit ou non fermenté, peut être le point de départ de multiples variations. Il se marie avec le cochon, la volaille ou le hareng. Pour conclure le festin, Hubert Metz emportait la conviction de ses convives avec un croustillant de mirabelles, où chantaient en chœur l'Alsace et la Lorraine. Le périple se conclut à Strasbourg, quartier de la Petite France, à la Maison des Tanneurs : lieu historique, choucroute classique...

Qu'est-ce au juste que la choucroute ? Pour tenter de répondre à la question, il faudra, et tant mieux, retourner en Alsace, car c'est le chou de l'année qui fermente en ce moment dans les cuves des choucrouteries.

A l'abondance de bonnes choses répond le savoir-faire des chefs, soutenu par l'assiduité et le solide coup de fourchette des autochtones, mais aussi les souvenirs de la table familiale, depuis la soupe aux queues d'écrevisses chère à « l'ami Fritz » jusqu'aux généreux fumets de la matelote de poissons d'eau douce ou du baeckeofe (ragoût, luté et cuit au four, de viandes marinées au vin blanc, entre lesquelles on dispose des couches d'oignons et de pommes de terre... mais il en va du baeckeofe comme de la choucroute : pour se déterminer, il ne faut pas moins d'une vie et de plusieurs voyages).

A en croire Erckmann et Chatrian, pères du fameux Fritz, dont une bonne moitié de la vie de garçon s'écoule à l'auberge, les talents éclosent en Alsace par génération spontanée. Souvenirs de lecture au pays de cocagne : un jour, Süzel ayant eu l'idée de chercher en ville une poitrine de veau bien grasse, de la farcir de petits oignons hachés et de jaunes d'œufs, et d'ajouter à ce dîner des beignets d'une sorte particulière, saupoudrés de cannelle et de sucre, Fritz trouva cela de si bon goût qu'ayant appris que Süzel avait seule préparé ces friandises il ne put s'empêcher de dire à l'anabaptiste, après le repas :

« Écoutez, Christel, vous avez une enfant extraordinaire pour le bon sens et l'esprit. Où diable Süzel peut-elle avoir appris tant de choses ? Cela doit être naturel.

– Oui, monsieur Kobus, dit le vieux fermier, c'est naturel : les uns naissent avec des qualités, et les autres n'en ont pas, malheureusement pour eux... »

Et puis, il y a le vignoble, étiré sur une centaine de kilomètres et dont le relèvement est spectaculaire. «Cette région ne produisait guère de bons vins au lendemain de la Seconde Guerre mondiale. Elle est aujourd'hui parvenue à constituer une famille de bons, voire de grands vins, allant du vin de cépage, typé, souvent bien vinifié et bon marché, au grand cru de terroir et aux raretés que sont les vendanges tardives et les sélections de grains nobles. «L'effort est autant venu des coopératives, comme celle d'Eguisheim, que de certains vignerons-négociants éclairés, comme Hugel à Riquewihr, et de restaurateurs comme les frères Haeberlin à Illhaeusern», affirme Jean-Robert Pitte dans sa *Gastronomie française.*

Tout ici est affaire de cépages, nobles ou courants. Ils sont onze et même douze, en comptant le klevener (avec un «e») de Heiligenstein qui n'est autre que le savagnin rose ou traminer, circonscrit à la commune éponyme, qu'il ne faut pas confondre avec le klevner (sans «e») qui sert à désigner l'alsace pinot, issu du pinot blanc vrai ou de l'auxerrois blanc. Contrairement aux vins du reste de la France, les alsaces sont dénommés à partir de la variété du cépage. L'appellation d'origine contrôlée «Alsace grand cru», instituée par plusieurs décrets en 1975, 1983 et 1992, ne peut provenir que de quatre variétés : le riesling, le tokay pinot gris, le gewurztraminer et le muscat. Elle concerne cinquante lieux-dits sur quarante-sept communes. Hormis l'edelzwicker (le «noble assemblage»), servi frais aux convives des winstubs, les vignerons ne pratiquent pas l'assemblage. Mais l'exception alsacienne est aujourd'hui discutée. «Pourquoi l'Alsace devrait-elle conserver une politique de cépage qui ne mène nulle part ? interrogent les partisans de l'assemblage. A quoi les opposants répondent : Pourquoi copier les autres ? (...) Sans doute le débat n'est-il que le dernier témoignage des inquiétudes d'un vignoble en quête de son identité, de sa place dans l'Hexagone. »

Il convient enfin de mentionner le grand répertoire des eaux-de-vie, dont les distilleries du val de Villé entretiennent la renommée : celle du kirsch bien sûr (qui a sa « route »), mais aussi de la mirabelle, de la framboise, jusqu'aux goûts délicats de l'alcool de baie de houx.

Alors que Lyon, sa cuisine des mères, ses bouchons et ses plats canaille, s'endormait quelque peu sur sa réputation, les chefs alsaciens continuaient de travailler – et de renouveler, souvent de père en fils –, leurs classiques. Tandis que le guide rouge punissait les ténors assoupis de la capitale des gueules et constatait les faillites au banquet des étoilés d'Alsace, les confrères étaient nombreux et les agapes toujours mémorables. « Quand je pense qu'il y a des régions où les cuisiniers se bouffent le nez... Pas de ça chez nous », commente le chef d'Illhaeusern, Marc Haeberlin.

A Illhaeusern, à la fin du siècle dernier, il y avait l'Arbre vert, un bistrot de village. On y servait la matelote, une variété de bouillabaisse de poissons d'eau douce cuisinés au vin blanc. Dans son livre, *L'Alsace gourmande*, publié chez Albin Michel, Marc Haeberlin livre le secret, parmi d'autres recettes, de la fameuse matelote au riesling de l'Auberge de l'Ill.

Marc Haeberlin est né il y a quarante-trois ans à Illhaeusern ; la guerre avait détruit le bistrot du village. Son père et son oncle ont construit à la place une auberge où il a grandi et où il a relayé maintenant son père en cuisine. « J'aime cuisiner, dit-il, toucher la viande ; sans le fourneau, je suis perdu ». Marc, son oncle Jean-Paul, un peu artiste, et son père Paul évoquent encore l'époque où, dans l'Ill, on pêchait des lottes de rivières, des grenouilles, des écrevisses, et même des ombles-chevaliers. L'auberge centenaire a trouvé une nouvelle jeunesse, les clients alsaciens qui aiment les bonnes choses ont plébiscité, à la suite de son père, Marc Haeberlin, dont Gilles Pudlowski, maître d'œuvre du *Guide de l'Alsace gourmande,* écrit : « C'est le plus roué des Haeberlin, il a su renouveler sa palette sans brader sa nature. » A l'auberge, au bord de la rivière, les plats sont copieux et délicieux. On se sent en famille à l'ombre des arbres. Marc Haeberlin faisait, l'été dernier, une gelée de maquereaux aux radis Ostergruss, la grande assiette d'oie, à la fois grasse et non grasse, avec ses déclinaisons : le filet cuit sous vide, longtemps, à très basse température, la cuisse d'oie confite, une incroyable truffe dans une espèce de pomme de terre avec un mélange de purée et de petites frites. Il marie aussi le sandre, la tête de veau, l'orge perlé et les écrevisses dans un plat composé. De la fenêtre de la cuisine, il voit l'église du village et, régulier comme une horloge, il envoie près de mille assiettes par jour pour deux cents clients dont certains, bien sûr, viennent d'Alsace, mais la plupart de bien plus loin. L'Auberge de l'Ill conserve trois étoiles *Michelin* sans discontinuer depuis 1967. Elle s'est augmentée récemment de l'hôtel des Berges, où onze chambres et appartements de grand luxe attendent le gourmet en villégiature. Mais, comme l'écrit Marc Haeberlin, « la cuisine est un fabuleux métier qui demande une remise en question quotidienne. Le talent seul ne suffit pas : (...) nous ne sommes que de bons artisans, comme les menuisiers, les forgerons ou les maçons. Même si la presse, à l'occasion, fait de nous des stars... »

Également titulaire des trois étoiles, millésime 1994 : le chef du Bueheriesel, à Strasbourg, où la cuisine est à la fois authentique et savoureuse, inventive et ancrée dans la tradition. Antoine Westermann est un Alsacien « pur jus », né à Wissembourg, où il se souvient que naguère son père était un fameux cuisinier du dimanche. Il a débuté au buffet de la gare de Strasbourg avant de s'installer il y a un quart de siècle, au Bueheriesel, une ancienne fermette, à la lisière du parc de l'Orangerie dessiné par Lenôtre. Toit en vieilles tuiles plates, balustrades en bois tourné, crépi rose, et une grande salle moderne en verrière, accolée au pavillon, où on aperçoit les tables dressées, la vaisselle étincelante, les verres qui brillent.

A deux pas du palais de l'Europe où siègent, une semaine par mois, les députés européens, il n'est pas rare de croiser à sa table les grands de ce monde. Boris Eltsine y fit étape, venu prendre la parole devant l'assemblée et reprendre des forces à côté. Pour Westermann, il faut qu'une matelote de poissons d'eau douce au riesling ait vraiment le goût d'une matelote de poissons d'eau douce au riesling. Mais, si vous imaginez qu'un cuisinier est forcément une rondeur, un faciès rubicond qui drape son embonpoint dans son grand tablier blanc, vous risquez d'être surpris devant la silhouette fluette d'Antoine Westermann et son regard timide, qu'on dirait tout droit sorti d'un film de Bergman.

« Les trois étoiles ? Ça a effectivement changé ma vie. C'est comme si j'avais toujours roulé en 2 CV, et maintenant en Mercedes. Quand on démarre au buffet de la gare, c'est beau... Le spectacle ? Il faut faire rêver les gens, les rendre le plus heureux possible. Ici, c'est l'abondance, le luxe... et tous les jours des poubelles remplies de victuailles dont personne ne profite. De temps en temps, à ma façon, je fais ce que je peux. »

La cuisine ? On a toujours dans chaque catégorie au moins deux-trois plats vraiment locaux. En ce moment, une poulette pattes noires – notre poularde de Bresse – cuite dans une terrine en baeckeofe : on met des pommes de terre, des poireaux, des truffes et du jus de truffe, un petit peu de fond blanc, on selle la terrine et on met ça au four environ une heure. Les parfums se mélangent... Il y a également un carré crépinette de tête et pieds de cochon. L'animal est élevé en liberté, en plein air, nourri au petit lait et aux céréales, par un ingénieur agronome un peu écolo installé dans les Vosges...

Il y a des cuisiniers dont on ne parle ni dans les journaux ni dans les magazines. A côté des grands cuisiniers toqués et étoilés, il y a souvent un second, ou un chef de cuisine, dont le rôle est essentiel, mais sur qui les lauriers ne retombent que rarement. C'est le cas de Valère Diochet, trente-deux ans, qui seconde Antoine Westermann au Buerehiesel. Son patron sait bien qu'une partie de l'éclat des trois étoiles peut légitimement rejaillir sur ceux qui, en cuisine, travaillent à ses côtés. Coiffé comme Tintin, prénommé comme un amoureux de Molière, Valère Diochet, à huit heures du matin, ouvre la maison, fait le tour des réfrigérateurs, relance les maraîchers, récolte, chaque jour en saison, les petits pois frais, goûte avec gourmandise aux fraises parfumées qu'on lui livre et met la main à la pâte pour parer les cuisses de grenouille, tourner les fonds d'artichauts ou montrer, ici et là, le geste exact à un commis ou à un apprenti. Valère a travaillé avec Guy Savoy à Paris, Jacques Maximin à Nice. Avant Strasbourg, il s'est fait ses meilleurs souvenirs dans les cuisines de Bernard

Loiseau à Saulieu. Depuis six ans, en bordure du parc de l'Orangerie, il forme, avec Antoine Westermann, un tandem efficace et joyeux qui donne son rythme à une équipe de dix-sept personnes en cuisine. C'est ici que se prépare le fritot de tête de veau, avec la langue, le riz et un étonnant œuf frit dont le jaune viendra se mêler dans l'assiette à la vinaigrette parfumée. C'est ici que se créent les struderspätzle (des raviolis dont la pâte, à base de farine de froment, emprisonne des oignons) ou la matelote de poissons d'eau douce. Chacune de ses journées est ponctuée par les deux services du déjeuner et du dîner, où les produits soigneusement mis en place seront assemblés et cuisinés à l'instant, pour le plus grand bonheur des clients. Cependant, chaque fois qu'il a quelques jours de vacances, Valère Diochet file aux États-Unis où nul n'est plus apprécié qu'un jeune et talentueux cuisinier «frenchy». C'est peut-être là-bas qu'il s'installera un jour, à moins qu'il ne reste en France pour s'inscrire à son tour dans la course aux étoiles. Comme Hubert Maetz, ancien second de Westermann lui aussi, qui, à l'hostellerie du Rosenmeer de Rosheim, près d'Obernai, récite en solo le répertoire du coq de ferme rôti, du kouglof à la bière...

D'un trois étoiles et d'une Europe l'autre... Strasbourg, comme sa rivale Bruxelles, compte deux maisons distinguées par la plus haute récompense du *Michelin*. Est-ce parce que «l'art de la cuisine est peut-être une des formes les plus utiles de la diplomatie», comme l'écrivait Escoffier ? Outre le Bueheriesel, près de la place Kléber, à deux pas de la cathédrale, il y a le fameux Crocodile dont l'histoire débute au bord du Nil, à l'époque de la campagne d'Égypte de Bonaparte (et de

Kléber). Sous l'enseigne du saurien bicentenaire, Émile Jung, le chef et propriétaire, prépare le sandre et queues d'écrevisses au gâteau de foies blonds, le canard à la presse et sa croustille d'artichauts aux champignons, le parfait glacé à l'alise et pistaches croquantes. « On comprend pourquoi les hommes d'affaires et députés européens aiment l'atmosphère cossue, confortable, élégante sans être guindée comme partout en Alsace (grande fresque villageoise au fond de la salle), de sa célèbre institution strasbourgeoise », lit-on dans le *Gault-Millau 1997* pour qui, malgré une note maintenue à 17, la créativité d'Émile Jung n'a, semble-t-il, jamais fait frémir les envoyés spéciaux. Plus enthousiastes, *Pudlo* et les autres rappellent fort heureusement les « audaces » et le « goût du risque » du patron. N'attendez pas un mandat (même européen) pour aller juger sur pièces – et sur place !

A ces tables prestigieuses de Strasbourg, il faut ajouter les justes renommées du Cerf de Marlenheim et du Cheval blanc de Lembach, celle du grand restaurant de Patrick Fulgraff à Colmar, de Bernard Bégat à Steinbrunn-le-Bas (près de Mulhouse), de la famille Gaertner à Ammerschwirr, ainsi qu'une bonne centaine de winstubs et d'auberges de village.

– E-gter ! (Bon appétit !)

– E-besserer ! (Meilleur encore – pour vous !)

Président international des maîtres cuisiniers de France, deux-étoiles *Michelin* à Colmar, Jean Schillinger, figure emblématique de la gastronomie alsacienne a disparu en décembre 1995 dans l'incendie du restaurant qui portait son nom. La veille de la catastrophe, pour la Saint-Étienne (le 26 décembre est férié en Alsace), on se régalait chez lui de son foie gras à la cuillère, accompagné d'une gelée au pinot noir. Cet homme attachant, aussi célèbre pour son grand cœur que pour ses coups de gueule, était l'artisan du renouveau de la foire gastronomique de Colmar, Festiga. C'est grâce à lui, entre autres, que les étoilés d'Alsace se sont fait connaître au-delà des frontières, en particulier lors des Jeux olympiques de Barcelone. A soixante et un ans, le chef avait passé la main en cuisine à son fils Jean-Yves, dont il disait, avec un sourire, qu'il était fier d'être le second. La mort tragique de Jean Schillinger a mis le deuil à toute la cuisine française.

Le jour de l'incendie dont il est avéré aujourd'hui qu'il était d'origine criminelle, Marc Haeberlin commentait : « Il poussait parfois son coup de gueule, mais c'était un homme attachant et sympathique, que tout le monde adorait. On rigolait encore ensemble la semaine dernière, à Courchevel, au Trophée des champions. Son fils Jean-Yves travaillait avec lui : élève de Robuchon, c'est un très bon cuisinier. Mais du restaurant, il ne reste plus rien, sauf les murs. On l'a su tôt ce matin. Je pense que ça n'a rien à voir avec la cuisine : ils étaient fermés hier soir. A moins que quelqu'un ait oublié un robinet de gaz, mais il y aurait eu une explosion. Ou peut-être un court-circuit... Je ne sais vraiment pas quoi dire. On était tous une bonne bande de copains, du nord au sud de l'Alsace, une grande famille, depuis Mischler à Lembach, tout au nord, jusqu'à Bégat au sud, dans le Sundgau. On avait créé les étoilés d'Alsace (certains sont étoilés, d'autres pas) pour faire des banquets ensemble. On se retrouvait toujours... »

Aujourd'hui, après avoir publié un livre hommage à son père, Jean-Yves Schillinger s'est installé à New York, au Pistou, sur Lexington Avenue, associé à Jean-Jacques

Rachou, son « deuxième père ». Lui aussi pourrait se dire victime du « syndrome des chefs » : « J'ai demandé six millions aux banques pour me relancer. Et elles ont refusé. Les chefs ont actuellement une mauvaise cote auprès des banquiers, et voilà le résultat. Pourtant (après le désastre) le maire de Colmar a été formidable, comme tous mes confrères, mais, lorsque j'ai reçu cette proposition des États-Unis, je n'ai pas hésité. J'ai trente-trois ans, je dois courir ma chance, c'est un formidable défi. »

Dans quelques années, il rejoindra sans doute La Côte Basque, le restaurant français le plus couru de New York, qui sert entre huit cents et mille couverts par jour... Jean-Yves Schillinger est allé grossir une nouvelle « brigade française », dispersée sur tout le territoire, de Washington à Los Angeles, en passant par la côte Est. Mais tous ses membres ne sont pas forcément des La Fayette.

13

Signes extérieurs de richesse

Quelque chose a changé en Champagne. Le grand « vin blond » en spencer noir s'est aisément relevé du passage de quelques mauvais prophètes. Il n'avait jamais vraiment désespéré de la crise. Il attendrait même l'an 2000 avec la sérénité des fournisseurs de feux d'artifice, assuré que la tradition, une fois encore, sera respectée. A moment d'exception, vin exceptionnel... ce qui ne peut être nuancé que par les Champenois eux-mêmes – lesquels font de leur vin un bonheur quotidien. Et si, à ce sujet, il y a malentendu, il vient de loin...

On raconte que le tsar Alexandre, en 1815, choisit la Champagne, les Champs-Catalauniques, plutôt que les Champs-Élysées (d'aucuns y verront la revanche d'Attila...) pour passer en revue ses cent vingt mille hommes (cosaques bouffeurs de bougie compris) qui venaient de participer à la victoire des Alliés contre Napoléon. C'est sans doute pourquoi, à la fin du siècle, avant le rouge octobre, les grands-ducs Romanov, ses descendants, rinçaient encore leurs carrosses et leurs calèches au vin de Champagne. Signe extérieur de richesse... Certes. Les modernes messalines remplissaient, dit-on, leur baignoire des meilleurs millésimes. A la Belle Époque, à Paris, il s'en but des quantités faramineuses et les habitudes se prirent d'accompagner les événements heureux – ou voluptueux – d'au moins un flacon. Du temps des grands-ducs et de leur célèbre « tournée », demeure le premier « décrassage » des sportifs victorieux – quand on les hisse sur les podiums de la renommée médiatique. L'agitation des « cols », le jaillissement des écumes et l'aspersion par les mousses continuent cette tradition barbare de vandalisme et de gaspillage qui passe sans doute pour le comble du savoir-vivre. Heureusement, le nom des marques (de champagne) autorisant pareil gâchis est rarement visible. Et, finalement, bien peu du presque milliard de « cols » en stock (un pour cinq habitants de la planète !) est ainsi livré à cette parodie de la débauche.

Le champagne, signe de la fête, serait naturellement attaché à l'idée aristocratique. Et cela date de ses origines où l'on vit, sous Louis XV, croître sa consommation à proportion de la mise en service des solides bouteilles de verre et de la mode lancée par la marquise de Pompadour (Corrèze). On vit même débuter le conflit entre la coupe et la flûte – conflit non encore résolu et, dans ce sens, comparable à quelque interminable guerre du XXe siècle.

Le perpétuel balancement du breuvage merveilleux entre les turpitudes et les bonheurs de l'existence a fini par trouver un dénominateur commun : le luxe... ou son apparence. Il était donc inévitable que le miroir tendu par l'art du théâtre traverse la constellation des cuisiniers sur le territoire même où se produit la quintessence du paraître.

« Un restaurant, c'est comme un théâtre dont le client serait lui aussi l'acteur. Son rôle doit lui être agréable. A nous de donner avec lui un spectacle total : même s'il fait un temps de chien à l'extérieur, le soleil est alors radieux pour tout le monde pendant deux heures. Et les acteurs, en cuisine comme dans la salle et à table, sont beaucoup moins stressés à la fin de la pièce qu'avant les trois coups... »

Disant cela, Gérard Boyer, en son restaurant des Crayères, reprenait – sans peut-être le savoir vraiment – l'essentiel de ce que nous avions entendu jadis chez le maître des Dombes, Alain Chapel, à l'heure où l'Angélus vespéral sonnait sur Mionnay. Loin des chefs que nous surprenons parfois faisant « leur cinéma », parler ainsi de théâtre dans un décor pertinent vous a belle allure. D'autant que, soir après soir, de toute éternité, la tombée du jour sur les collines de Champagne prête son romantisme à la réflexion.

Le trois-étoiles de Reims n'est pas dupe du privilège qui s'attache à sa position. La maison (un faux et beau château du XVIe construit au XIXe) jouit d'un site unique – chargé d'ors et d'histoire. Le château domine le paysage, le baptistère de Clovis, Reims et Saint-Rémi, et le parc qui l'entoure recouvre une butte crayeuse sous laquelle les galeries s'entrecroisent, chargées, elles, de bouteilles historiques : Pommery, Ruinart, Heidsieck, Clicquot, Henriot... L'aristocratie du champagne sous les pieds, philosopher n'a pas de prix.

« En fait, dit le maître des lieux, Mme Pommery a fait bâtir cette demeure en fonction du coucher du soleil qu'elle adorait contempler – et que les Rémois ne voient jamais car leur ville est logée dans une cuvette. Quand le ciel est dégagé, nous pouvons admirer le soleil descendant derrière l'autre bord. Fi des Rémois ! »

L'agencement de la maison reflète les goûts de l'ancienne propriétaire : salle à manger, petit et grand salon, salon de musique, bibliothèque... et trois fauteuils pour s'abandonner aux rêveries du crépuscule.

« Chez Pommery, le prince Alain de Polignac, chef œnologue, est l'arrière petit-fils de la dame en question. Il n'a pas connu Louise Pommery, mais sa grand-mère, princesse de Polignac, fut la dernière de la famille à habiter en ces lieux. C'est lui qui m'a transmis les anecdotes... Ainsi, la plus grande galerie des caves Pommery passe juste à l'aplomb de la cour. Du temps de "Mme Louise", une galerie partait du château pour aller à ce qu'on appelle, chez Pommery, la première cave. Aujourd'hui, pour des raisons évidentes, tout cela est fermé, tout est muré. »

De vivre en pareille demeure, Gérard Boyer ne se sent pas pour autant l'âme d'un châtelain – comme il l'a dit, il préfère mettre en scène.

« L'attitude de châtelain est typique de certains hôteliers-restaurateurs d'il y a une cinquantaine d'années. Ceux qui ont essayé de perpétuer ces habitudes du XIXe siècle sont en perte de vitesse. Il faut qu'en venant ici les gens se sentent chez eux, qu'ils aient envie de revenir et qu'ils le disent à leurs amis. Nous, nous aimons que ce restaurant ne ressemble pas à un restaurant, que les gens puissent trouver chez nous un raffinement unique, des objets rares. Elyane et moi vivons une passion pour cette maison et nous essayons de donner bonheur, plaisir et détente à nos visiteurs... »

Chez les Boyer, toute l'équipe concourt à cet état d'esprit. « Parce que ce métier est fabuleux, et que la passion lui confère des moments extraordinaires. Sinon, cela peut devenir le bagne. Sur tout le parcours, vous trouvez des gens qui ont au moins passé vingt ans de leur vie, à raison de seize heures par jour, dans un établissement... Werner, mon directeur de salle, est un personnage extraordinaire, un type comme on n'en fait plus ; il a vingt-trois ans de maison. Il est plus Boyer que Boyer ! C'est un passionné, un homme profondément humain. Cela se sent dans tous les rapports avec les autres collaborateurs et les clients. Werner, c'est un "authentique" ! J'ai aussi deux seconds d'une trentaine d'années avec moi, Thierry Voisin et Frédéric Guillan. Ils sont là depuis cinq ou six ans, issus de la promotion interne. Ce sont des jeunes formidables, comme on aimerait en voir beaucoup. Les Crayères sont un peu leur maison. Ils le vivent comme ça et s'impliquent complètement. Aujourd'hui, ils sont mieux que nous étions à leur âge... »

Au premier acte de la pièce qui se joue ici, jour après jour, à raison de deux équipes par jour – une le midi, l'autre le soir – ce qui est rare, l'important est que chacun connaisse bien sa place et sache ce qu'il a à faire. Le metteur en scène a des idées très arrêtées sur la direction d'acteur : « Si vous dites : "Alignement ! Je ne veux voir qu'une seule tête !", vous faites jouer à votre personnel un rôle qui n'est pas le sien. Au contraire, je leur dis : "Soyez vous-même ! C'est le meilleur rôle que vous ayez à jouer ! "... Parce que, si vous faites jouer le même personnage à la même personne pendant trente ans, elle ne saura plus qui elle est exactement. Pour durer, le meilleur rôle à tenir est toujours le sien. Mais il est plus difficile d'exhorter quelqu'un à aller vers les gens que de lui demander de rester raide... D'autant que certains clients plaisantent et que d'autres parlent peu. Pour moi, c'est le début d'une réflexion sur la manière de procéder. »

Deuxième acte, interprété cette fois par Gérard Boyer en solo. La scène se passe devant un parterre de jeunes apprentis, dans une école hôtelière :

« Pourquoi avez-vous choisi ce métier ?

– Parce qu'on aime ça, m'sieur !

– Le contraire m'aurait un peu étonné ! Mais une carrière, c'est trente ans ! A cette échelle, si vous n'avez pas déjà la passion... »

Le cours terminé, le chef sourit – il nous précisera : « Chaque député veut son école hôtelière. Il n'y a jamais eu autant de jeunes dedans... Mais qu'est-ce qu'ils vont faire plus tard ? Quand on me sollicite, avant d'accepter la demande du proviseur, je lui demande son accord pour m'exprimer librement. A ce moment-là, je viens... »

Il a toujours été sain de « décourager les beaux-arts ». Gérard Boyer fait passer un message où il est davantage question de sacrifices que de prestige. De quoi faire réfléchir et freiner les ardeurs des novices. Ses conseils, qui prennent la forme d'aphorismes de bonne sagesse, atteignent parfois au sublime de la maxime : « Si vous appréciez le service en salle, mais si vous n'aimez pas les gens, vous avez du souci à vous faire. Parce que les gens, vous allez en bouffer deux fois par jour pendant trente ans ! Il faut aimer les gens ! Leur faire comprendre que vous êtes content de leur présence, que vous avez envie de les servir, de les rendre heureux... » La recette a fait ses preuves. Il est plus facile de travailler « en rendant les gens heureux qu'en leur faisant la gueule ! » Et d'ajouter : « Je peux parler de choses très personnelles avec des inconnus si je me sens bien. Pourquoi pas ? Notre chance est d'avoir des clients venant de tous les endroits du monde. C'est extraordinaire de se coucher chaque jour moins sot qu'on ne s'est levé ! »

Se coucher... Gérard Boyer ne le fait jamais très tôt: «J'arrive ici à 9 heures et je repars à 1 heure du matin. Parfois je ne fais que tourner. Mais j'aime bien... Je suis ouvert cinq jours et demi sur sept. Je ferme le lundi toute la journée, et mardi, au déjeuner... Même si Elyane va faire quelques courses et me propose de l'accompagner, je ne bouge pas...»

La passion dévorante – c'est bien connu – ne compte pas les efforts qu'elle nécessite. Chez les Boyer, Elyane et Gérard (ou «vice-versa, c'est pareil»), l'intendance de la maison passe souvent au premier plan. Ces passionnés aiment s'entourer d'artisans qui, comme eux, ont de l'élégance dans leur travail et le souci de la perfection du geste. «Les peintres qui sont venus ici refaire les faux marbres sont de véritables aristocrates du métier: cravate sous la veste, le matériel rangé sur une petite toile, des échelles propres... et pas de bières à traîner! Fabuleux! Comme ça ne se voit plus. Il est vrai que certains ont déjà officié pour les grands bijoutiers de la place Vendôme. Ils se respectent et travaillent souvent ensemble. La moquette a été posée comme cela se faisait jadis. Elle est tellement bien cousue, par quelqu'un qui a travaillé pour l'Élysée et la Maison-Blanche, qu'on n'en voit pas les lés.... Pour l'éclairage, ceux qui l'ont installé ont à leur actif celui de la Victoire de Samothrace au Louvre. Ici, parmi les soixante-huit membres du personnel, nous avons un tapissier et notre propre atelier.»

La clientèle est tombée sous le charme de la fameuse demeure. Parisiens, Champenois, Japonais, Américains... font honneur aux Boyer. Même quand ils affirment, croyant lui faire plaisir, que le seul endroit où ils aient «aussi bien mangé» c'était «chez Wrobutchone...» (accent compris). Les maîtres des Crayères s'estiment «très bien placés». Reims, en effet, est un carrefour européen: Paris à 1 h 15, Metz à 1 h 30, Lille à 1 h 45, Bruxelles à 2 heures, Maastricht, Namur et Liège encore plus près, Luxembourg à 1 h 45, Troyes à 1 heure, Boulogne à 2... « Il n'y a guère que Georges Blanc qui soit mieux placé que nous ! Juste à 8 kilomètres de Mâcon... avec une sortie d'autoroute ! Alors que chez Troisgros, par exemple, pour y aller, il faut bien noter ! » Sans parler, n'est-ce pas, de Loiseau en Morvan ou de Bras en Aubrac...

Côté résultats, Gérard Boyer tire pleinement profit de sa situation géographique et, bien évidemment, des richesses du terroir.

« La grande facilité serait de penser que, tiens ! justement ! mais c'est bien sûr ! on prend du champagne et on fait une sauce au champagne... et puis voilà ! c'est fini ! En fait, je pense que le champagne, on peut l'utiliser pour un plat ou deux, pas plus. Ce qui est intéressant, au contraire, quand on a la chance d'être cuisinier dans une région de vins, c'est plutôt d'adapter sa cuisine au vin. D'abord, parce que le vin existe, qu'il est typé, qu'on ne peut pas le changer... tandis que les cuisines, à l'inverse, peuvent changer. C'est un peu comme un peintre qui change de région. S'il a travaillé en Bretagne et qu'il va s'installer dans le Lubéron, il découvre forcément une autre lumière et il modifie sa palette. Être cuisinier en Champagne ou en Bourgogne n'est pas tout à fait pareil. C'est pourquoi, quand on a comme moi le respect des produits – et du champagne en l'occurrence, un vin tout en finesse et légèreté, un vin d'une grande élégance –, il me revient de faire une cuisine qui n'écrase pas les qualités du vin dont j'ai la disposition... »

Les goûts fondamentaux du champagne sont ceux des trois cépages qui font les vins qui font les bulles : le pinot noir et le pinot « meunier », pour le blanc de noirs, le chardonnay pour le blanc de blancs. « C'est par l'assemblage de ces arômes qu'on obtient le menu de la maison », commente Gérard Boyer. Une autre trilogie impose le respect : le terroir, le vigneron et le vinificateur. Les assemblages, de vins et de cuvées cette fois, apportent d'innombrables variations à ces fuseaux primitifs. Tout dépend du propriétaire, du récoltant, de l'œnologue, du négociant... bref, de celui qui fixe, dégustation après dégustation, cuvée après cuvée, la typicité. C'est dire que la palette des harmonies est quasiment infinie.

Pour Gérard Boyer, le charme des vins de Champagne ne peut tenir qu'à la complexité des variations possibles : « Prenez en Bourgogne, par exemple, des vins comme les chassagnes. Il y a une quantité de producteurs qui travaillent tous sur la même matière. Pourtant, au final, derrière chaque vin on retrouve l'esprit de l'individu qui a vinifié, sa sincérité. Chaque maison a normalement sa typicité... Le danger serait, en Champagne, que tous les moûts aient le goût Pommery... et vice-versa. Que l'on fasse un vin "marketing" en cherchant à obtenir uniquement ce que les gens aiment, ou qu'on dit qu'ils aiment. » Gérard Boyer sait que l'air du temps accomplit son œuvre et que l'on va du produit de luxe vers un produit standardisé. Avec, en bout de chaîne, les grandes surfaces : « 60 % des ventes de "liquide" se font là... C'est une forme de distribution qui est devenue obligatoire. »

Quelque chose a changé en Champagne. Avant (jadis et naguère), le négoce et la plus grande partie du vignoble appartenaient à des propriétaires de domaine en place depuis cent ou cent cinquante ans. Autant dire depuis les origines. Ou tout au moins depuis le rachat des biens des abbayes et des propriétés d'Ancien Régime. Aujourd'hui, le fonds et les décisions appartiennent à des groupes financiers. Leurs motivations ne sont pas les mêmes. Gérard Boyer analyse bien le problème : « Tel directeur général – sûrement brillant par ailleurs – vient là pour sa carrière et se préparer à entrer dans un autre groupe, preuves faites. Il a des obligations de résultats... Autrefois, les propriétaires en Champagne savaient attendre, savaient qu'il y a de bonnes et de moins bonnes années... »

Aux Crayères, on cultive l'authenticité. L'ancienne demeure de Louise Pommery se dresse comme un rempart contre le détournement des produits et les déformations du goût – contre les censeurs d'un certain « bien boire et bien manger » également. « Il faut se méfier du terrorisme intellectuel ! Le journaliste peut former ou déformer son lecteur. Si un client m'arrive fort de ses lectures et d'un goût préfabriqué, il a tout faux... S'y connaître n'est pas le plus important. Il m'arrive souvent d'expliquer, à ceux de mes clients qui croient devoir s'excuser de leur ignorance, qu'ils en savent plus qu'ils l'imaginent : “Mais si ! Mais si ! Vous connaissez... Regardez ce brut, sa couleur... Est-il rouge ? Est-il blanc ? Bon ! Prenez maintenant le verre... Sentez ! Aimez-vous les arômes ? Si ça vous plaît, c'est formidable ! Goûtez ! Si ça vous plaît encore, c'est bon : vous êtes connaisseur ! Vous avez eu votre émotion... Ne vous occupez pas du reste !” » Quant aux gens dont c'est le métier d'écrire sur le vin, qu'expriment-ils si ce n'est leur goût personnel ? On ne peut pas exprimer autre chose. Si vous n'êtes pas d'accord avec des spécialistes, vous n'en êtes pas pour autant anormal ! » Pareille philippique ne va jamais sans être suivie de culpabilité. Gérard Boyer sait aussi battre sa coulpe au nom « des restaurateurs... et-de-nos-amis-les-journalistes-qui-nous-ont-beaucoup-aidés » :

«Nous nous sommes un peu trompés sur le sens de notre communication, trop élitiste. Elle a fait peur à toute une catégorie de gens qui n'ont plus osé venir chez nous même quand ils en avaient les moyens. Peut-être que cela nous plaisait, au fond, d'entendre Gault, Millau, *Michelin* et les autres dire que Boyer était le plus grand, le plus beau et de se voir en photo... Le problème est d'y avoir cru ! Ceux qui croient trop fort à ce genre de choses finissent par avoir mal à la tête. Nous, nous n'avons pas vu venir ce danger car, en plus, la conjoncture était favorable... Si, au contraire, nous avions écrit : "Boyer est certes un grand chef mais vous allez voir qu'il a aussi des connaissances et qu'il va vous en faire profiter. Vous rencontrerez aussi son sommelier, son maître d'hôtel... Toute une équipe qui n'a qu'un seul but : vous faire passer une très bonne soirée..." là, nous aurions d'autres clients chez nous. Finalement, qu'ont-ils fait ces gens-là ? Ils sont allés chez les Italiens !»

Pour le jeune Boyer, tout commença il y a bientôt quarante ans... «On ne parlait pas du tout de cuisine comme on en parle maintenant... Mon père a ouvert un restaurant en 1961 ; je l'ai rejoint en 1963... En 1964-1965, en lisant *Paris-Match*, je vois, sur une double page, un mec devant son verre. Il avait le même costume que moi. J'ai trouvé ça extraordinaire ! C'était une promesse d'échappée sur l'avenir.»

Son sang ne fait qu'un tour. L'audace à la bouche – il ne connaît pas encore Paul Bocuse mais n'a pas peur du téléphone – quelques tours de combiné plus loin, le voici qui s'explique avec l'ogre de Collonges :

«Je ne suis qu'un "petit", vous êtes déjà un "grand". Je voudrais vous rencontrer...

– D'accord, je t'attends...»

Chaussant les bottes de sept-lieues, sa bouchée de fromage en réserve comme dans le conte de Grimm, le « petit » bonhomme s'en fut en Lyonnais. Il se souviendra toute sa vie de ce que le géant lui dit : « Petit ! Faire la cuisine, c'est facile. Tout le monde peut faire la cuisine, la femme du garde-chasse, la femme du chef de gare ! Mais un cuisinier, il faut en plus qu'il le fasse savoir !... »

C'est de cette rencontre que date l'amitié entre deux hommes qu'apparemment tout pourrait séparer. Comme ces Flâneries musicales qui, l'été, attirent un public éclairé sur les hauteurs des Crayères. Le violoncelle, assurément, n'a pas été inventé en bord de Saône. On y préfère, à l'évidence, le piano, même mécanique... Si la cuisine relevant du beaujolais a son charme, ce n'est pas celle du palais de Dame Pommery.

Les Crayères sont devenues « l'ambassade culinaire des vins de Champagne » par la grâce de Franck Riboud, président-directeur général de Danone (ex-BSN), propriétaire de Pommery et de bien d'autres grands noms, secteur « soif » du quatrième groupe agroalimentaire mondial (après les américains Kellogg's et Coca Cola, et le suisse Nestlé). Comme le Prince, jadis, encourageait Giotto ou Jean (et même Patrick) Sébastien, Danone a favorisé l'installation du grand chef sur les pavements et les parquets de la demeure rémoise des Polignac. La vocation de Gérard Boyer étant de révéler ce que la haute cuisine recèle de créativité, son associé lui a ouvert les plus vastes horizons. C'est ainsi que le trois-étoiles (depuis 1986, en d'autres lieux) s'est installé dans un décor « à la Offenbach » qui accueille une clientèle planétaire, à la mesure de l'importance de l'enjeu.

Pour lui servir quoi ? Une cuisine inspirée, « sans attache atavique à la terre champenoise », précise Michel

Piot, l'un des (désormais) vieux papes de la critique (voir chapitre 6). Ce qui se traduit, comme en octobre 1996, par une soupe de moules à l'orange, un filet de saint-pierre à la crème de chou-fleur, légumes au jus acidulé, cromesquis à l'ail, créations destinées à entrer en harmonie avec le nouveau brut Apanage (60 % pinots noirs et 40 % chardonnay) de Pommery... Ce qui n'interdit pas de penser au désormais mythique saumon « à la minute » : « un saumon épais, cuit et chaud, servi avec quelques petites pommes de terre en robe des champs, avec une crème de caviar et une salade au cumin très rafraîchissante. Un bon mariage avec le champagne. » Gérard Boyer, c'est aussi le capuccino de cèpes, le filet de bar escorté de légumes à la coriandre et au citron confit (au thym), les rognons de veau relevés au xérès et flanqués d'un flan au foie gras, la poularde demi-deuil comme en Bourgogne, des envolées comme l'authentique truffe noire au chocolat amer, la glace au miel... « Notre plus grand intérêt consiste à faire un menu qui s'accorde totalement avec le vin de Champagne. De l'apéritif jusqu'au dessert, pour le dîner des amoureux, le dîner de fête, le repas d'anniversaire, les retrouvailles... Des figures imposées mais réussies... c'est extraordinaire ! »

Selon la saison, Gérard Boyer n'hésite pas devant l'allusion à la Bretagne, avec le homard émincé sur (allusion à la Provence) une concassée de tomates au caviar d'aubergine et à l'huile vierge au fenouil, ou l'allusion à l'Italie, avec des picatas de veau au jambon de Parme accompagnées de « frites » de polenta au jus de truffe... Le chef des Crayères penche pour les épices, l'accent du Sud, sans pour autant tomber dans les travers : « Nous devons manier les épices avec parcimonie et à bon escient car nous devons rester français. Il ne faut pas dénaturer notre cuisine au point d'en faire une cuisine orientale ou autre... Mais on peut flirter avec. L'important est de préserver le goût de l'élément principal, qu'il soit agneau ou poisson... Et ne pas arriver au point de consommer une décoction d'herbes ou d'épices. Les épices, on doit juste les deviner, les sentir à peine. C'est un exercice de style qui, réussi, peut être extraordinaire ! »

Quand il fait chaud, et que le Sud remonte jusqu'à « la limite septentrionale de culture de la vigne », comme on disait au temps de Schraeder et Gallouédec, Gérard Boyer change un peu sa palette. Alors, l'apéritif sera un blanc de blancs, bien vif pour rafraîchir et préparer les papilles. On pourra commencer, quand ils sont « pleins et goûteux », avec une salade de homard breton. On pourra suivre avec quelques petits légumes, haricots verts, une huile d'olive douce et tendre... et puis des raviolis de homard et de ris de veau. On enchaînera avec un très beau poisson, un bar, grillé seulement d'un côté, servi avec une jardinière de légumes de Provence, courgettes, aubergines, tomates, poivrons, cuisinés à la coriandre, « un peu façon tajine ». Après le blanc de blancs, il faut un champagne plus corsé, un champagne de table : « Là, je choisirais une bouteille dans le style des Roederer, des Bollinger... avec une typicité plus vineuse. On peut aller jusqu'à un millésimé avec plus de fonds, plus rassis, une bonne assise... »

Voulez-vous continuer ? Faites-le avec un grenadin de veau, un filet juste poêlé, servi avec quelques girolles – les premières – avec une touche de persil (« ça exalte bien le goût des girolles ») et puis le jus du veau, « tout simple... »

Ici, faire une concession au pauillac – « le bordeaux préféré d'Elyane ».

Ah ! Les beaux jours !

14

La colline inspirée de Marc Meneau

Lorsque Marc Meneau se réveille, il commence par écouter de la musique : la *Symphonie pastorale*, quand il a envie d'être gai, de donner des coups de cymbales, ou, s'il est d'humeur plus grave, le grand répertoire pour violoncelle, dans les enregistrements de Mstislav Rostropovitch, un fidèle client et ami. Ces premiers moments lui donnent le tempo et la mesure de sa journée de cuisinier mélomane – une longue journée qui ne se terminera que lorsque les derniers convives auront quitté, comblés, la salle de son restaurant trois fois étoilé, L'Espérance, au pied de la colline éternelle de Vézelay.

Marc Meneau est un autodidacte. Il est né, il n'y a guère plus d'un demi-siècle, à Saint-Père-sous-Vézelay où son père était bourrelier. Sa mère tenait le café-épicerie, qui s'appelait déjà L'Espérance. Bien sûr, on ne retrouve pas ses plats à la carte de son grand fils. Mais il a sûrement reçu d'elle le goût des produits simples et vrais, comme beaucoup de cuisiniers élevés très près des fourneaux.

A l'Espérance, vous aurez peut-être la chance de déguster des cromesquis à la Villeroy. Si c'est le cas, attention ! Mettez bien chaque cromesqui tout entier dans la bouche, et faites-le exploser entre la langue et le palais. Sous la panure croustillante, le savant appareil à base de réduction de porto, de foie gras et de miettes de truffes inondera vos papilles, qui s'en trouveront tout émoustillées. Sur le même principe, Marc Meneau explique, avec son inimitable et délicieux bégaiement, comment il réussit à confectionner du beurre à la broche, pour accompagner par exemple des asperges.

Peut-être vous laisserez-vous tenter par son incroyable crème de homard en chaud-froid, ses galets de pomme de terre au caviar, son turbotin rôti à la moelle, que vous ferez suivre d'un classique canard à la presse, présenté en trois services, ou encore par le filet de veau au caramel amer.

Gardez une petite place pour les desserts et, avec eux, n'oubliez pas de demander un peu de glace à la réglisse : vous retrouverez le parfum des confiseries de votre enfance.

Pour ceux que dérange l'idée de dépenser une somme inavouable à table, Marc Meneau et sa femme Françoise ont inauguré, en face de l'Espérance, le Pré des Marguerites. On y sert, dans un cadre champêtre et à des prix modérés, des menus « promenade » ou « pèlerin » : le gâteau de tête de cochon y voisine avec la truite saumonée à l'oseille, le canard au sang avec la tarte à la semoule caramélisée. Le cuisinier, comme le comédien, a besoin de tous ses publics pour faire le plein, surtout en temps de crise. C'est pourquoi il s'efforce de donner le meilleur, côté cour ou côté jardin.

« Je suis un tyran, oui... Une cuisine ne marche que comme cela. Il ne peut pas y avoir deux têtes. Je ne laisse personne exécuter une recette nouvelle. Le travail se nourrit de plaisanteries et de coups de gueule, de moments forts, toniques, et de calme. » La tyrannie de Marc Meneau s'exerce par devoir. Celui de traquer, dans la forêt des compliments, la note dissonante, que cinquante bravos ne sauraient effacer et qui suffit à ruiner un service. En bon gestionnaire d'entreprise, le chef fait amende honorable. Mais après, c'est la tempête...

Même si le client a tort, il y a toujours une part de vérité dans sa remarque. S'il a raison, le « tyran » sort alors de son bureau et va régler le problème. Parce qu'il n'a pas assez surveillé, parce que l'homme est faillible, ou parce que le client a décelé une vraie carence. La critique prend autant d'aspects qu'il y a de têtes à table. Le chef a appris à les deviner en un tour de salle. « Certains vont être froids et distants, ne rien dire quand on passe devant eux – une lettre viendra, quinze jours après. D'autres annoncent d'entrée de jeu qu'ils ont le sens critique... Nous les "lissons". D'autres encore expliquent que c'est très bien, harmonieux, puis, avec précaution, qu'un plat leur a moins plu, qu'ils ne l'auraient pas interprété de cette manière. Nous y faisons attention, ils apportent leur pierre à l'édifice. »

Marc Meneau n'a, d'abord, que rarement quitté Saint-Père-sous-Vézelay. Les voyages sont venus plus tard, avec la gloire : à New York il a longtemps parrainé un restaurant français, à Los Angeles, on lui a confié le prestigieux dîner qui suivait la remise des Oscars de 1992. Toutefois, les grandes dates de sa biographie sont bourguignonnes. Son service militaire, par exemple, il l'a fait au mess des officiers de Joigny, et c'est au détour d'une permission, au Cheval Blanc de Leugny, qu'il a rencontré sa femme, Françoise. Le premier de ses maîtres, Alex Humbert, le grand cuisinier de Maxim's, vivait retiré aux environs de Cluny quand il l'a connu. Marc Meneau compte aussi parmi ses maîtres, outre André Guillot, M. Ménard, « un cuisinier bourgeois, qui avait fait le tour du monde culinaire, et avait acquis une science impressionnante des épices. Il était à lui seul une histoire culinaire vivante ».

Depuis les crêpes et les terrines qu'il servait à la fin des années 60, son acharnement et sa curiosité ont nourri sa cuisine, forgé ses principes : « Tout se conjugue : la vue, le souvenir, les lectures et le savoir-faire. Si je découvre dans un ouvrage que les pêcheurs cuisent le bar dans le sel, je vais suivre l'idée, l'interpréter à ma façon en y ajoutant des connaissances acquises depuis vingt-cinq ans. Mes recettes, je les construis sur le papier, jamais de façon intuitive. J'y introduis les règles que je me suis imposées. Ainsi j'associe des produits qui poussent au-dessous et au-dessus du niveau de la terre. Je ferai rarement mon poisson aux navets, plutôt aux épinards, au riz. Par contre j'aurai un canard aux navets. J'aime associer des produits opposés, ou ce qui pousse sur un même territoire. Quand je propose des crêpes de foie gras maïs, c'est parce que le foie gras a été constitué par l'apport de maïs au canard. D'avoir servi l'un à l'autre leur confère cette complémentarité. Ce sont mes théorèmes de cuisine. En les appliquant, je sais que je limite les risques de me tromper.

Parfois Marc Meneau se laisse gagner par l'angoisse, celle d'une émotion culinaire qu'il ne peut partager. « Je travaillais sur un tartare de volailles avec une sauce au sang. Je voulais reproduire des images sanguines, un peu comme Dali, mais je ne suis jamais parvenu à mettre ce plat d'aplomb. Présenté à plusieurs reprises, modifié, il n'a pas convaincu. Je l'ai déjà abandonné quatre ou cinq fois... Certains plats, à mon goût, n'ont pas rencontré l'adhésion. Mais je suis sectaire ! »

En perpétuel renouvellement, le style Meneau évolue dans un répertoire éclectique. Au gré des « périodes » – paysanne ou bourgeoise, pomme ou chou-fleur – les palais les plus exigeants ont succombé. Le « paysan » s'incarne dans la tête de cochon à la broche avec sa galette de pommes de terre au boudin noir. Le « bourgeois » ressuscite dans une superbe poularde pochée. Et le « créateur » n'est jamais loin, comme en témoignent ses huîtres à la gelée d'eau de mer.

« Qu'est-ce qu'un paysan de Saint-Père aimerait manger comme huître ? J'ai tout décomposé. Pour lui, une huître est crue – pas question de la faire cuire – et se mange sur un plateau avec de la glace. Quand il monte à Paris, une ou deux fois dans sa vie, il les voit ainsi. Donc j'ai mélangé mon huître avec de l'échalote cuite au vin blanc, puis un peu de crème, des herbes... Je l'ai relevée d'un coup de poivre, d'une feuille de cresson. L'eau de mer, j'en ai fait une sauce blanche, nappée sur le tout et... c'était laid ! Exit la crème donc, car il fallait que mon eau de mer reste transparente. De là l'idée de la gélatine d'algues... Ce plat de mer "prend" les papilles de plein fouet, car, dans une coquille d'huître, j'en mets deux, celle hachée et celle entière, et toujours l'eau de mer. »

Mais le plat reçoit un accueil plutôt mitigé. « Cette gelée, c'est bizarre », surprend-on, chuchoté, dans la salle. Le doute s'instaure. Le maître est prêt à retirer son œuvre... Un séjour à Deauville emporte sa conviction. « Là, j'ai eu l'écho du plat. J'étais sûr de moi, convaincu que ce goût est bien dans la nature. Je l'ai alors imposé... ça a marché. L'orgueil des cuisiniers – déjà important ! – s'accroît d'autant plus qu'ils se savent pères d'une recette qu'un autre va imiter. Le consommé de caviar fut certainement mon premier plat fort, d'ailleurs très copié par la suite. Je le sers avec une crème fouettée assaisonnée de caviar. J'aime utiliser le caviar comme condiment. On met une cuillère de crème sur le consommé bouillant : ça fond un peu et, en le dégustant, on a le chaud et le froid du cappuccino.

A plat d'exception, produit d'exception. En plein cœur du Morvan, la quête n'est pas aisée et le chef se tient en embuscade.

« Nous sommes impitoyables envers nos fournisseurs. On les rappelle deux fois entre la commande et la livraison pour s'assurer que le produit est au-dessus de la moyenne. Nous cherchons à établir une collaboration durable. Des tomates de jardin, trois fois fabuleuses, seront passées ou pas assez mûres à la quatrième livraison. Mais je ne peux renier le fournisseur pour autant. »

En cas de défaillance, son fax alimente en retour le fournisseur. « Attention, attendons réponse de votre part ; les truffes blanches étaient moins belles. Pouvez-vous nous dire pourquoi ? » Et si la missive reste lettre morte, les problèmes surgissent. « Le choix est simple : avoir un produit, qui parfois n'est pas comme je le souhaiterais... ou ne pas en avoir ! Manquer de truffes blanches n'est pas dommageable. Par contre, si je n'ai pas de turbot, ou si celui que je reçois le samedi matin n'est pas parfait, je n'ai pas de solution de rechange. L'approvisionnement est un souci quotidien. Si je suis planté, j'arrête tout, je change... et je gueule ! Là, c'est le scandale, parfois disproportionné par rapport à l'incident, mais je le répète sans cesse au fournisseur : "Le juge, nous l'avons chez nous ; vous, vous l'avez au loin". »

Les histoires de « juges » ne manquent pas à l'Espérance. Pour le meilleur : la troisième étoile *Michelin* obtenue en 1983. Pour le pire : la remontrance infligée par le *GaultMillau 1996*. Quand un « juge » est dans la place, le chef met tout en œuvre pour le soigner, c'est-à-dire éviter le grain de sable qui, lui, ne prévient jamais. Marc Meneau se souvient ainsi de la venue de Christian Millau, pour un week-end de 14 juillet : « Le premier soir se passe très bien ; le deuxième, je verrouille tout et je lui fais choisir son menu au préalable. Patatras !... Un gars s'électrocute en cuisine. Panne de courant ! Ça a sauté on ne sait où... Une heure à chercher, et, en cuisine, la bougie pour servir Christian Millau... plus les quatre-vingt-dix couverts à côté ! Je crois que le rôle des journalistes n'est pas d'épier un jour de travail, mais de juger la valeur de la cuisine. C'est peut-être pour cela que nous avons des analyses divergentes. Jean Delaveyne, par exemple, était estimé des cuisiniers. Peut-être n'arrivait-il pas à mettre en valeur ses talents, mais pour nous, ça reste un modèle. »

A ceux qui limitent l'excellence culinaire à la vingtaine de trois-étoiles de l'Hexagone, Marc Meneau préfère un cercle de la haute gastronomie élargi à une centaine de méritants. « Le talent n'est pas dans ce que l'on montre mais dans ce que l'on est capable de faire. Un cuisinier doit pouvoir donner gratuitement. C'est pourquoi je ne suis plus ami avec certains. Moi, j'ai deux rêves. D'abord montrer du doigt ceux qui cuisinent mal et ne pas récompenser ceux qui cuisinent bien. Puis cuisiner gratuitement, sans être contraint d'aligner les chiffres. Je peux faire des délices d'un merlan ou d'un plat de homard. Le prix devrait être nivelé... Et, si tous les produits coûtaient le même prix, il n'y aurait alors plus de valorisation par ce dernier. »

A défaut de pouvoir caresser ces rêves humanistes, Marc Meneau dresse le tableau des nouvelles mœurs culinaires : « On a appris aux gens que la cuisine, ses raffinements, appartenaient aux beaux-arts et se payaient au moins mille francs. Au zénith de la "nouvelle cuisine", il y eut les fameux carrés d'agneau au kiwi, un extrême, alors que le carré d'agneau... aux navets est fabuleux. Aujourd'hui, le message change : la grande cuisine, c'est des moments de fête et non du quotidien. La moindre coupe de pétanque ou le concours de pêche ont leur magnum et la mousse projetée en prime... La vulgarisation des produits est allée trop loin. Le champagne est un vin de fête. Il faut le garder comme tel. Pareil pour le homard, le chapon, la truffe... Quand on aura remis les produits dans leurs cycles, la cuisine coûtera moins cher. »

Nonobstant, pour ceux qui s'arrêtent à l'Espérance, c'est chaque jour la fête, celle des saveurs et du terroir retrouvés. Une clientèle que Marc Meneau a disséquée minutieusement. Un exercice statistique indispensable pour le chef d'entreprise. Sa clientèle se divise en tiers égaux : le premier est fait d'étrangers, parmi lesquels 16 % d'Américains, 6 % d'Anglais, 7 % d'Allemands. La plupart choisissent Saint-Père pour l'art culinaire et l'intérêt artistique des monuments de Vézelay et de l'Avalonnais, pour la proximité de Paris aussi. « Notre sort est lié au développement touristique de la Bourgogne », explique le chef. Le deuxième tiers est composé d'une clientèle locale, fidèle depuis les débuts et présente, même quand l'activité se ralentit. A Saint-Père, Marc Meneau reconnaît beaucoup lui devoir. Enfin, le dernier segment de clients est lié aux « transhumances », vers la Côte d'Azur, les Alpes, le Sud... une clientèle de samedi et dimanche, de vacances.

« La clientèle étrangère vient d'avril à mi-novembre, grossie en juillet-août par un afflux de touristes français. En mai, nous célébrons les fêtes de famille, les communions, les anniversaires de mariage locaux. En juin, il y a un afflux de clientèle étrangère. L'avantage de nos maisons, c'est de pallier par leur réputation aux périodes calmes. Ainsi, en novembre, nous avons beaucoup de Brésiliens. Après la vente de vins des Hospices (de Beaune) et le Thanksgiving Day, nous aurons 50% d'étrangers en moins. Par contre, de septembre à novembre, les dimanches et lundis soirs seront à 60% américains. Cela correspond aux avions de New York et de Los Angeles. S'ils arrivent trois cents à Paris, ils sont deux cent cinquante en Bourgogne vingt-quatre heures après. On risque d'en avoir 10% qui veulent venir festoyer. C'est précis ! Pour les fidèles du cru, depuis 1977, nous avons créé un club. Nous développons les relations avec les clients de la région, qui bénéficient de tarifs spéciaux toute l'année. Cela crée une dynamique autour de l'entreprise, le personnel y participe. »

Outre les charges incombant à un trois-étoiles *Michelin*, Marc Meneau enfile parfois d'autres habits : ceux de cuisinier « de l'extrême », en collaboration avec le spationaute Patrick Baudry, ceux de vigneron attaché au renouveau du vin de Vézelay, ceux d'hôtelier aussi, qui sème les chambres dans Saint-Père, au-dessus de ses restaurants, à la maison du village ainsi que dans un luxueux moulin.

« Je me lève à 7 h 30 en musique. Lors du déjeuner, avec Françoise, on se donne le timing du jour, de la semaine, les recettes... Je descends vers 9 h 15. Sur mon bureau m'attendent les résultats de la veille et deux chiffres importants : l'objectif du jour et le cumul annuel. C'est mon audimat ! Premier tour pour le bonjour aux cuisines, la prise en main et le déroulement de la journée. Je reste en cuisine jusqu'à 10 h 30 puis je dépouille mon courrier et je traite les urgences. Pendant que les gens se mettent à table, je fais le tour des postes extérieurs. Je m'occupe essentiellement des cuisiniers, des hommes d'entretien, du jardinage et du courrier culinaire, pas du courrier d'affaires. A midi moins cinq, je me mets à table. Souvent, je m'installe aussi à la table des cuisiniers ou des serveurs, pour parler de vin, de politique... Quatre fois par semaine, je passe un quart d'heure avec l'un ou l'autre... Midi donc, je mange en 7 à 10 minutes ce que le personnel prend : des carottes avec un bœuf mode, des côtes de porc avec des betteraves rouges, fromage toujours, pas de dessert, un décaféiné. Mais, si le timing est décalé, si j'ai été sollicité, je mange en plusieurs fois, debout. Le repas n'est pas primordial, ce qui l'est, c'est l'instant où je m'assois. Il peut y avoir quatre-vingt-dix couverts, je m'arrête pour manger. Je ne peux pas faire autrement, j'en serais malheureux !

Les premiers clients arrivent. Les gâteaux et apéritifs, les sauces, la mise en place de l'équipe, tout est vérifié. Je vais "sentir" la salle et recueillir les impressions du maître d'hôtel. Là, je deviens restaurateur. Les circonstances – repas d'anniversaire, noce, enterrement... – influent sur la cuisine. Nos bons de commande sont toujours annotés de signes : barres parallèles ou horizontales, croix. Je me tiens soit à la douane – au passage des plats – soit, si l'activité le nécessite, à un poste de cuisine pendant dix minutes. Je travaille alors avec un gars. Ne serait-ce que pour me vider la tête. C'est l'endroit où je me sens le mieux... »

Marc Meneau ne compte pas moins sur une solide brigade pour l'épauler. Son second, chargé de vérifier la bonne exécution des recettes, surveille, traque une éventuelle dégradation. Six chefs de partie – et deux à trois commis par partie – complètent la brigade. « Jusqu'à maintenant, je n'ai jamais gardé un collaborateur plus de trois ou quatre ans. Après, je le “vire” ! Je vais peut-être changer. Je n’ai pas envie de laisser partir mon second. On a mis un an à s’entendre ! »

A mi-journée, lorsque Marc Meneau est en cuisine, c’est l’occasion de vérifier, de tempérer l’irrégularité des produits avec les chefs de partie. Puis, nouveau passage en salle et retour aux fourneaux pour le « grand ménage ».

« Mon poste de cuisine s’achève vers 14 h 30. Je m’occupe alors des clients jusqu’à leur départ, sans me contenter d’un “Bonjour, comment ça s’est passé ?”, ni d’emmagasiner les compliments dans la grande poche de droite, les critiques, dans la petite de gauche ! Entre 16 h 30 et 17 h 30-18 h, je traite les décisions importantes. Je vois mes collaborateurs de la comptabilité. Ils m’informent de la vie de l’entreprise : maladie, courrier, chiffres... Sinon, je m’accorde de la détente. Je file en 4 × 4 voir les gars aux vignes. »

Et là, le chef redevient Marc Meneau, né et élevé à Saint-Père, qui retrouve ceux avec qui il a grandi. « C’est mon jardin secret, je m’y refais une santé avant de remonter vers 18 h 30-18 h 45. Là, je dors 15 à 20 minutes sur commande, avant de me mettre à table en prenant cette fois plus de temps. A 19 h 40-45, je reprends le cycle du midi... »

Ces cadences parfois infernales n’altèrent pas une certaine philosophie de vie. « Notre évolution n’a jamais été programmée. Quand la première étoile nous est tombée dessus, on ne s’y attendait pas. A la deuxième, j’étais malade et Françoise tenait un restaurant à cinquante kilomètres de là... On a vendu tout de suite pour se consacrer à l’Espérance. Si nous avions fait une étude de marché lors de notre installation à Saint-Père, le banquier m'aurait dit non. La première ville d'importance est à cinquante kilomètres, le centre de la région à cent kilomètres. Donc, c'est une affaire théoriquement invendable, voire ingérable... sauf avec toute la passion d'un couple, d'une équipe.

Je me considère comme un autodidacte de la cuisine, de l'entreprise, des vignes, du golf. Notre vie s'est organisée de la sorte : apprendre au fur et à mesure ce qui nous passionnait. Prendre la vie comme elle arrive, ses jours gris comme ses jours ensoleillés... »

Marc Meneau apprécie ainsi les amitiés que le cercle des grands cuisiniers a su préserver, même si elles se font plus discrètes, ou plus tapageuses, comme lors de la « guerre du terroir et des épices », à l'occasion de laquelle le chef, démissionnaire de la chambre syndicale de la haute cuisine à l'instar d'une vingtaine de ses pairs, déclarait : « Nous avons choisi la liberté contre ceux qui choisissent le fric... ou le pouvoir. Si on a envie d'essayer le vin rouge avec les huîtres, de quel droit l'interdirait-on ? »

Parfois, sous forme de canular, Marc Meneau invente des plats inédits, au risque de perdre ou de perturber ses fidèles. « Vendre une arête de sole ! Je désosse une sole à la Colbert, je prends mon arête pour la mettre dans la friture, j'en fais un fumet. A l'intérieur de la sole, à la place de l'arête, un beurre à la Colbert, au-dessus, l'arête frite en travers. Pouvoir dire : “mangez l'arête !”... Une véritable jouissance : le truc est là, tellement simple, qui va faire saliver les autres de jalousie. »

Et derrière le tour, l'art de suivre le principe d'économie. « Tout utiliser : c'est le rêve du cuisinier. Autrefois, dans les maisons bourgeoises, on faisait cinq plats à partir d'une salade. Le cœur pour vendre, les deuxièmes feuilles pour la garniture, celles un peu abîmées pour nos repas, les côtes et les trognons pour faire la grecque en apéritif. De même pour un homard : d'abord la chair, puis les pinces dans un autre plat, la carcasse pour faire une sauce, enfin un beurre... J'ai horreur de la cuisine à plat, prédécoupée, prémâchée ! Ça ne me correspond pas. J'aime mastiquer, retrouver la forme du produit. Aujourd'hui le cuisinier peut intervenir sur le goût, mais de façon homéopathique afin de ne pas bouleverser du jour au lendemain les façons de se nourrir... »

La subjectivité cède parfois la place au jugement de l'expérience. « Un jour, un client âgé goûte un rognon puis le refuse. Il explique à Françoise : “Ce n'est pas Marc qui a cuisiné ça ! Renvoyez-le, ce n'est pas bon !” A une table de huit ! Le plat revient en cuisine. J'étais au poisson ce jour-là. Je lui refais un rognon, la réduction, la sauce... Quand il arrive sur la table, le client dit : “C'est bien un plat de Marc Meneau !” Certains clients savent faire la différence. La sauce du premier rognon n'était pas parfaite, c'était vrai. Mais d'entendre : “Ça, c'est bien un plat de Marc Meneau”, cela me fait plaisir ! »

15

Alain Senderens ou les coups de blues d'un ex-prophète des années « nouvelle cuisine »

Il y a plus de dix ans, un manifeste secouait les fourneaux de l'univers et déstabilisait les beaux-arts. Semblable au Tzara qui, dans un bistrot de Zurich, avait lancé Dada, précurseur d'un autre XXe siècle, Alain Senderens annonçait les temps nouveaux en théoricien des sens : « A chaque époque, des formes d'art sont à leur apogée, d'autres à leur déclin, proclamait-il dans *Le Monde* du 15 novembre 1986. Je ne dis pas ça parce que je suis cuisinier, mais je crois sincèrement qu'actuellement la seule forme d'art qui soit à son zénith, c'est la cuisine. C'est la seule forme d'art qui corresponde vraiment aux besoins du temps. La seule en symbiose avec son époque. La cuisine d'aujourd'hui nous prépare au XXIe siècle. »

Cela venait de ce que « la société » avait besoin de « manger différemment ». En dernière analyse, l'ex-patron de l'Archestrate, qui avait enchanté la rue de Varenne de 1968 à 1985, avait trouvé quatre causes à son affirmation : une nouvelle « éthique de beauté », une nouvelle idée de la (bonne) santé – dont le chef disait qu'elle n'avait « jamais existé dans le monde occidental », une place nouvelle pour la femme dans la société, et, enfin :

« l'évolution de la notion de péché »... Théologien à ses heures, l'*episkopos* de la Madeleine prêchait sur un vieux thème de Carême rajeuni : culpabilité, plaisir et richesse du plat. La nouvelle cuisine, en dépit des apparences de mortifications que le mangeur nostalgique lui prêtait, c'était Casanova contre les pisse-vinaigre, le plaisir sans entraves contre la « destruction du corps »...

En 1986, à deux ans du vingtième anniversaire de la révolution de 68, il paraissait opportun de faire le bilan de la « nouvelle cuisine ». Alain Senderens y allait donc de sa philosophie : « Même s'il y a un semblant de retour en arrière, je pense que les acquis resteront. C'est-à-dire la cuisson, la légèreté, le cru, les apports de la cuisine du Pacifique. Enfin, tout ce métissage qui fait avancer une culture... »

Cependant, il y a bon et mauvais métissage. Il suffit de comparer la cuisine du Japon, où tout est « pureté, perfection, dépouillement », à la cuisine de Chine où tout est, comme chez nous, « gras, lourd, compliqué » – où, funeste trace d'archaïsme, « un animal qui ne souffre pas (quand on le tue) n'est pas comestible ». Bref, la cuisine du Japon avait « deux cents ans d'avance » sur ses rivales (dont la nôtre).

Mais il n'y avait pas que les Chinois... Il y avait Rabelais et les critiques. Le premier était visé par le biais du cassoulet, comme Pantagruel le fut par Picrochole par le biais des fouaces. « Tout est à revoir dans la gastronomie. Avec des mythes et des tabous, avec des symboles qui changent. Je n'ai rien contre le cassoulet, mais, si la cuisine n'avait pas évolué, on mangerait encore comme au temps de Rabelais. » (Ce qui, vu de Chinon ou de l'abbaye de Thélème, ne s'annoncerait pas si mal...). Aux seconds, l'archonte du Lucas-Carton promettait la récompense suprême : l'A.G. permanente, l'assemblée générale des « nouveaux goûteurs » siégeant sans désemparer et décrétant par assis-levés, tel un club d'hébertistes ou de mencheviks hédonistes : « ...Je crois qu'il faut désormais élever le débat. Installer des chroniques plus sérieuses, plus profondes. L'analyse d'un repas ne peut plus être faite aujourd'hui comme elle l'a été jusqu'à présent. Un seul critique ne suffit plus. Il faudrait des rassemblements de personnes de haut niveau, des contradictions, davantage de travail. On est encore au ras de la nappe. »

C'est dans la recherche de l'accord parfait qu'Alain Senderens avait trouvé la source des réflexions qui figuraient au Manifeste de 1986. Et ce n'est pas sans raison qu'il est parti en croisade, dès les années 70, contre le « bon banal », le « bon triste », reflets d'une cuisine qui manque par trop de caractère. Toute vigilance dehors, Senderens affirme rechercher la rigueur et la précision : d'un assaisonnement simple et juste, toute la personnalité. Au quotidien, il décline ces principes avec brio. Chez Lucas-Carton, un garçon teste chaque matin le camembert. Le choix du calvados qui l'accompagnera se fait en fonction de l'affinage : « Il faut être très pointu... », dit le chef.

Senderens ne croit pas au génie spontané. Si on l'emmène sur le terrain du talent, il concède quelques prédispositions pour la perception des goûts, des accords, et beaucoup de travail... étayé de belles anecdotes.

« Quand j'officiais à l'Archestrate, rue de Varenne, Orson Welles venait souvent. Il arrivait à 11 heures, alors que je déjeunais. On buvait une bouteille de blanc et on fumait des Monte Cristo. Un jour, je lui lâche : "Pour vous tout est facile, vous avez un talent inné." Et lui de me répondre vertement : “Les gens ne savent pas. C'est 80 % de travail pour 20 % de talent.” »

Du bon au grand cuisinier (« après tout, on sait tous faire la même chose »), c'est la rigueur qui tranche. Il faut la prêcher au quotidien pour espérer l'excellence. A commencer par la qualité des produits : même un chef génialissime ne peut rien contre un mauvais produit. Et c'est dans l'art d'accorder les mets et les vins que la virtuosité prend toute son ampleur... Le ravioli avec un chignin par exemple, « un vin de modeste origine mais superbe pour l'occasion... »

« Nous, nous cherchons le truc exceptionnel, cette touche personnelle qui, dans l'assaisonnement, va faire la ponctuation. Un jour j'ai fait un repas pour une maison de champagne... et plein de journalistes ravis, étonnés aussi : “Mais qu'est-ce que tu as mis là, et là ?” Dans la tarte aux figues, il y avait une pointe de cannelle qui s'harmonisait avec l'âge et les arômes de la bouteille. Trop de cannelle et le vin aurait été tué. »

Concédant que certains préfèrent les plats « taillés à la hache », Senderens choisit, comme nombre de ses confrères, de cultiver ses arrangements dans le secret de ses cuisines – « les dire serait une erreur ». Il aime aussi susciter le trouble et l'émotion. « Si tu as trouvé la vraie délicatesse, le client doit t'appeler et te dire : “Là il y a quelque chose...”» Dans ce « quelque chose », le cuisinier met une certaine philosophie. C'est avec un soupçon d'ironie qu'il affirme, à l'instar de « ces intellectuels un peu ascètes qui n'aiment pas la gastronomie », que l'on peut vivre sans plaisir, se contenter de manger des racines et de la patate. Lui qui lit « comme un ivrogne boit » et affectionne sans vergogne les plaisirs de la table, il joue la carte de l'œcuménisme. Ponctuant ses idées d'aphorismes servis à chaud, il cultive Joyce – « Les produits, c'est Dieu ; l'assaisonnement, c'est le diable » – ou Gide – « L'art, c'est l'homme ajouté à la nature » – au cours d'une de ces digressions de table dont il est friand, tel Luther ou Kant.

« Ma passion, c'est le mariage des plats et des vins, disait-il encore dans son Manifeste. La gastronomie, c'est le mariage du vin et de l'assiette. J'essaie de faire des menus tout compris où je peux faire découvrir des choses comme ça. J'ai aussi une carte des accords des fromages et des vins, parce qu'en France on a toujours cru que le vin rouge était l'ami du fromage. C'est une grande hérésie. Le plus grand mariage, c'est vin blanc et fromage. Ou alcool et fromage. (...) Un plat et un vin, ça se fout sur la gueule ou ça s'entend. Quand ça s'entend, c'est extraordinaire. » Et le chef du Lucas-Carton avait une formule ambitieuse : « Le cuisinier peut sublimer le vin. »

Entre le vin et Senderens, c'est une longue histoire d'amour. « Ma vie a été transformée, au début des années 70, quand j'ai rencontré Jacques Puisais. On a commencé à rechercher des mariages de plats et de vins. La passion dure toujours. » Grâce au vin, le maître a retrouvé une seconde jeunesse à la suite d'un coup de cœur. L'objet de ses désirs se trouvait à quelques lieues de Cahors, vers l'ouest : autour d'une chartreuse du XVIIIe siècle avec un petit air toscan, un vignoble auquel irait désormais l'essentiel de son attention. « Après m'être intéressé au vin, j'ai voulu acquérir mon propre domaine. Peut-être est-ce l'envie de rentrer chez moi, peut-être aussi le besoin de préparer ma vieillesse. Je n'ai pas la notion du temps. Quand je veux quelque chose, c'est tout de suite. Avec le vin, je suis en train d'apprendre la patience.»

A Puy-l'Évêque donc, au cœur de l'appellation Cahors, Alain Senderens a alors investi les murs de Château Gautoul, conquis par le vignoble alentour. «Vingt fois sur le métier remettez votre ouvrage», professait Boileau. Amateur de Belles Lettres et homme du Sud-Ouest, le chef l'a écouté, qui entend marquer sa nouvelle terre d'élection de son empreinte. Ses «grands travaux» en quelque sorte... Secondé par son épouse, Eventhia, qui a restauré les vieux bâtiments, il a finement exploré chacune des parcelles qui composent la trentaine d'hectares de la propriété. La vinification assurée par l'œnologue bordelais Lucien Guillemet, les premiers millésimes annoncent un excellent produit. Les 92 et 94 ont été remarqués.

«Quand j'ai acheté cette propriété, j'ai su que j'en prenais pour dix ans. Si je replante, je n'en verrai peut-être pas les fruits. En l'an 2000, mes plus jeunes vignes auront douze ans. Or, une vigne commence à se bonifier à quinze ou vingt ans. Je vais donc faire des choses dont je ne profiterai peut-être pas. Mais j'en ai envie.»

C'est comme un goût d'après l'éphémère du plat. C'est s'inscrire dans un autre décompte du temps. Dix ans dans les murs et les boiseries du très prestigieux Lucas-Carton, c'était l'éternité. De quoi tempérer bien des ardeurs. A la perspective de la Madeleine succèdent désormais les perspectives en terrasse du Quercy. Autant dire un autre style de vie, loin des rythmes trépidants du feu et de Paris. Vivre dans la nouvelle bastide, l'âge venant, c'est Michel de Montaigne en son «retrait», entouré de ses livres, de ses tableaux, de ses terres, de ses gens.

« A Paris, on est bousculés, obligés de travailler dans la rapidité. Vite et bien, il faut satisfaire tout le monde et, quand le service commence, la dimension du temps est courte. » Le chef sait la fugacité, l'évanescent « art du souvenir » qu'est la gastronomie. Il reconnaît qu'il faut un concours de circonstances rares pour être durablement marqué par un repas. Il cède désormais devant la fascination que procure la mystérieuse alchimie bacchique. C'est le vin qui impose son rythme aux hommes. Il faut penser la vigne comme pérennité. « En cuisine, je teste à onze heures, j'ai rectifié le tir à midi... Pour le vin, je dois attendre au moins une année ! » Et c'est encore peu à l'échelle de son Cahors d'élection, qui en a vu d'autres au fil des siècles. Presque aussi vieux que le vignoble de Gaillac, contemporain de celui des Bituriges vivisques, les habiles négociants du Port de la Lune, le vignoble cadurcien, anéanti par le phylloxéra, le chemin de fer, les guerres du siècle et les gelées de 1956, ne tenait plus qu'à une trentaine d'hectares quand de nouveaux venus pleins d'audace ont entrepris de repeupler de ceps les plis du causse, les rebords des falaises qui ourlent les méandres du Lot, principalement à l'ouest de l'axe Paris-Toulouse.

« Dans le passé, Cahors était un vignoble de grande réputation. Lorsque les papes ont été installés à Avignon, et que le vignoble de Châteauneuf a été créé, Jean XXII a fait venir des vignerons et des cépages de Cahors – de préférence à ceux de Bordeaux – pour apprendre le métier aux Comtadins. » Bien d'autres, au fil des siècles, ont succombé aux charmes de l'auxerrois, appelé ici cot ou malbec, à ceux du tannat et du merlot (qui complètent les cuvées, en proportions infimes mais variables selon les années). François Ier planta du cot à Fontainebleau, les tsars des Russies en firent leur favori et l'imposèrent à l'Église orthodoxe, qui le cultivait en Crimée...

«La viticulture consiste à soigner sa vigne pour avoir le meilleur raisin... tout comme la gastronomie. La vinification, je la compare à la cuisson : six heures de plus ou de moins dans la cuve et ce n'est plus le même vin.» En 1996, l'expérience n'a pas été de tout repos. Ce fut «une année à eau», comme on en voit tous les quinze ans. Heureusement, les vendanges étaient à moitié entamées avant la pluie. La passion est donc restée intacte, les projets aussi : «Ça m'excite. Je suis comme à mes débuts, quand je me suis installé. Chaque année, ce sera différent. On ne va pas élever uniquement dans du chêne. En fonction de la quantité de tanin dans le vin, c'est-à-dire de la quantité de soleil qu'il y a eu, il faudra jouer avec les barriques. Il y a des styles dans le vin. Certains œnologues mettent beaucoup de bois neuf, et le vin prend un peu le goût du bois. Le cépage disparaît. Tout un art...»

Des tenants du classicisme à l'épopée de la nouvelle cuisine, le chef du Lucas-Carton est intarissable. Il en tient même une version œnologique – et inédite. «La cuisine classique, un peu lourde, riche, correspondait à la vinification. Avant-guerre, les vins étaient plus puissants. Et il fallait les garder dix ans pour qu'ils soient comestibles. La place occupée, le loyer de l'argent, le personnel, tout augmentait. Ce n'était plus viable. Il a donc fallu vendre les vins plus tôt, c'est-à-dire raccourcir l'élevage, modifier la vinification pour qu'ils arrivent plus vite à maturité. Le hasard a fait que la cuisine du moment correspondait à ces vins. Ce n'était pas lié à notre travail aux fourneaux. Ce n'est pas non plus à cause de la nouvelle cuisine qu'on a fait ces vins nouveaux. C'est une affaire de nécessités financières. Et ça a marché. »

Pour Senderens, chaque époque a son goût. Quand on l'asticote sur la qualité de la table d'autrefois, il préfère mettre entre guillemets le discours type « A l'époque de ma grand-mère... » Et de servir un bon vieil exemple de littérature appliquée. « Un jour on m'a demandé d'écrire un livre sur Proust. J'ai alors cherché des recettes du début du siècle pour en comprendre l'esprit. J'entendais dire qu'avant la Première Guerre mondiale, c'était l'âge d'or de la gastronomie.... Je découvris qu'en 1912, Marcel Proust avait écrit, dans le journal *L'Époque,* une douceur intitulée : "Le krach de la table." Il affirmait qu'il fallait remonter au milieu du XIXe siècle pour retrouver de bons produits et manger un bœuf carottes digne de ce nom... Déjà ! »

Depuis 1973 et l'ouverture de son laboratoire d'essais de la rue de Varenne, L'Archestrate, le chef a accumulé les expériences pour valider ou invalider les doutes qui l'assaillent. « Je me suis lancé dans une expérience intéressante avec des œnologues. J'ai fait un coq au vin à la manière classique, c'est-à-dire mariné pendant quatre-cinq jours. Donc très fort, et avec de vrais coqs, pas des poulets. Il fallait que ce soit archicuit. Eh bien, les bourgognes d'aujourd'hui ne tiennent pas la distance. Nous avons la cuisine de nos goûts et de nos vins. Alors, quand on dit que la cuisine d'hier était meilleure que celle d'aujourd'hui... »

Définitivement, la cuisine d'aujourd'hui ne correspond pas aux vins – trop riches, trop puissants – que buvaient nos parents et grands-parents. Tout juste concède-t-il que les produits ne sont plus tout à fait ce qu'ils étaient. Quoiqu'une autre expérience – avortée celle-là – l'ait laissé sur sa faim. « Avec un agriculteur et l'I.N.R.A., l'Institut national de la recherche agronomique, on voulait monter un projet : refaire un poulet comme il y a deux cents ans. On l'aurait élevé sous tente pour éliminer le facteur pollution. Ça n'a pas marché... mais je reste persuadé que, si l'on avait fait un repas avec ce poulet, il n'aurait été ni meilleur ni moins bon que les autres. Personne n'aurait aimé son goût. »

Hors cuisine, Senderens a un temps changé de toque pour aller prêcher la bonne parole dans les ministères. Le Conseil national des arts culinaires y a gagné un chef, chargé d'une mission d'apparence pharaonique qui demande la patience du lexicographe : dresser l'inventaire du patrimoine culinaire hexagonal. Un tour des régions, des traditions et des savoir-faire pour une encyclopédie en vingt-six volumes comme on n'en avait pas vu depuis Curnonsky.

Alain Senderens vit alors avec son temps, il se multiplie. La nostalgie dans l'évêché de Cahors, la raison dans l'agroalimentaire. On le retrouve au premier étage du Lucas-Carton : il y reçoit le cercle des intimes dans un salon d'une cinquantaine de couverts. Au départ un pur plaisir et désormais une nécessité. Au Lucas, « le bénéfice est nul par rapport au temps passé, par rapport à l'investissement ». Le chef se sent des affinités avec la haute couture qui, d'une certaine façon, ne gagne qu'une bonne image de marque. Il en résulte des moments uniques – pour les convives : « Pour un ami, j'ai fait des huîtres frites à la béarnaise, toutes simples, avec un pouilly fumé de Ladoucette, qui allait parfaitement. C'était fin et délicat. »

Quand on voit la première classe d'aujourd'hui – à côté du train des rois d'Espagne ou de l'Orient-Express, tout marquetterie, sellerie, glaces biseautées – il est évident que « le luxe n'est plus ce qu'il était ». L'excès, aujourd'hui, c'est terminé. Il faut donc penser au demi-luxe... c'est-à-dire, étymologiquement, au demi-excès. Bref : l'audace du prêt-à-porter. « J'ai un contrat avec Carrefour. Après un an de recherches, on a commencé à vendre deux ou trois paquets de mes recettes par jour et par magasin. Et puis maintenant, ils en font trois millions avec la même exigence de qualité. Il y a vraiment un changement de société même si on n'en parle pas... Et cela tient à la place qu'occupe désormais la femme – la femme égale de l'homme – et c'est très bien. »

Cela veut dire aussi que trois millions de personnes ont mangé quelque chose qui a été préparé par Alain Senderens. « Je joue sur le haut et le bas de la pyramide et j'en suis fier. C'est le monde d'aujourd'hui... » Selon lui, les gens n'ont jamais eu la possibilité de manger aussi bien. Mais l'uniformisation guette et Senderens prédit que 80-90 % du marché de demain se fera dans les grandes surfaces. « La cuisine n'est plus un hédonisme, elle devient une nécessité. » Déjà « tout le monde propose les dix mêmes recettes ». Les restaurants ne dérogent pas à la règle, qui servent les incontournables rougets, pétoncles ou langoustines tout au long de l'année. La réaction ne s'est pas fait attendre : « Quand j'ai lancé l'idée de la protection artistique des recettes, on s'est gaussé. Je ne l'ai pas fait pour l'argent : ça me paierait à peine ma consommation de cigares à la fin de l'année ! Avant, il y avait plus de respect entre les chefs, jeunes et anciens. On allait chez Dumaine à Saulieu pour manger tel plat – et personne ne le refaisait. Aujourd'hui vous allez n'importe où... Il suffit qu'un journaliste dise : “J'ai mangé chez untel tel plat de telle manière”... Prenez le cabillaud. Jamais il n'y en avait eu dans un trois-étoiles. Il a suffi que j'en mette un à la carte... C'est ce qui m'insupporte le plus. »

Peut-être ne se souvient-il pas des frères Wright voulant mettre des droits d'auteur sur les aéroplanes ? Mais Alain Senderens serait prêt au procès pour crime de lèse-majesté. Comme pour une copie de tableau, un plagiat d'écrivain... Maître Kiejman lui a même soufflé l'argument : « Les mots sont à tout le monde, seule la façon de les agencer est personnelle et peut déboucher sur l'art. » Respecteux du style et de la personnalité des confrères, il voit dans ce « pillage des recettes » la menace d'une perte de prestige de la cuisine. « On mange ma personnalité. Qu'on m'aime ou qu'on ne m'aime pas. Je dis souvent qu'on ne doit pas m'aimer beaucoup car sinon il y aurait la queue sur le trottoir et sur des kilomètres ! J'ai mon style et je n'ai pas envie de perdre mon âme... »

Surtout Senderens ne se lasse pas de tirer la sonnette d'alarme : sans changements, il en est sûr, le luxe, demain, ne sera plus qu'un souvenir. « Les additions des grands restaurants sont peut-être très élevées, mais nous ne sommes pas des voleurs. Je suis prêt à montrer mon bilan à n'importe qui. Ici, j'ai soixante-dix employés, vingt-cinq cuisiniers ; je vous laisse calculer les charges sociales. Et nous sommes la profession la plus contrôlée. Je me demande si nous ne devrions pas bénéficier d'aides : un repas est un bon produit culturel. Nous sommes les derniers... Aujourd'hui, la presse s'intéresse aux restaurants bon marché qui servent deux cents couverts par jour avec cinq cuisiniers. Toute la question est là : a-t-on le droit d'exister dans le contexte actuel ? »

En attendant, Senderens est toujours sur le devant de la scène.

16

Les thermes de Michel le Mince

Depuis trente ans qu'il égrène ses toques et ses étoiles en les faisant croître, Michel Guérard, le maître d'Eugénie-les-Bains, n'entend pas s'en laisser conter. Il a gardé un allant de jeune homme et un flair de sociologue philosophe qui lui permet de comprendre « l'air du temps » avant tout le monde. Sur la brèche depuis les débuts de la révolution des palais, Guérard demeure à l'avant-garde du combat de la haute cuisine et de l'hôtellerie. « Quand je me vois entouré de jeunes cuisiniers qui montent, je ne me considère pas comme leur chef arrivé, mais plutôt comme leur challenger. C'est bien grâce à eux que je peux me dire qu'il ne faut pas que je décroche, que je reste dans le coup et que je continue de m'amuser en faisant la cuisine. S'ils n'existaient pas, ces jeunes ambitieux, peut-être serais-je moins stimulé ? »

Estampillé « fabriquant de naturel » par *GaultMillau*, Michel Guérard décline son registre en toute quiétude, à la carte. Ses langoustines en friture légère à la braisade de jarret de veau de sept heures le prouvent, c'est aux sources du terroir que le chef est allé puiser son inspiration. Mais à l'ère de la restauration rapide, il ne dédaigne pas non plus de faire une incursion sur des terres moins nobles. L'envie lui vient peut-être de poser là aussi sa signature de créateur, le temps d'une pizza... « Aujourd'hui, je serais heureux si la création portait sur du fast-food, si, par exemple, on arrivait à réinventer la pizza. Pour moi, la pizza, c'est quelque chose de merveilleux. Je crois qu'il est beaucoup plus difficile de créer dans ce monde-là que dans l'autre : celui où il est toujours possible de rajouter quelques fleurs de capucine par-ci, un peu de truffes blanches par-là... Quand il s'agit d'innover et de surprendre à un prix de vente très différent, c'est quand même plus compliqué. »

A l'intention des brûleurs d'étapes qui s'installeraient plus volontiers dans la porcelaine et la verrerie de cristal qu'autour de la table en bois et les faïences populaires, Michel Guérard réserve quelques maximes à méditer pour ne pas déjanter : « Il faut faire avec ses propres moyens intellectuels et financiers. La progression suivra le rythme des années. Cela n'a rien à voir avec un manque d'envergure. Je ne sais pas qui a inventé la sauce béarnaise, je ne sais pas comment il y a réfléchi, mais c'est surprenant. Et c'est devenu un classique. La création, c'est à la fois simple et difficile. Et toujours impossible à saisir. On part d'une idée rustique, pauvre, et on parvient à introduire de la gaieté, du soleil, de la chaleur dans un plat bon marché. Je dis chapeau ! »

Au gré des collaborations, ce bon sens lui a plutôt réussi, que ce soit pour la cuisine minceur, sa spécialité, ou pour l'industrie agroalimentaire qui l'a depuis longtemps sollicité. Il ne l'a jamais regretté parce que, dit-il, « c'est respectable », qu'« on y apprend beaucoup », et qu'il s'agit d'introduire « de la qualité dans l'industrie ». Ainsi, quand il planche chez Nestlé, par exemple, la recherche en alimentation prend un vrai coup de jeune : « Dans le domaine des aliments "antivieillissement", avec des huiles de poisson, il faut arriver à donner du goût et un aspect agréable à un plat. » Aussi est-il le premier à défendre les bienfaits de la recherche et à pourfendre les nostalgiques des « bons produits d'antan » : « Si on retournait trente ans en arrière dans les supermarchés, on constaterait tout de suite combien l'offre était pauvre. Mais ces jérémiades ne sont pas nouvelles. Il suffit de lire ce qui s'écrivait sur la cuisine et la gastronomie au siècle dernier. On retrouve les mêmes litanies ! »

Il y a aussi matière à réflexion dans le fait que le prophète de la minceur a fini par avoir raison sans varier d'un pouce sur ses théories tandis que les « grands nutritionnistes » prenaient un virage à 180 degrés : « On s'est aperçu d'un certain nombre de choses intéressantes... sur le cholestérol notamment. Moi, je retiens ce que j'ai toujours dit : en dehors des populations à risques, enclines au diabète ou autre, il n'y a pas d'urgence à maigrir... » Pour ceux que guette la surcharge pondérale, Michel Guérard maintient que l'important est d'« être bien dans sa peau ». Observateur privilégié des mœurs alimentaires, il constate la fragilité de ses congénères soumis à des « régimes stupides ». Sa philosophie, que, contrairement à la fausse image qu'on a encore de lui, le grand Rabelais n'aurait pas désavouée, se résume à ceci : « Mangeons de tout, mais modérément. »

En janvier 1997, une étude paraissait dans le *Figaro* qui résumait les constatations d'enquêtes récentes sur l'alimentation de nos contemporains : « Finie la grosse bouffe des années 50-60, oubliée la mode sandwich-salade des années 70-80. A l'heure du déjeuner ou du dîner, la diététique est de rigueur : les vertus du bio gagnent toutes les tables... » En France, un foyer sur deux a modifié ses habitudes alimentaires dans le sens d'une forte baisse de la viande rouge, d'un « gros engouement » pour les légumes verts (mais aussi les lentilles, les céréales, les courges) et les poissons, d'une vogue pour « soja, riz complet et fruits exotiques », d'une « percée fulgurante » des produits vitaminés et des « neutraceutiques » – comme on appelle chez nous les « functionnal foods », c'est-à-dire les yaourts et autre produits enrichis. Un phénomène que le Credoc attribue « à la montée des inquiétudes de notre société, au premier rang desquelles figure la maladie ». Pour sa part, le professeur Jean-Louis Bourre, directeur de l'unité 26 de l'Inserm chargée des problèmes de nutrition, explique que, s'il « faut toujours manger pour vivre (comme le constatait naguère une maxime incontournable), il est maintenant prouvé que nutrition et qualité de vie sont étroitement liées » et que, si "Popeye a trompé son monde (en faisant croire que les épinards étaient riches en fer assimilable)", il n'en reste pas moins que la vie sans les graisses, sans les lipides serait impossible ». Il terminait en affirmant que le produit le plus intéressant de notre alimentation « est le boudin noir » ! Un aliment complet qui « devrait être remboursé par la Sécurité sociale ».

Voilà qui rejoint l'enseignement de l'apôtre d'Eugénie. Chez Nestlé, Guérard a fait l'expérience de l'excès américain. L'exercice imposé était ardu : il devait présenter un plat flatteur à l'œil mais « less salt » – ce qui peut se traduire par « sans sel » ou « presque pas du tout... » « J'ai compensé en ajoutant des arômes et des épices. Eh bien, nous nous sommes aperçus qu'en mettant moins de sel le goût du plat se dégageait de façon plus intense ! Étonnant ! Ce genre de recherche, quand ça réussit de cette manière, est tout à fait excitant. »

Signe des temps, si l'heure continue d'être au défi, la tonalité générale des beaux-arts, et de ceux qui les pratiquent sans se décourager, est désormais davantage à l'économique qu'au flou artistique. Le chef se voit contraint de faire place au gestionnaire. « Un chef se doit d'avoir des notions d'économie, même rudimentaires. C'est devenu indispensable. Tout comme savoir se plier aux obligations de cette économie – c'est-à-dire être capable de tenir un compte prévisionnel d'exploitation. »

Mal indispensable du cuisinier moderne, la gestion comptable devient vitale pour un Guérard dont l'entreprise s'est diversifiée. Au cœur de la donne, pour le bonheur de tous, demeurent les atouts. Citons : la Ferme aux Grives, ou les délices d'une ferme landaise à l'heure du cochon de lait, du boudin noir de M. Parra et des broches qui semblent tourner toutes seules dans la vaste cheminée en pierre d'Aquitaine ; le charme du Béarn « à l'anglaise » de la Maison rose ; les douceurs des thermes gallo-modernes aux Prés d'Eugénie, à deux pas de la grande maison blanche, aux allures coloniales tant aimées de l'Impératrice – où le maître des lieux maintient le restaurant pour, dit-il, l'amour de l'art. Surtout.

« On vit bien... Sauf si nous comptons le nombre d'heures effectuées ! Je travaille sans m'arrêter trois cents jours par an. J'ai un chef, un sous-chef, une équipe... un orchestre ! Mieux vaudrait vendre des saucisses-frites sous une porte cochère, place Pigalle, que de continuer à penser haute cuisine ! Ceux qui gagnent de l'argent dans ce métier sont ceux qui proposent des formules. Là, il n'y a pas d'erreurs : les résultats tombent, mathématiques. Ce serait intéressant de connaître les vrais comptes d'exploitation, les résultats bruts des grands restaurants de France (et de Navarre). On ne saurait trop mettre en garde la jeunesse et l'opinion courante contre ce beau miroir aux alouettes dans lequel certains nous verraient suivant le long fleuve tranquille d'une vie fastueuse... C'est sans doute ce que s'imaginent ces gens qui ambitionnent d'avoir un hôtel bien à eux, un restaurant, ou les deux en même temps, et se bercent de la promesse du privilège d'y être servis tous les soirs. En réalité, ce n'est pas tout à fait ça. Parce qu'il faut quand même manager toute une équipe et que c'est prenant. En cuisine, je me tiens au "passe", j'annonce les commandes et je surveille. J'espère naturellement que ceux qui sont derrière moi vont avoir le même regard pour déceler les plus petites erreurs. Pas plus qu'eux, je ne vois tout. Cela représente beaucoup de sacrifices – lesquels n'en sont pas moins agréables... si l'on aime son métier. »

Les Guérard n'ont pas vraiment cherché le prestige (ni la facilité) en s'installant à quelques kilomètres de Mont-de-Marsan, dans ce village encore tout imprégné de la présence de la comtesse de Montijo, station thermale depuis les temps antiques mais oubliée : Eugénie-les-Bains. Grâce à un savoir-faire toujours en mouvement (« un progress », diraient les lecteurs « intellos » de James Joyce), ils ont prospéré à coups d'investissements et d'efforts d'innovation. L'avant dernier-né de la « diversification », le domaine viticole de Bachen (cent dix hectares) a été fondé sur une baronnie qui date de 1235, de Gaston Phébus – souverain de Béarn et seigneur d'Orthez. De par la volonté de Michel Guérard, qui n'a pas hésité à reprendre des études – cette fois d'œnologie – auprès des sommités bordelaises comme Dubourdieu et Ribereau-Gayon, l'entreprise s'est donné pour objectif de remettre à sa place – la première – le grand vin de Tursan. Sous la direction de Thomas Stonestreet, œnologue bordelo-britannique, le domaine produit un tursan blanc à partir d'un cépage historique, le barroque (deux « r »), assisté, pour leurs notes « d'abricot, de poire, de pamplemousse » et senteurs de « fleurs de genêt », par le gros et le petit manseng (qui ne vient pas de Chine) et par le sauvignon. Ce joli vin commence à enrichir joliment la palette.

« Il y a une synergie dans l'exploitation. C'est vrai que, si je me m'appelais pas Michel Guérard, avec la vitrine d'Eugénie-les-Bains, je vendrais moins bien. L'investissement dans ce vignoble, créé à partir de 1983, a été coûteux... Avant qu'il soit rentable, il faut compter des années. En réalité, mes activités se superposent et se supportent. Ce sont des équilibres à trouver et à ne jamais dépasser. »

Quand on n'emploie pas moins de cent cinquante personnes, gagner de l'argent est une obligation. On pourrait en gagner davantage en « tordant le cou » à l'équipe et en la réduisant à quatre-vingt-dix personnes. « C'est une manière de voir. Mais dans un village, l'emploi c'est important. Il nous faut donc chercher et trouver des formes d'exploitation qui pourraient pallier les défaillances éventuelles. »

Le chef, devenu chef d'entreprise, peut toutefois oublier les chiffres pour se réserver tout entier à ce qui a fait sa gloire : « être en cuisine ». Christine, son épouse, fille d'Adrien Barthélémy, fondateur de la Chaîne thermale du Soleil, propriétaire aujourd'hui de vingt stations, est une ancienne d'H.E.C. Indéniablement, elle sait compter. Quand son père a décidé d'acheter ce qui subsistait de l'établissement thermal d'Eugénie, « il n'y avait plus que deux cents curistes ». Vingt ans plus tard, ils étaient cinq mille cinq cents – dont un bon millier avait opté pour la totale, la « remise en forme ».

Sans trahir son piano, Michel Guérard a bien raison de dire : « notre principale richesse, c'est le thermalisme ». Si l'on en croit sa femme, la fréquentation d'Eugénie a crû de quatre cents curistes en 1996, « alors que les autres stations landaises en ont toutes perdu ».

Le goût pour les eaux, comme on disait au temps des Romantiques, est tel que les murs et les superbes carrelages du premier établissement thermal se sont bientôt révélés trop petits : « Nous accueillions parfois plus de cinq cents personnes par jour. » Comme il convenait de séparer les curistes âgés de la clientèle plus jeune à la recherche d'une remise en forme, les Guérard ont eu l'idée de génie de jouer la carte rustique et champêtre. Coup de maître : derrière chez eux, une ferme landaise est sortie de terre ou, plutôt, a été transformée, par un investissement de 25 millions de francs, en un second établissement qui dispense le bien-être et la remise en forme grâce aux vertus conjuguées des plantes, des sources et des bains de vapeur. Ce n'est pas le luxe, dans l'assaut des sophistications concurrentielles, mais « le raffinement dans la simplicité » : ici, tout n'est plus que silence, chêne, chaux et volupté. Ouverte à l'automne de 1996, la Ferme thermale des Guérard a aussitôt accueilli un hôte considérable : le président de la République, venu s'y reposer entre les fêtes de Noël et du jour de l'an. Ce serait même en ces lieux suaves qu'aurait été décidée, si l'on en croit les gazettes, la funeste dissolution. Autant en emporte le vent...

L'État-spectacle n'est pas inscrit, par essence, au menu d'Eugénie. Michel Guérard répugne à se mettre en scène. Lui qui affirme préférer rester en cuisine sait fort bien que le statut de chef comporte des obligations – dont celle de se montrer en salle : « Nos hôtes viennent pour une représentation de théâtre. Leur faire comprendre que, si l'on est en scène, on délaisse les casseroles, n'est pas simple. »

Derrière la rigueur, Michel Guérard ne perd pas de vue qu'un repas au restaurant doit être un bon moment. Dès le lever de rideau, il entend articuler le service pour que tous s'amusent : « Un repas ne doit pas être une messe basse. Il faut un peu plus de joie, de chaleur, de gaieté. Dans le meilleur restaurant du monde, si l'ennui s'annonce, c'est raté. » Pour se faire mieux comprendre, il n'hésite pas à prendre ses exemples au pays de la comédie improvisée, l'Italie : « Lors d'un séjour à Venise, j'ai pu observer le service : dans un grand hôtel ou un bistrot, c'est époustouflant, merveilleux de spontanéité, de précision, de gaieté. Chapeau ! La salle française a perdu ces qualités. Si elle les a jamais eues. En rentrant, j'ai fait passer le message à mes collaborateurs : "Soyez plus gais". »

A une époque, il avait pensé « faire venir un acteur de la Comédie-Française pour apprendre au personnel l'art de sourire. Quelque chose que les clients apprécient, et qui ne coûte pas... » Mais un hôtel, ce n'est pas forcément un spectacle, pas uniquement de la prestation de service ; simplement, « ce doit être une maison heureuse ». Au vu des aficionados qui croisent dans le village landais d'Eugénie, il semble bien que la maison soit heureuse. Une « population hétérogène » vient conforter le chef dans ses options. Typologie des pèlerins en terre gasconne : « Nous comptons 65 % de Français et 35 % d'étrangers. Certains ne sont que de passage, viennent une nuit ou deux pour le Relais & Châteaux et la cuisine Guérard ; d'autres s'attardent une semaine pour le thermalisme et la cuisine minceur. Une clientèle importante. »

Quand le chef décide de faire relâche, un jour et demi par semaine, on peut toujours se rabattre vers les lisières d'Eugénie. La Ferme aux Grives, comme le dit *GaultMillau*, est « une aubaine pour tous ceux de la région qui n'osaient pas aller chez Guérard ». Elle propose une carte champêtre et un cadre à l'avenant : sol en terre cuite, poutres épaisses, jambons suspendus... Pour drainer un autre public, quand ce n'est pas le même.

« Tout cela fait un cocktail agréable dans le village. Si nous n'avions que des Américains ou des gens chics, ce serait mauvais pour notre image. Il ne faut pas que les gens qui choisissent la France profonde se retrouvent dans un ghetto. « Et puis, les temps ont changé. L'animateur de la Compagnie fermière et thermale d'Eugénie-les-Bains, sensible aux chiffres, analyse, encore et toujours : « ou le "bon peuple" reste enthousiaste et continue de franchir notre porte sans s'occuper des prix ou les temps deviennent difficiles et il faut essayer d'établir un rapport qualité-prix sympathique. On rentre alors dans un système d'achats beaucoup plus serrés, étant entendu que la qualité doit être maintenue. C'est presque un autre métier. »

Michel Guérard ne s'en effraie pas, se souvenant de sa petite enfance à Vétheuil, à l'ombre de la célèbre église tant de fois peinte par Claude Monet et les impressionnistes, où il prit goût à la pâtisserie auprès d'une « grand-mère gâteau ». Son père était boucher. Il habitait « à quelques éclairs au chocolat » de l'unique restaurant du village dont le chef le « gratifiait au vol de quelques pâtisseries laissées pour compte la veille ». Son premier choc gustatif ressemble plutôt à une désagréable surprise qu'à une suave initiation : prenant une bouchée à la reine pour une énorme pâtisserie dégoulinante de crème, il l'engloutit, s'apercevant trop tard de son erreur. C'est sans doute de ce « dépit gustatif » qu'il faut dater sa vocation : «... et je compris soudain que le ciel était en train de me condamner à la gourmandise apostolique.»

Le jeune Guérard s'est aguerri à bonne école ; il juge son parcours «ultra-classique», à quelques exceptions près. «Tu seras pâtissier, mon fils», lui dit son père quand l'adolescent lui fait part de son désir de devenir médecin. Son premier maître sera Kléber Alix, pâtissier à Mantes. Il entrera bientôt comme chef pâtissier du Crillon, à un âge exceptionnellement jeune pour pareille fonction, après avoir été reçu, à dix-neuf ans, «premier pour toute la France au concours d'apprenti». Entre-temps, comme beaucoup de cuisiniers, il aura fait son service militaire dans la marine – laquelle paraît plus sensible à la gastronomie que les autres armes.

«Je suis pâtissier de formation. J'ai présenté des concours, le meilleur ouvrier de France notamment, qui m'ont plu. Petit à petit, je me suis tourné vers la cuisine, sans en avoir suivi l'apprentissage. Ce n'est pas une mauvaise chose. Pour un pâtissier, entraîné à la régularité et à l'exactitude, la cuisine n'est pas si difficile.»

Michel Guérard n'a guère de nostalgie pour ses années d'apprentissage et ses débuts au Pot-au-Feu d'Asnières, à la sortie du Camélia de Bougival où il était l'employé de Jean Delaveyne. A l'époque, il allait faire les Halles – qui étaient encore là où Philippe-Auguste les avait mises, à la place du «trou»: «Je n'ai jamais demandé dix kilos de bar au téléphone. J'allais les chercher moi-même. C'était salutaire et hygiénique.»

Il se souvient de quelques figures emblématiques (et cathodiques) qui l'ont marqué pour la vie : «J'ai eu un formidable patron d'apprentissage (Kléber Alix). Tous les dimanches, il fallait confectionner un nouveau gâteau. C'était très dur, sans commune mesure avec ce qu'on connaît aujourd'hui. Bernard Clavel le raconte très bien dans *La Maison des autres*. En m'aguerrissant, j'ai commencé à prendre du plaisir à ce que je faisais. A l'époque, j'étais béat d'admiration devant les émissions de Raymond Oliver. Je peux dire que ce fut pour moi comme une révélation. Je me suis dit d'emblée : "Il faut que je devienne cuisinier". Je le suis devenu. »

Un jour, Guérard rencontrera, en chair et en os, le maître du petit écran gastronomique. Ce sera « une des plus grandes joies de (sa) vie ». Sa route traversera aussi les sillages de René Lasserre et de Claude Terrail, « des gens que je n'imaginais jamais atteindre ». C'est toutefois au Pot-au-Feu, quand, « las de la discipline classique », comme dit Claude Lebey, il enchante presque clandestinement le Tout-Paris, que le destin frappe à sa porte sous les traits de Jean Delaveyne : « T'es un c...! lui lâche sans ambages son ancien patron, fais donc ce que tu as envie de faire. Peu importe l'échec, au moins tu te seras fait plaisir ! »

Michel Guérard appliquera le sage conseil de l'homme au Camélia et fera ce qu'il a envie de faire, s'apercevant bientôt que Jean Delaveyne « avait raison ». Viendra une autre rencontre, tout aussi historique mais plus décisive, qui ressemble, avec la distance du temps, à la visite des rois mages : celle de Bocuse, des Troisgros et d'un ou deux autres. « Peut-être étais-je en forme ce jour-là, ils sont repartis enthousiastes et ils en ont parlé autour d'eux. » Ce qui permet d'affirmer que la reconnaissance du cuisinier est l'affaire de ses pairs, et d'eux en premier lieu. Le « flair » vient en second : « Le fait d'avoir été mêlé aux débuts de la nouvelle cuisine française, ainsi que de la cuisine minceur, m'a singularisé. Peut-être m'a-t-on considéré comme un bon chef à cause de ces différents registres ? »

Pour Michel Guérard, ancien de la Marine nationale, impératif rime avec créatif. La célébration du cuisinier passe par ces menues satisfactions qui confinent à la fierté. Il y faut de quoi flatter les papilles et l'orgueil. Par exemple, « lancer un plat qui va être repris par tout le monde ». Et cela nous vaut l'un de ses plus beaux adages – ce qui n'est pas applicable seulement à son art : « Un plat repris, c'est irritant quand on est jeune ; avec l'âge, cela devient agréable. A la limite, cela me gênerait de ne plus être copié... »

Se souvenant des années où il inventait les salades « folles » et les raviolis à la truffe, il se voit en précurseur – mais peut-être oublie-t-il ce que les Gault et Millau ont raconté sur la première salade aux haricots verts... de l'histoire ?

« J'ai réalisé des tas de "trucs" dont on a longtemps parlé. Comme les mélanges : salades de haricots verts, d'asperges, de truffes et de foie gras. C'était la première fois qu'on osait le foie gras avec une vinaigrette. Des salades gourmandes, il y en a eu partout après. Ces "salades folles" ont marqué. »

Après l'épopée des salades, il est indéniable que les raviolis à la truffe ont, eux aussi, fait l'objet de convoitises et de reprises. Genèse d'une recette : « Je suis allé en Chine avec Senderens, Chapel, Troisgros. Au retour l'idée m'est venue : faire un ravioli avec une autre pâte en mettant de la truffe dedans. C'est le côté surprise... Quand on reprend ces plats partout, c'est bon signe. »

Il reconnaît aussi que certains sont épargnés par ces hommages pas toujours explicites. Ils n'en voient pas pour autant leurs étoiles pâlir. Ainsi, souligne-t-il, Paul Bocuse, dont seule la soupe aux truffes a trouvé droit de copiage chez les confrères. « Paul, c'est un personnage, une espèce de grand lion avec sa crinière au vent, qui a bougé tout le monde. Fondamentalement, c'est un grand cuisinier. »

Chez Guérard, l'heure est plutôt au respect des pairs. Il cultive l'élégance en la matière et déplore la « fougue arriviste » de certains petits jeunes. « Après être allé chez Troisgros, je souhaitais mettre de grandes assiettes au Pot-au-Feu, pour qu'on puisse faire des découpes en salle. Je suis allé leur demander. Ils m'auraient dit : "Non Michel, on garde ça pour nous", je ne l'aurais pas fait. »

Tout au long de son parcours, il a accumulé de l'expérience et du savoir-faire. Aujourd'hui, il mélange les genres dans un contexte de grande compétition : « C'est devenu chez moi une pratique courante. J'essaie désormais de tirer parti des créations en cuisine gourmande pour les réinterpréter en cuisine minceur. »

Il n'y a qu'en France qu'on assiste ainsi à pareil remue-méninges créatif, mouvement initié par des jeunes gens enthousiastes – autodidactes ou très techniques – qui font que la cuisine ne cesse de se transformer. Sur ses terres landaises, Michel Guérard est tenu de continuer à montrer la voie : « Une bonne part de mon rôle actuel tient à la créativité. C'est important pour le dynamisme d'une brigade, pour que ces jeunes gens soient heureux de travailler. Je dois sans arrêt inventer des recettes inédites. C'est une manière d'exercice obligatoire. »

L'inspiration, Michel Guérard la cherche partout, comme lorsqu'il rapporte d'Italie des notes d'humeur colorées et vivantes... s'appropriant au passage les patrimoines : « Par exemple, les recettes sur l'accommodement des spaghettis, c'est bien... Mais, en allant dans un petit bistrot, on voit parfois des choses qui nous font dire que les spaghettis pourraient se préparer autrement, d'une façon plus drôle, plus frondeuse. Un temps, on laisse ces images en gestation. Une fois qu'elles sont assimilées, on a forcément très envie de faire des piqûres d'air frais dans notre cuisine habituelle.»

A la carte, les «piqûres» du moment ont des connotations quasi «contadines»: salade de cochon et de bœuf aux pommes de terre tièdes et truffes, grillade de foie de canard à la miette de pain, sans oublier quelque pain perdu au sucre brûlé à la frangipane... Ce qui n'exclut pas les fastes du service : «Si on invite des amis à table, on dispose pour le service d'un corps de ballet comme seul pouvait en rêver Louis XIV, ou presque ! C'est bien pour faire plaisir car nous, je ne dirais pas qu'on est blasé, mais...»

Le quotidien, même chez les plus grands seigneurs, n'accorde que peu de répit au bonheur, juste peut-on s'arrêter un instant sur un plat réussi. Tout est affaire de dosage : «Un plat doit être le plus goûteux possible. Si, en plus, il est joli, c'est bien. Notre respect va autant au client qu'au pigeon dans l'assiette. Le second plan est important mais inverser le rapport ne serait pas sérieux.»

Pour Guérard, le respect passe aussi par une révision du métier, la conjoncture l'impose. Les salles ne respirent plus la même insouciance, il faut prendre les devants et «coller» à l'actualité. «Les gens ne veulent plus payer certains prix au restaurant... Ici, nous avons peu de repas d'affaires, mais quelquefois des réunions de laboratoires. Avec un repas "club" à 280 francs, on peut prendre une entrée, un plat, un dessert. Le vin est compris. A 280 francs, ça marche. Quand je parle de ce menu à certains de mes collègues, j'entends quelque chose comme ceci : "Comment fais-tu ? 280 francs ? Tu es fou, dans un trois-étoiles *Michelin*!..." Non, je ne suis pas fou ! Mes clients des laboratoires, par exemple, qui aujourd'hui serrent un peu leurs notes de frais, me reprocheraient de faire autrement... Ils ne comprendraient pas que je ne sois plus capable de les recevoir... Et puis, un cuisinier n'est pas tenu d'employer des produits de luxe tous les jours. On peut mélanger. Robuchon a bien mis du merlan ou du cabillaud à sa carte... »

Chez Michel Guérard, le mot de la fin n'est jamais le dernier, l'éternel jeune homme en lui l'exige : « Cela devient délicat de maintenir le prestige dans les restaurants trois étoiles et quatre toques *GaultMillau*. C'est pourtant notre raison d'être. On doit conserver la maison-mère et, en même temps, explorer d'autres pistes – les bistrots peut-être... »

A la croisée des chemins, il s'agit de choisir.

17

A la recherche du diamant de Saint-Étienne

Dans la famille Grands Chefs, Pierre Gagnaire n'est ni le père ni le grand-père. Le fils peut-être, un franc-tireur assurément. L'as de Saint-Étienne était un brillant novateur ; celui de l'hôtel Balzac, à Paris, est devenu un maître. Le virtuose, chez lui, s'inspire de la calligraphie orientale et des peintres tachistes pour composer, dans un savant désordre, des assiettes belles comme des tableaux, au point qu'on hésite toujours avant d'y donner le premier coup de fourchette. Le maître a pris de la distance avec sa « fureur d'imaginer ». Il la domine sans amertume, avec la sagesse et le regard de celui qui a vu le bout de la nuit. Quand on le compare à un artiste, il se contente d'écouter... « les oreilles fermées ».

Le moins que l'on puisse dire est qu'il revient de loin : de « Saint-... » comme on dit « Saint-Bart », de l'année 1996, date fatidique où tout sembla se briser, de la mortelle indifférence des habitants de « la ville de plus de deux cent mille habitants la plus haute d'Europe »... La nouvelle, au début de l'« annus horribilis », avait pétrifié d'effroi le gratin de la haute cuisine et les ricaneurs, la critique et les notaires. Pierre Gagnaire, le « Pollock des fourneaux », venait de jeter l'éponge, de déposer le bilan, de fermer la porte, de refroidir ses feux, de vider les derniers volumes de sa boîte à vapeur, de remettre jusqu'à la clé de sa cave à des créanciers peu enclins à l'enthousiasme artistique. Au pied du calvaire de la rue Richelandière, pour se rembourser 400 000 deniers, les huissiers se partageaient les dépouilles de celui qui, peu de temps avant, parlait ainsi à ses zélotes : « J'ai formé moi-même mon goût, créé mon univers, ma cuisine. Cela me permet de me réaliser socialement et d'exercer mes talents. Je n'ai ni grand-mère ni racines fortes comme celles de mon confrère Michel Bras à Laguiole. Moi, mes racines, j'ai passé mon temps à me les arracher... »

Ressuscité, le grand Gagnaire, qui est Pierre sur laquelle s'édifiera l'étourdissante cuisine du XXIe siècle, n'avait pas sitôt perdu trois étoiles qu'il en reprenait déjà deux. Les mots pour le dire suffisent à peine. Pour ce passionné, qui a choisi ce métier « de droit d'aînesse », qui ne vit que pour sa cuisine et se ne soucie guère des regrets qu'il a laissés dans les montagnes du Forez, la nouvelle critique est sans voix. Ou, plutôt, elle a fait le siège de la montagne du Roule, au sud-est de l'Étoile, y attirant des foules considérables pour lesquelles il a fallu instaurer des listes d'attente hectométriques.

Qu'était le Pierre Gagnaire d'avant le sacrifice ? Une anecdote entre mille le dira. Il a mis plusieurs années à trouver un canard. Après avoir tenté ceux de Bresse ou de Challans, il a essayé des canettes du Gers, mais il ne trouvait pas celui ou celle qui s'adaptait parfaitement au plat qu'il voulait réaliser. Au terme de longues recherches, il a enfin découvert un pékinois, une espèce rare, venue, sur pattes, de Chine comme il se doit. Pour lui, il allait détourner la sanguette. La sanguette, c'est le sang du cochon poêlé à vif. On se régale de sanguette à la Saint-Cochon, dans le Sud-Ouest, où on la saupoudre parfois de cannelle. A Ouessant, où elle se nomme « farz du » (far noir), on la prépare sucrée au jus de pruneaux. La sanguette de canard qu'a conçue Pierre Gagnaire est aux échalotes grises confites, ici aussi à la cannelle. Il la dissimule sous des feuilles de capucine, qui sont comestibles et apportent une note poivrée. Touche finale : de minuscules poireaux verts et blancs. Au moment d'envoyer, il signe l'assiette d'une giclée de pourpre, fruitée, acide, sucrée. Comme si l'assiette elle-même, contenu et contenant confondus, était en soi une œuvre d'art... Tel était donc Pierre Gagnaire.

Et voici ce qu'il est devenu : « Un marchand de parapluies doit choisir la ville la plus arrosée, puis la rue où il y a le plus de magasins, et enfin la partie de la rue où il y a le plus de marchands de parapluies. L'emplacement... plus que jamais, c'est la règle de notre métier ! » Pierre Gagnaire n'est plus anxieux comme il était à « Saint-... » Dans le naufrage du paquebot de la Loire, il a découvert soudain « tout un cordon sanitaire qui s'est créé (autour de lui), comme un cocon protecteur, formidablement amical, chaleureux. Non seulement un soutien moral, mais de l'aide, et un courrier de soutien très touchant. » S'il est toujours terriblement exigeant, il ne vibrionne plus dans le labyrinthe de ses cuisines.

Ses créations, cependant, incitent toujours le gourmand à la réflexion autant qu'à la gourmandise. Sur les hauteurs du Roule comme au pied du col de la République, quand il y était, il joue sur les contrastes des saveurs et des consistances, sur les relations qui peuvent s'établir entre elles dans un même plat ou d'un plat à l'autre. « C'est le plus talentueux d'entre nous, a dit un jour Christian Conticini, de la Table d'Anvers. Bien au-dessus des Ducasse, Robuchon et compagnie. » « Mouais... » dirait le maître, qui ne se préoccupe guère de hiérarchie, qui a son idée de la cuisine, des dessins d'assiette et même des odeurs, et souhaite se battre « pour une forme de qualité et de travail bien accompli ». Sa devise : « noblesse, honnêteté, enthousiasme ». Le plat n'existe pas tant par lui-même que par les réflexions qu'ont suscitées chez le goûteur les sensations gustatives – mais pas seulement – éprouvées...

« La cuisine, finalement, c'est la cuisson, l'assaisonnement, et puis – ce qui m'intéresse beaucoup, qui est presque venu à mon insu par la réflexion que je peux avoir sur le métier – ce qui fait qu'on peut l'assimiler à du vin : une espèce de longueur en bouche où les différentes saveurs apparaissent peu à peu. Si je prends cette royale d'anchois au caviar et au concombre que je fais en période de fête, vous avez la base, qui est la volaille, l'anchois – qui sale et parfume le bouillon – le caviar qui vous fond sous la langue et puis ce prolongement de concombre qui est la finale du plat, en note d'amertume. Plusieurs plans... »

Il aurait pu prendre d'autres exemples. Comme cette compotée de girolles à l'abricot, laitue farcie de tourteau aux petits oignons glacés, coulis de groseilles et jus de griottes au quinquina. Ou, surprenante association qui a bouleversé Dominique C. Vallière (de *L'Express*) : une « peau de saint-pierre grillée avec un morceau de gras de jambon servi en amuse-gueule ». Ou encore, « ces petits encornets farcis aux noix pelées ». Chacun peut y aller de sa surprise, mais il n'a pas de « plats cultes » – c'est même là le drame de Gagnaire car « les gens aiment avoir des points de repère ».

Au mitan de son âge, Pierre Gagnaire conserve un faux air de poussin tombé du nid, une tête d'étudiant révolté et pas mécontent de l'être. Le cheveu blond définitivement en bataille, son sourcil concentré le ferait passer pour un intello s'il n'était démenti par un sourire charmeur, râleur, juvénile. Selon son ami, le journaliste Jean-François Abert, son histoire débute « dans une feuille d'aluminium. A l'intérieur, un poisson, un saint-pierre, qu'on a cuit avec des poivrons doux. La papillote doit être bien étanche pour gonfler au four et se présenter à table bien rebondie. Quand le maître d'hôtel découpe la pochette, tous les arômes de la cuisson, longtemps contenus, se dispersent. Ou, précisément, ils montent vers le ciel. On imagine que Pierre Gagnaire, enfant, regardait, fasciné, cette élévation ».

Une fois n'est pas coutume. En mars 1993, le *Michelin* avait surpris tout le monde en accordant le troisième macaron tant convoité à Gagnaire qui venait à peine de déménager. L'ancienne maison particulière où il s'installait avait toujours été dédiée au plaisir. Celui qui l'avait fait construire, un notable stéphanois, l'avait utilisée pour recevoir et traiter naguère ses amis. Une de ces folies de province nées des délires datés d'un bourgeois amoureux de bonne chère et d'Art Nouveau.

« Les trois étoiles... Il s'est passé quelque chose avec Bernard Naegellen, le patron du *Michelin*. Il paraissait sensible à mon discours culinaire. Avec d'autres, ça passait moins... »

Soit. Mais, comme chaque année lors de la sortie du *Michelin*, les questions ont fusé. Lorain, Loiseau, et maintenant Gagnaire... encore une fois, le guide rouge récompensait et encourageait celui qui avait investi, pris des risques. Il n'en fallait pas davantage pour que les plus pervers soupçonnent une nouvelle fois *Michelin* de vouloir briser les élans sous les fleurs. Mais Pierre Gagnaire su se montrer sage : « Les trois étoiles sont une clef, un point de départ. Ce qui est important, c'est de ne pas perdre le fil de son travail, de réussir à garder l'enthousiasme... de ne pas se laisser aller à la lassitude et de continuer à rester, avant tout, un cuisinier. Ma seule raison d'être, c'est qu'il se passe quelque chose dans l'assiette. Et ce quelque chose, c'est mon truc. Certains croient que l'imaginaire d'un plat ou d'un menu naît de façon collégiale. Non ! Tout le reste, je suis prêt à le partager, mais les plats, ce sont mes idées. »

Saint-Étienne, rue de la Richelandière. Il faisait beau et chaud cet après-midi de juin. Alentour flottaient les souvenirs douloureux de Manufrance, la Manufacture des armes et cycles, et des jours heureux du vert football stéphanois. Le stade Geoffroy-Guichard n'était pas bien loin, le musée d'Art moderne non plus. Il y avait aussi la Comédie, dont la notoriété avait depuis longtemps débordé la dépression du Furan, et puis l'enfant du pays – mais qui s'en souvient ? –, Jules Massenet, qui a droit à sa commémoration nationale en musique... Il y avait enfin le guide vert *(Michelin)* qui précisait, avec sa concision savante et coutumière, que Saint-Étienne avait fait peau neuve, façades blanches, espaces verts, et que le charbon, c'était fini depuis longtemps. Il n'empêche, rien n'arrête le touriste qui ne s'attarde pas, malgré le lac, la montagne, les hôtels de charme ou les douceurs de la villégiature entre Loire et Rhône. C'est de cela, entre autre, que partira Gagnaire première manière, phénomène culturel (non subventionné), grand valorisateur que la ville a laissé échapper.

Pourtant, tous registres confondus, on n'avait pas vu pareil enthousiasme depuis la grande aventure des Verts. Les métaphores avaient fait florès. « Munificent » pour les uns, « digne de Francis Scott Fitzgerald » pour d'autres, le nouveau restaurant de Gagnaire était tout simplement une œuvre d'art pour *GaultMillau*, qui avait flairé le virtuose et l'événement – et devancé de justesse le *Michelin* dans la célébration. Après les quatre toques rouges, la note maximale (19,5) était tombée en novembre 1992. En 1996, avec la suppression des demi-points par la nouvelle directrice, il s'était retrouvé tout de même à 19, dans le peloton de tête des douze meilleurs : « D'abord, on n'y comprend rien, disait la notice. Alors que la plupart de ses confrères, vu la conjoncture, simplifient, abrègent, rangent leur imagination au vestiaire, Gagnaire en remet trois couches en présentant une carte toujours très longue dans ses propositions et ses intitulés savants : prévoir trois ou quatre dictionnaires gastronomiques. Puis, en goûtant, tout s'éclaire, la circonspection se transforme en émerveillements, des saveurs inédites fusent, éclatent. Certes, parfois, mais de plus en plus rarement, ça rate. Gagnaire est un pilote d'art et d'essai. En prenant des risques, il peut se casser la figure. »

C'est alors qu'a commencé, selon les propres termes du pilote, « la fin de l'insouciance ». Traduction : la fin de la jeunesse. Et cette formidable assurance qu'on peut tout faire, qu'on a tout le temps pour ça et qu'on est libre, à loisir, d'envoyer tout balader. Voilà qu'il y avait désormais quarante-huit personnes au restaurant, dont seize en salle, c'est-à-dire un serveur par table, et des emprunts qui couraient. Quinze millions, rien que pour la coque du bateau. Il y avait l'ancien restaurant, devenu l'annexe, qu'on gardait ouvert comme tout le monde parce c'est le prêt-à-porter qui fait marcher la machine. Et puis l'engrenage implacable des obligations, les exigences de plus en plus extrêmes de certains clients. Ils viennent pour un repas de fête, nourris à l'envi des dithyrambes et références de rêve lues dans les médias, croquées sur papier glacé.

« L'agressivité ou la reconnaissance que suscite un repas me surprendront toujours. Fredy Girardet a raison quand il dit : "On ne fait que nourrir les gens, il est impossible de les servir les pieds au mur ou de faire la danse du ventre quand ils arrivent. Parfois l'attente est trop forte, ils peuvent être déçus... Mais ce n'est que de la nourriture..." Il est dangereux de surinvestir, trop donner... La formule de Point, "Je ne vais pas au spectacle, c'est le spectacle qui vient chez moi", est une belle formule, mais il ne faut pas rêver. A moins de s'offrir une table par soirée, refaire le monde toute la nuit et revenir le lendemain midi, ce n'est pas vrai ! J'essaie de me protéger : ma cuisine parle pour moi. Étonnez-moi, jeune homme ! Chaque assiette que j'envoie est unique... »

Et, pourrait-il ajouter, aucune assiette ne ressemble, non plus, à rien de connu ou de déjà éprouvé. Avant un menu à six plats, il vous déposera sous le nez une ribambelle de mini-soucoupes toutes différentes et contenant chacune une ou deux bouchées d'avertissement, chaudes et croquantes, tièdes et moelleuses. On avale sans se couper l'appétit pour découvrir soudain que c'est à l'harmonie des contraires qu'il nous confronte.

A ce jeu poétique ménageant l'art de la rupture, annonçant des rimes embrassées, caressant les dissonances et organisant la forme des saveurs à la manière d'idéogrammes subtils, autant dire qu'on peut y perdre son latin. Réfléchissez à ce que peut être le mariage surréaliste du foie et des rognons de lapereau avec de grosses langoustines, toutes croustillantes d'épices à l'indienne... ou bien le parfait glacé à la lavande !

Jusque dans l'énoncé déconcertant des plats : pressée de galinette, crêtes de coq et leurs attereaux, joyeuses d'agneau, béarnaise de morue, ou encore belles de Fontenay à la rhubarbe, espareilles et sarrasson... A vos lexiques, en effet – voire au dictionnaire de Trévoux !

Certains ne s'en sont pas encore remis, préférant, et c'est plus sage pour leurs certitudes, aller porter leur rond de serviette ailleurs : là où on ne marie pas la sole à la banane, ni le homard au melon, fût-il breton. D'autres ont fait de gourmands aveux d'ignorance, ainsi le cinéaste américain Samuel Fuller : « Je n'ai encore rien compris à ce que je mangeais sauf que c'était foutrement bon. » La chance de Pierre Gagnaire réside sans doute dans ce style inimitable, aux antipodes des modes actuelles. Il est aujourd'hui presque seul de sa catégorie.

Pour lui, tout prend corps autour d'une idée, surgie dans l'instant : il s'agit d'étonner et de s'étonner pour atteindre l'alchimie parfaite « lorsque tous les ingrédients sont réunis, les produits, le désir, l'humeur... et peut-être la grâce, pourquoi pas ? C'est le produit qui donne l'envie, c'est difficile d'en parler. Le rapport que j'ai avec la cuisine est passionné, mais il doit être bref. Quelque chose de magique, qui ne fonctionne pas tous les jours. »

Un repas chez Gagnaire est une expérience unique et éphémère avec laquelle seuls le théâtre ou la musique peuvent rivaliser. Il faut avoir le juste état d'esprit et un goût prononcé pour l'aventure :

« Tout le risque de la cuisine, c'est la déclinaison, la répétition d'une grande idée. Prenez l'omble-chevalier par exemple. Il y a la recette de Chapel, merveilleuse. Aujourd'hui, j'aime le travailler avec des épices, dans une infusion de jus de pomme et de pamplemousse ; pour la cuisson, un pochage très doux... Mais ça va changer, sûrement. Je repartirai dans une autre direction... »

Tout comme un spectacle, « l'assiette est faite pour être détruite ». Il n'y a point de pérennité. On peut juste en référer aux souvenirs antérieurs. Bien malin qui peut affirmer lequel, du souvenir ou du moment présent, embellit l'autre.

C'est que le chef, s'il doit avoir plus d'une œuvre à son répertoire, ne cesse de jouer avec les souvenirs, ceux de ses hôtes et les siens, fumets parfumés d'une enfance dissipée. A les écouter, tous les cuisiniers sont nés dans une cuisine, ont grandi sur de profuses racines rurales recomposées au sortir des années d'apprentissage. Chez la plupart, l'emblématique figure de la mère, de la grand-mère, de la tante ou de la bonne a suscité l'entrée en religion. Les plus mystiques voient au fond des fourneaux la nostalgie du ventre maternel, lieu d'étranges alchimies. Statistique symptomatique, cette cuisine de grands chefs est (presque toujours) l'apanage du sexe fort. Mais, parmi les « modernes », rares sont ceux qui ne revendiquent pas d'emblée le terroir, ses influences déterminantes dès la première heure.

Pierre Gagnaire n'est pas de ceux-là. Né en 1950, à Apinac, dans la Loire, un de ces lieux perdus à quelques kilomètres du Puy-de-Dôme, il avoue sans effort ne pas avoir choisi d'être cuisinier. Devoir d'aînesse oblige, ses parents lui réservaient l'affaire familiale. « Tout de suite je me suis dit : j'en fais quoi, de ce métier ? un simple moyen de gagner ma vie ou un moyen d'expression ? » Déontologie oblige, il lui a aussi fallu résoudre « les deux ou trois questions » délicates qu'il s'est posées, « de par (sa) culture et (son) éducation », lorsqu'il a embrassé la carrière.

« C'est du luxe, du superflu et cela relève d'une certaine forme d'excès. D'un autre côté, il y a des gens qui meurent de faim. Je me suis dit : tu vas mettre de l'intelligence dans ce que tu fais, tu vas moraliser ton métier en allant jusqu'au bout des choses. C'est mon histoire. Pas une quête du goût, ni une recherche de racines, plutôt une affaire d'éthique. C'est à la fois me créer mon propre univers, me prouver que j'existe, me dire que je fais un métier... Je n'ai pas d'états d'âme et, je le répète, je veux rester cuisinier... »

Dans les années Chapel, la cuisine était en mouvement, faite par des hommes doués de parole, capables de réfléchir sur leur métier, leur région, d'aimer la musique, la littérature, l'architecture... Tout a commencé là pour le jeune Gagnaire – il évoque Alain Chapel, une photo des Troisgros, Philippe Chavent aussi, son copain d'apprentissage...

Ces années-là n'ont pas été enthousiasmantes : « A Lyon, quand j'étais au lycée Ampère, je partais tous les matins avec un panier faire les courses et, tous les matins, pendant deux ans, j'ai dû m'infuser les sarcasmes des gens de mon âge qui voyaient passer l'apprenti avec son panier. Un jour, j'ai eu une colère d'impuissance. A cette époque, la cuisine, c'était plutôt réservé à des gens bêtes... »

Pourtant, dans la capitale des gueules, Pierre Gagnaire est à bonne école : Jean Vignard, le maître d'Alain Chapel, le marque durablement : « Il avait un très grand doigté des cuissons. » Puis le commis Gagnaire s'en va chez Tante Alice, chercher la bonne parole, avant d'intégrer la brigade du casino de Charbonnières. Partout, c'étaient de grands professionnels, mais... « Je n'ai jamais rencontré la passion que j'espérais y trouver, seulement des gens distants, un peu amers. La cuisine, je la percevais comme quelque chose d'un peu pénible. L'esprit d'équipe et de solidarité, je l'ai découvert au cours de mon service militaire dans la marine. J'étais cuisinier de l'amiral... »

De ses escales aux Antilles ou à Porto-Rico, Pierre Gagnaire a gardé la manière et le langage du bosco sachant recruter un équipage : « Dans les grands restaurants, on ne fait pas d'offres d'emploi classiques. Ce sont les gens qui nous sollicitent. Volontaires, ils sont payés correctement, mais ils veulent du temps. Ici, il n'y a pas de moule, pas de modèle. Ils ne peuvent pas dire : on va en baver pendant un an chez Gagnaire. Avec moi, c'est une histoire d'amour et c'est à double tranchant. Une affaire de passion. Si je les embarque, de leur part, cela demande de s'investir... »

Le chef n'est pas en reste, qui professe un véritable don de soi, s'avouant tellement épuisé certains soirs qu'il n'a plus rien à dire : « C'est passé ailleurs, la cuisine a parlé. » Et de se rappeler l'époque lointaine, au début de « Saint-... », où seuls deux services violents ponctuaient la semaine. « Aujourd'hui, chaque jour, c'est pfff... » Passion dévorante dont Gagnaire subit au quotidien les délices et les tourments.

« Le matin, je suis là à 8 heures, en cuisine, pour faire le contrôle de qualité. Régulièrement, je fais introduire de nouveaux produits pour que ça vive vraiment. Je veille à ce que les nouvelles idées mises en place soient bien exécutées. Je donne l'information brute pour que les gens la prennent et la malaxent. Souvent, on reprend sur du détail : comment cuire un poireau, la qualité d'une sauce, un chocolat mal fait, un frigo bien rangé... Beaucoup de travail d'observation, de bureau aussi et un peu de sport, quand j'ai le temps. A 11 h 45 puis à 19 h 45, briefing de la salle : qui vient manger, les prix, la distribution de postes, les problèmes techniques...

Ensuite, la cuisine, de 12 heures à 16 heures ; puis les détails liés au restaurant – livraison, personnel, etc. – jusqu'à 17 heures où je fais une coupure. A 18 heures, je repars pour la soirée. Mais j'ai un peu plus de temps qu'avant. Nous sommes fermés samedi et dimanche midi... »

Pierre Gagnaire est exigeant envers lui-même comme il l'est avec sa clientèle. Il entend créer une atmosphère où la gentillesse et la courtoisie ne confinent pas à l'obséquiosité ; il prend en charge les convives pour qu'ils vivent « un moment magique ». Soit ! Mais il n'entend pas s'en laisser conter. « Je sais à peu près quand c'est bon ou pas bon. Si on me dit : c'est trop salé, ou trop sec, et que ça n'est pas vrai, il faut se défendre. Mais tout cela a des limites. Il faut savoir, je ne sais pas si j'y arrive vraiment, que le mieux est l'ennemi du bien... »

A Paris comme à Saint-Étienne autrefois, Pierre Gagnaire aspire à grappiller « ces choses qui sont du domaine du subtil ». Sans perdre pied, même si parfois le doute l'assaille. C'est ce qu'il résume par cette formule : « Traquer l'exceptionnel, c'est bien, mais il s'agit déjà de faire avec ce qui est normal. »

18

Ducasse le Grand, cyber-chef

La Méditerranée, c'est comme le cassoulet. Il n'est jamais si bon que du pays d'où l'on vient. Les Toulousains l'aiment de la Ville Rose, les revanchards de Castelnaudary. L'idéal, cependant, est mijoté de bons tarbais, comme nous l'apprit naguère Pierre Perret. Mais qu'est-ce que la Méditerranée ?

« Mille choses à la fois, répondait l'historien Fernand Braudel. Non pas un paysage, mais d'innombrables paysages. Non pas une mer, mais une succession de mers. Non pas une civilisation, mais des civilisations entassées les unes sur les autres (...). Tout cela parce que la Méditerranée est un très vieux carrefour. Depuis des millénaires, tout a conflué vers elle, brouillant, enrichissant son histoire : hommes, bêtes de charge, voitures, marchandises, navires, idées, religions, art de vivre. Et même les plantes. Vous les croyez méditerranéennes. Or, à l'exception de l'olivier, de la vigne et du blé – des autochtones très tôt en place – elles sont presque toutes nées loin de la mer. »

Ce à quoi le cofondateur des *Annales,* Lucien Febvre, ajoutait, imaginant un retour d'Hérodote, « méditerranéen » s'il en fut : « Que d'étonnements ! Ces fruits d'or, dans ces arbustes vert sombre, orangers, citronniers, mandariniers, mais il n'a pas le souvenir d'en avoir vu de son vivant. Parbleu ! Ce sont des extrême-orientaux, véhiculés par les Arabes. Ces plantes bizarres aux silhouettes insolites, piquants, hampes fleuries, noms étrangers, cactus, agaves, aloès, figuiers de Barbarie – mais il n'en vit jamais de son vivant. Parbleu ! Ce sont des Américains. Ces grands arbres au feuillage pâle qui, cependant, portent un nom grec, eucalyptus : oncques n'en a contemplé de pareils. Parbleu ! Ce sont des Australiens. Et les cyprès, jamais non plus, ce sont des Persans. Tout ceci pour le décor. Mais, quant au moindre repas, que de surprises encore – qu'il s'agisse de la tomate, cette Péruvienne ; de l'aubergine, cette Indienne ; du piment, ce Guyanais ; du maïs, ce Mexicain ; du riz, ce bienfait des Arabes, pour ne pas parler du haricot, de la pomme de terre, du pêcher, montagnard chinois devenu iranien, ni du tabac. » Et voilà... tout cela est aujourd'hui la Méditerranée.

Comment faire entendre à celui qui la chante que la plupart des merveilleux produits dont il se sert n'ont pas d'autre origine que les invasions, la patience et le commerce ? Et que ce sont les voyages, la marine, le négoce qui ont fait de la Méditerranée ce qu'elle est : une impasse maritime cernée de ports. Le credo d'Alain Ducasse doit être entendu dans cette perspective historique : « La Méditerranée, c'est le berceau de toutes les cultures, la cuisine de la fin de ce siècle. Loin d'être une mode comme le fut en son temps la "nouvelle cuisine", la cuisine méditerranéenne est un art de vivre, une culture dont les bases, solidement ancrées, remontent à des millénaires. (...) Parfois dénoncée par certains grands chefs français (dont je ne citerai pas les noms !) comme n'étant pas de la vraie cuisine française, la gastronomie méditerranéenne est à l'image de sa région : lumineuse, vive, expansive, colorée, sensuelle et rigoureuse, et sans doute bien plus nationale que beaucoup d'autres... »

Voilà qui est à la fois vrai et faux. Trop vindicatif pour qu'on fasse grief à Ducasse de quelques approximations. La dernière phrase pourrait être dite en Aubrac, par Michel Bras, dans la baie de Cancale, par Olivier Roellinger, à Illhauesern, par l'un ou l'autre des Haeberlin, à Saulieu par Loiseau... Alain Ducasse ne peut nier l'avoir entendue à propos des Dombes, de la bouche même d'Alain Chapel, son maître. Et puis, au contraire de ce que pense le chef, la Méditerranée n'est pas le « berceau » mais le réceptacle, un carrefour de courants et de chemins. Aussi bien à son orient qu'à son occident, de très grandes civilisations se sont développées qui sont au moins aussi vieilles que les premiers Phéniciens. Il y a toujours quelque chose de dangereux à remplacer un emballement par un autre, un chauvinisme par une vision « créativiste » trop inspirée des récits de la Genèse, un égocentrisme par un ethnocentrisme.

A cette vision du chef prestigieux, on peut préférer celle que donne l'une des sœurs Scotto, Marianne Comolli : « Dans la cuisine du Louis XV, vaste comme un hall de gare, Alain Ducasse s'est aménagé un bureau-salle à manger minuscule, aux portes vitrées coulissantes, d'où il peut contrôler sur six écrans de télévision, et téléphone à portée de la main, l'activité de sa brigade. C'est là qu'il déguste une nouvelle recette ou une bouteille prête à boire. C'est là aussi qu'il reçoit ses fournisseurs. Dès 9 heures du matin, au retour du marché, Alain Ducasse dépose ses trouvailles près du passe-plat pour que chacun puisse les voir. Aussitôt et tour à tour, la cuisine prend des allures de camp retranché, de théâtre, de ruche, de salle de classe, de centre d'essais, de halle centrale, de jardin extraordinaire, dès l'arrivée des fournisseurs qui apportent eux-mêmes les plus beaux produits dont puisse rêver un cuisinier... »

La halle de Ducasse, alors, n'a de Méditerranée que la proximité : elle rassemble des maraîchers, le champignonniste, le pêcheur, la volaillère « de l'arrière-pays qui plume elle-même les pigeons qu'elle livre emmaillotés dans un linge blanc pour protéger leur peau translucide tendue sur une chair brune, sauvage et dodue », le fermier du col de Tende, le laitier du Mercantour qui livre des fromages non affinés au chef du garde-manger, l'homme qui a « découvert le secret de la culture des fraises sauvages »... Et puis « des amis d'Italie » apportent, tels des santons à la crèche, l'huile d'olive de Ligurie, « la plus douce du monde », les « grasses » olives de Taggia, le riz « vialone nano », la farine, les truffes blanches d'Alba, les noisettes du Piémont, la liqueur de Florence, le mascarpone, la mozzarella de Campanie, la ricotta « des brebis romaines », le jambon de San Daniele, le parmesan de Reggio Emilia, « vieux et fruité, condiment idéal... »

Ce sont ces présents qu'Alain Ducasse servira peu après à ses hôtes : « Nous avons le privilège, a-t-il fait imprimer au dos de la carte princière du Louis XV, grâce à d'authentiques maraîchers, éleveurs, paysans, bouchers, pêcheurs et ramasseurs de champignons, d'avoir les meilleurs produits, que nous traitons avec tout le respect qu'ils méritent. Ainsi, chaque plat a son histoire et chaque fournisseur sa raison de poursuivre sa recherche dans le beau. » Mais cet avertissement destiné aux clients est valable chez chacun des cuisiniers dont nous parlons dans ce livre. Il ressemble même furieusement à ce que disait Brillat-Savarin quand il définissait la gastronomie – et Paul Bocuse qui présentait Euro-

Toques... Alors, la différence est ailleurs. Elle ne vient pas de la Méditerranée.

Dans l'incroyable fouillis de son bureau, bourré d'ordinateurs, de fax, de quelques gourmandises solides et liquides, Ducasse commande ses jambons, descend contrôler sur les six écrans vidéo de l'« aquarium » ce qu'il ne peut pas voir à l'œil nu. Il file jusqu'aux gorges du Verdon où il est « l'auteur », le créateur de la bastide de Moustiers, une auberge avec quelques chambres où il a alors installé une jeune femme norvégienne en cuisine et où son ombre tutélaire – sa silhouette est peinte sur le mur de la salle à manger – veille sur les lieux. Il a sans arrêt le téléphone à la main. Il revient de Londres, de New York ou de Hong Kong. Puis il prend l'avion pour Paris, pour le 59, avenue Raymond-Poincaré, dans le XVIe arrondissement, où l'attendent « diplomates et femmes en beauté, banquiers épanouis, jeunes fonctionnaires énervés, hommes politiques avec masque... »

« Et vous, l'homme du Sud, vous vous y êtes pris comment pour faire s'évanouir de plaisir toute cette snoberie parisienne, tous ces Nordistes à qui vous ressemblez si peu ? », questionnait Jean-Pierre Quélin dans *Le Monde*. La recette d'Alain Ducasse, c'est un tiers de savoir-faire, un tiers de faire-faire et un tiers de faire-savoir. Ducasse est le chef du XXIe siècle, le premier des cyber-chefs. La réponse, c'est, à 50 %, la qualité et la fraîcheur des produits : du saint-pierre cuit entier au plat, des poissons de roche pêchés le matin même, des faisselles de lait de brebis caillé qui arrivent à dos d'âne jusqu'aux marches de l'hôtel de Paris (à Monte-Carlo) depuis les Alpilles « tellement la bergerie est inaccessible », des fraises des bois sur lesquelles la rosée du matin n'a pas encore fini de s'évaporer – mais tout ça est nettement plus compliqué à obtenir à Paris, près du Trocadéro. Pour le reste, c'est ce qu'il appelle la Méditerranée : l'huile d'olive, les légumes, les salades, la Méditerranée et ses parfums.

Dans le lieu même où, il y a un siècle, le grand Escoffier a codifié la cuisine française, Ducasse aujourd'hui est à la tête d'une internationale. C'est ce code, théorie et méthode, pratique et service, que déclinent tout autour de la terre des anciens élèves sous l'empire de « l'Organisateur-Formateur » (dixit *GaultMillau*). Pareil aux Habsbourg, Alain Ducasse ne voit pas le soleil se coucher sur les gastronomes qu'il influence. Depuis 1987, commis et apprentis ont défilé par centaines dans les cuisines du Louis XV, avant d'essaimer.

Aujourd'hui, le style Ducasse fait autant école que fureur : à New York, Sylvain Portay a longtemps officié au Cirque ; à Hong Kong, François Rodolphe au Peninsula ; à Phœnix, Alexandre Stratta au Phœnician ; à Saint-Tropez, Christophe Leroy à la Table du Marché ; à Paris, Bruno Cirino au Royal Monceau et Gilles Méry au Manoir de Paris ; aux Hauts-de-Cagnes, Alain Llorca au Restaurant des Peintres ; à Mougins, Noël Mantel au Muscadin ; à Lorgues, Dominique Saugnac Chez Bruno ; près de Cahors, Michel Dussau au Château de Mercuès... Frank Cerutti, qui prit son essor au Don Camillo de Nice, pilote désormais la cuisine du Louis XV. Sans oublier Laurent Gras, le second sur lequel Ducasse ne tarit pas d'éloges : « J'ai un second exceptionnel. Cela fait dix ans qu'il est avec moi. Il a pris une année sabbatique pour parcourir l'Amérique du Sud sac au dos. A son retour, il ne semblait pas s'être lavé pendant un an ! Ses cheveux lui tombaient sur le bas du dos... on aurait dit des baguettes. J'ai fait croire qu'il allait rester comme ça. Toute la Principauté s'est dit : Ça y est, Ducasse est devenu fou ! Voilà qu'il a embauché un marginal venu d'on ne sait où ! Aujourd'hui, il est au meilleur niveau. Car là-bas, il a vécu. Il était amoureux d'une Australienne avec laquelle il a fait de l'archéologie... Aujourd'hui, dès qu'on ferme, trois heures après il est dans l'avion. Là au Vietnam, là à Hong Kong. Je lui ai conseillé d'aller dans le plus grand chinois. Pas pour copier des recettes mais pour voir, pour mélanger les cultures... Car les jeunes s'impatientent, poussent derrière. Ils sont déjà nombreux à vouloir manger le monde autrement. »

Du Nouveau Monde à l'Extrême-Orient, les potentialités culinaires sont à la taille du terroir à défricher. Les grands voyageurs-découvreurs-ambassadeurs d'hier sont aujourd'hui les cyber-chefs. « Nous sommes les meilleurs techniciens de la cuisine après les Chinois, dit Alain Ducasse. Avec leur variété de cuissons, leur diversité de produits au moins aussi importante que la nôtre, les Chinois atteignent l'excellence. Ils disposent d'une kyrielle de produits différents. Quand je vais dans un marché en Chine, je suis ignorant de tout. En fait, je connais moins de 1 % des produits qui sont sur les étals. C'est pareil au Japon. Il faut voir le marché aux poissons de Tokyo : imaginez une ville dans la ville qui vendrait du poisson. Pour faire ce métier, il faut être curieux, avoir l'esprit ouvert. »

Du monde entier tout autant que de la Méditerranée devenue prétexte, du terroir de Provence dont il prend la mesure en sa bastide de Moustiers, au pied de Castellane, réunissant parfois, au retour d'un voyage, le petit cercle des proches (Jacques Maximin, qui vient de Vence, Bruno, le spécialiste des truffes, Reine Sammut, de la Fenière, qui s'est échappée de Lourmarin), Alain Ducasse cueille finalement toutes les saveurs du monde. Que ce soit à Paris ou à Monaco, il les fixe dans l'éphémère destin d'une assiette.

Alain Ducasse est né près d'Orthez, dans les Pyrénées-Atlantiques, le 13 septembre 1956. Ses parents voulaient qu'il reprenne la ferme familiale, l'élevage des oies, des vaches et des cochons. A douze ans, il rêve d'être cuisinier, influencé par sa grand-mère qui prépare, chaque dimanche, la poule au pot selon la recette du Béarnais. Son grand-père l'initie à la pêche et à la cueillette des champignons. La préférence de ses lectures va, dit-on, aux chroniques gastronomiques qui rapportent les batailles des nouveaux chefs. A seize ans, il entre en apprentissage au Pavillon landais de Soustons. Puis il est commis chez Michel Guérard, aux Prés d'Eugénie. En novembre 1977, à vingt et un ans, il arrive chez Alain Chapel, à Mionnay. Le maître l'accueille par ces mots : « A partir d'aujourd'hui, petit, tu oublies tout. » Au cours des deux années de ce nouvel apprentissage, il apprend le doute mais occupera tous les postes jusqu'à celui de chef du garde-manger. C'est sans doute là qu'il comprend que « bien faire et mal faire prennent le même temps » et que gâcher ses dons peut mettre en colère. Sortant de chez Chapel, il entre à Mougins chez Roger Vergé. Il est consacré cuisinier...

En 1981, le voici chef de cuisine à la Terrasse de l'hôtel Juana de Juan-les-Pins. C'est là que deux étoiles lui viendront en 1984. En mai 1987, il entre sous contrat à l'hôtel de Paris, à Monte-Carlo, pour diriger le restaurant, le prestigieux Louis XV. Entre-temps, il a frôlé la mort dans un accident d'avion près de Chambéry, lors d'un vol entre Saint-Tropez et Courchevel. Les autres passagers ont été tués. Lui, il a été éjecté. Depuis, il pense « qu'un fil (le) relie avec là-haut ». La Société des Bains de Mer, qui l'embauche au Louis XV, souhaite un succès rapide. C'est chose faite en moins de trois ans : *Michelin* lui décerne trois étoiles en 1990. Ducasse a trente-trois ans. C'est le plus jeune chef couronné de l'histoire. En juin 1997, le magazine américain *Wine Spectator* publie le résultat d'une enquête effectuée parmi les connaisseurs. On a demandé aux lecteurs de désigner les meilleurs restaurants du monde... Alain Ducasse vient en tête, devant la Tour d'Argent, l'Enoteca Pinchiorri (Florence), Taillevent, Guido Restaurante (en Italie), Troisgros, Georges Blanc, le Crocodile (Strasbourg), le Louis XV et la Tante Claire (Londres).

« J'ai débuté dans ce métier avec l'idée de réussir rapidement. Je me souviens d'avoir quitté l'école hôtelière trois mois avant l'examen parce que l'apprentissage n'allait pas assez vite à mon goût. J'ai toujours fonctionné en homme pressé et on me l'a souvent reproché. Tout comme on m'a reproché ma jeunesse. En France, on n'accepte pas bien les réussites précoces. Je me suis mis à porter la barbe dès l'âge de vingt ans dans le but de brouiller les pistes... Mais je n'aurais jamais assez de temps pour faire tout ce que j'ai envie de faire. A un haut niveau, cuisinier ou sportif, c'est pareil. La pression est immense. Être sur le podium, ça veut dire qu'on peut en glisser demain. »

Le 16 mai 1996, après un incroyable suspens, Alain Ducasse succédait à Joël Robuchon qui prenait sa retraite quelques semaines plus tard. Pour la première fois dans l'histoire, disait-on, un chef allait tenir deux tables trois fois étoilées. Ce qui était faux, puisque la mère Brazier, jadis, avait accompli semblable exploit

– mais seulement séparée de ses deux pôles par une pincée de kilomètres. Cette fois, il y avait un bon millier de kilomètres : « 955, exactement ». Et d'avancer les moyens modernes qui, heureusement, permettraient la performance. C'était encore un triomphe à mettre sur le compte du progrès, de l'informatique et de la civilisation du jet...

On calcula que le chef allait effectuer deux cent cinquante allers-retours par an sur les avions alors improbables de l'ex-Air Inter... On s'extasia devant l'organisation « d'écurie de course », devant le courage de ce rescapé, devant le risque. On fit la queue et s'inscrivit deux mois et demi à l'avance pour un dîner de vendredi soir.

Imperturbable en apparence – peut-être un peu stressé –, le chef volant, « l'étoile filante », mit les choses au point d'entrée : « Ce n'est pas au nombre d'heures qu'un grand cuisinier passe devant ses fourneaux que s'établit sa valeur. Certains parmi les plus grands n'ont pas découpé une tomate depuis vingt ans. (...) Après tout, disait-il aussi, un chef d'orchestre passe aisément d'un orchestre à un autre. » Et de botter en touche : « Il faut se tenir à la pointe en permanence. La cuisine évolue. Ce n'est plus une affaire française, ni européenne. C'est bel et bien une affaire mondiale. » Et de revenir sur son huile d'olive comme une obsession : « L'huile d'olive va tacher (sic) la cuisine parisienne de l'Europe du Nord. Nous sommes attirés par un nouvel état d'esprit, celui des ambiances du Sud, tant au niveau culturel que musical... Les Européens du Nord ramènent de leurs migrations estivales une véritable curiosité pour cette cuisine... »

Un an après, tout le monde considérait que Ducasse avait réussi son pari. Même si le guide rouge n'avait suivi que pour Paris, retirant une étoile au Louis XV. Déjà, dès l'ouverture, c'était prévisible. La foule des curieux avait fait le siège, ravie de partager une cuisine « audible et compréhensible par tout le monde », étonnée de la carte aux énoncés d'une belle simplicité, de « lecture rapide » : sole, morue, chipirons et calamars, blanc de bar, poulette des Landes, agneau de Pauillac... Des plats « d'une évidente fausse simplicité ».

Les Parisiens surpris avaient aimé le clin d'œil au prédécesseur, Poitevin-la-Fidélité : cette gelée de caviar à la crème de chou-fleur – le plat fétiche de Robuchon. Ils aimaient aussi qu'Alain Ducasse leur dît, dès le premier jour : « La cuisine française, c'est du talent, de la technicité, de la pratique, du raffinement, de l'élégance. Et une culture culinaire. Un plat terminé doit être accessible à chaque palais sans avoir besoin d'un dictionnaire pour savoir ce que l'on mange... »

C'était parti pour la chantilly des temps modernes et Paris la découvrait, flatté, faisant les cornes aux grincheux, aux aigris, aux esprits forts.

Le prophète du Louis XV, si vite devenu le nouveau mage de l'avenue Raymond-Poincaré, va-t-il maintenant s'élancer à la conquête du Nouveau Monde ?

19

La « voie de la gourmandise » passe par Tokyo

Voici une importation dont les Japonais sont très fiers. C'est le premier établissement « six étoiles » de Tokyo (et de la planète gourmande), le (sans respirer et avec des majuscules, même en japonais) Château-Restaurant-Taillevent-Robuchon. Placé sous le double patronage de ses prestigieux promoteurs, maîtres de cérémonie et de cuisine : Jean-Claude Vrinat et Joël Robuchon. « Tout a commencé il y a cinq ans, raconte Robuchon. Un brasseur de bière, le groupe Sapporo, voulait monter ce "château" français à Tokyo et en avait soumis l'idée à la banque Indosuez, très bien implantée au Japon, en réclamant le meilleur restaurateur français. Le banquier est allé voir Jean-Claude Vrinat, qu'il connaissait, puis il m'a rendu visite. Jean-Claude Vrinat lui avait dit : "Je ne m'occupe de cette affaire qu'avec Joël Robuchon, sinon ça ne m'intéresse pas." »

Scellée depuis longtemps, l'amitié entre les deux hommes ne s'est pas démentie au pays du chrysanthème. Pourtant, tout, a priori, opposerait le Poitevin Robuchon au Parisien Vrinat. Le premier, quinquagénaire, a suivi dès 15 ans l'école des apprentis cuisiniers, puis a gravi tous les échelons de la gloire culinaire. Le second, sexagénaire, est diplômé de H.E.C. et issu d'une famille, « certes pas de robe et d'épée », précise t-il, mais où l'on compte beaucoup d'avocats et de médecins... Vrinat père, déjà, avait fait exception. L'actuel représentant de la lignée a pris la suite. Quand Jean-Claude fréquentait sa future femme, issue d'une famille d'industriels du Nord, l'entourage s'interrogeait : « Mais elle va épouser un restaurateur... Oui, mais il a fait H.E.C. C'est donc que peut-être... » A l'époque, les métiers de la restauration ne méritaient pas plus de considération que ça. Aujourd'hui, Vrinat est sur un piédestal : celui des élégances culinaires parisiennes. Quand Patricia Wells scrute, pour le *Herald Tribune* les arcanes de la haute gastronomie française, pour en savoir plus, elle sollicite notamment « the restaurateur Jean-Claude Vrinat of Taillevent » pour faire l'état des brigades : « Nos trente glorieuses appartiennent au passé, lui déclare celui-ci. Franchement, nous avons eu la vie facile au cours des trois dernières décennies. Nous devons nous mettre dans la tête que les bons jours étaient l'exception, pas la règle. Fini le complexe de supériorité des Français. Maintenant, il va falloir se battre... »

C'était en décembre 1995, peu après les diverses « dégradations » infligées par le *GaultMillau*. Alors que l'été s'était déjà achevé par un coup de chauffe sur la T.V.A., l'heure était à la résignation – ou à la révolte... « On n'a jamais autant parlé de Taillevent depuis mon "passage" de 19 à 18 dans le *GaultMillau*. Dans l'esprit des gens, cette notion de rétrogradation existe bel et bien. Je n'en suis pas moins très honoré d'être mis sur le même pied qu'Antoine Westermann, le grand cuisinier du Bueheriesel, à Strasbourg... »

Des histoires de note à celle des chiffres, il n'y a qu'un pas, tant elles sont inséparables dans l'univers des trois-étoiles *Michelin*. « Nous sommes une société anonyme. Nos résultats sont consultables sur Minitel... Notre chiffre d'affaires a toujours crû : ces dernières années, de façon légèrement inférieure à l'inflation. Je n'ai pas voulu augmenter mes prix depuis trois ans. Et je n'ai pas répercuté d'un centime la hausse de la T.V.A... au détriment de mes marges. Mais la crise a toujours ceci de bon, c'est d'éliminer ceux qui n'ont rien à faire dans une profession. Regardez l'immobilier ou la restauration... » Dans ce contexte, l'aventure franco-japonaise prend toute sa valeur ; elle offrait son lot de risques – et de satisfactions : « Ce qui nous a surpris, Joël et moi, c'est l'importance et le flux permanent des réservations. Car le pari était très risqué dans la mesure où ce château, construit dans le parc de Yebisu à l'aide de pierres et de matériaux importés de chez nous, ne devait proposer que la grande cuisine de Joël Robuchon dans un décor façon Grand Siècle. Nous avons mis sur pied un prototype dont le succès n'était pas acquis d'avance, le Japon n'étant pas sorti de la crise économique. Robuchon et moi avons vécu dans l'angoisse pendant de longs mois ; par chance le groupe Sapporo a cru en ce château et a soutenu le projet... »

L'histoire de la pénétration des grands chefs au Japon commence, quatre siècles après l'arrivée des jésuites portugais, par le séjour que Raymond Oliver y fait au tout début des années 60, Hiro Hito régnant. Le grand ambassadeur de la gueule française est bientôt suivi par Jean Delaveyne et Paul Bocuse. En 1970, ce dernier monte déjà un restaurant à Tokyo, en partenariat avec le distillateur Suntory. Mais trois ans auparavant, les Troisgros, pressentis par les dirigeants parisiens, avaient fait l'ouverture du premier Maxim's de Tokyo. Et Akio Morita, président de Sony, sponsorisera la dynastie de Roanne. Au milieu des années 70, Alain Chapel et Alain Senderens, entre autres, viendront ausculter les arts et les manières de table des habitants du Soleil levant. Ils en ramèneront une nouvelle cuisine appelée à une certaine fortune. L'aventure japonaise de Joël Robuchon débute, elle... à Paris, au restaurant de l'hôtel Nikko, et se poursuit au Japon en 1977, à l'instigation de Bocuse.

En 1980, Bernard Loiseau est convoité. Son biographe analysera comme suit, dans la *Quête des étoiles,* les méthodes d'approche japonaises : « Dans un Japon en pleine expansion économique, chaque chaîne d'hôtels se doit alors de créer son restaurant français. Les "chasseurs de tête" du ministère du Tourisme japonais repèrent Bernard, dont ils apprécient la cuisine inventive et légère... "Les Japonais voulaient un chef aussi charismatique que Bocuse, qui puisse attirer sur lui le feu des médias", explique Pierre Béal, directeur d'une école de cuisine près de Lyon. Bernard refuse, soucieux d'obtenir sa troisième étoile avant de signer des contrats avec l'étranger. Chaque année, les Japonais renouvellent leur proposition, sans succès... En 1990, ils arrivent à Saulieu avec un ultimatum : "Maintenant ou jamais." » La haute gastronomie française semble perdre des voix dans un Japon touché par la crise économique. Beaucoup moins onéreuse, la cuisine italienne est désormais bien implantée dans l'empire du Soleil levant. Les bars à tapas espagnols se développent également, tout comme les restaurants français plus abordables. Ainsi, la chaîne de brasseries Flo vient d'ouvrir un restaurant à Tokyo. Cependant, le ministère du Tourisme japonais souhaite installer un restaurant prestigieux au dernier étage d'un nouvel hôtel à Kobé, près d'Osaka.

Aujourd'hui que les grands chefs français connaissent des fortunes diverses, le tremblement de terre de Kobé a provisoirement interrompu le parcours de Loiseau. Et Paul Bocuse a vendu son nom... « Ce que nous n'avons jamais voulu faire avec Joël, assure Jean-Claude Vrinat. Il n'y aura pas de Taillevent-Robuchon à Hong Kong, Moscou ou New York. Ce serait au détriment de nos établissements parisiens... Mais rendons hommage à Raymond Oliver et à Paul Bocuse qui ont envoyé les chefs français aux quatre coins du monde. S'ils n'avaient pas fait ce travail au Japon, nous n'aurions certainement pas tenté cette opération. » Et s'il n'y avait pas eu la puissance du groupe Sapporo non plus...

Visite guidée du château par le service communication du groupe : « Le Yebisu Garden Place (Y.G.P.) est un site actuellement développé sur plus de 8 hectares par le groupe Sapporo, comprenant, outre 60 % d'espaces verts et de plein air, des bureaux, logements, le Château-Restaurant-Taillevent-Robuchon, un hôtel, une galerie commerciale et des lieux culturels. L'accent a été mis sur la création d'une cité véritablement nouvelle, où chaque visiteur aura l'impression d'avoir suffisamment de temps et d'espace, dans le respect de nos trois principes : créativité, convivialité, bien-être. Le Y.G.P. sera relié à la gare J.R. d'Ebisu par un trottoir roulant de 400 mètres. »

Les Japonais ont requis l'expertise de Jean-Claude Vrinat dans l'organisation du service en salle et dans l'établissement de la carte des vins... Avec ses trois cent cinquante références, la cave du Château-Restaurant renferme plus de douze mille bouteilles. Notamment, un saint-julien, château branaire-ducru, mis en bouteille en 1900, ou, pour les bourses détendues, un château lafite-rothschild voire un château margaux, tous deux de 1961, tous deux à 205 000 yens...

Jean-Claude Vrinat constate que «le Japonais passe pour très réservé». C'est vrai, mais quand il est avec ses compatriotes, précise t-il. «Avec un Français, s'il n'y a pas la barrière de la langue, il s'exprime, se libère. Nous serions en permanence au Japon, l'ambiance de notre restaurant serait différente. Il y aurait plus d'âme... J'ai l'impression qu'ils sont un peu impressionnés par la tâche qu'on leur a confiée, par l'enjeu. Ça pèse sur leurs épaules... au détriment de l'ambiance en salle. Le fait de les faire venir ici, en France, pour leur montrer notre travail en salle les fait progresser.»

Joël Robuchon témoigne, pour sa part, de ce que les plus prestigieux chefs japonais n'ont jamais manqué de venir faire leur classe en France : «En 1966, quand je travaillais au Berkeley, nous avions déjà des stagiaires japonais en cuisine. Parmi eux, M. Ono, chef de l'hôtel Okura de Tokyo, le plus grand chef du monde : il a sous ses ordres plus de cinq cents cuisiniers, un bureau avec cinq ou six secrétaires... C'est impressionnant ! Eh bien, lui aussi, est venu faire ses classes chez nous, apprendre la cuisine française, entre autres au Plaza.»

Pour Jean-Claude Vrinat, le Japon a été une découverte : «Je passais mon temps à voyager en France dans les vignobles. Aimant l'architecture, je suis allé en Italie, à Florence, au Mexique aussi, au Brésil... mais peu dans le Nouveau Monde. Je suis allé pour la première fois aux États-Unis en 1980... Depuis trente ans, je ne voyageais pratiquement plus. J'ai renoué avec les voyages en allant pour la première fois au Japon en 1989, signer ce fameux contrat avec Joël et nos partenaires...»

Et de découvrir aussi que la nouvelle culture culinaire nippone passe désormais par la «voie de la gourmandise» comme l'analyse avec humour la presse de Tokyo et son chroniqueur Kazuhiko Yatabe : «Dans sa célèbre

Physiologie du goût, Brillat-Savarin affirme que le pantalon a été créé par «ceux à qui la nature a dénié l'héritage du goût» car «jamais replets». Les Japonais n'ayant jamais inventé le pantalon – le kimono s'ajustant au contraire à toutes les corpulences –, on peut logiquement conclure qu'ils savent apprécier la bonne chère. Cela étant, il ne faudrait pas croire que la quintessence de l'art culinaire nippon réside uniquement dans le raffinement des mets et de la présentation, raffinement qui n'est pas sans donner l'impression d'ingérer à chaque bouchée un zeste de zen, comme s'il exigeait une maîtrise des besoins bassement vulgaires que sont la faim et la soif. La cuisine japonaise sait aussi contenter les nombreux adeptes du «kuidôraku» (la voie de la gourmandise) à l'appétit joyeux, qui conjuguent sociabilité et plaisir des sens.»

L'air du temps porte vers l'excentricité : à Tokyo, on peut ainsi adhérer au Club du savoir-manger à volonté. En plus de la qualité, ses membres réclament désormais la quantité à un prix raisonnable... Dans le cercle, les règles sont strictes : celui qui a le moins mangé paye l'addition pour tout le monde. Les convives se jettent donc frénétiquement sur la nourriture ! Et les chaînes de restaurants s'organisent en conséquence : rationalisation, achats groupés, automatisation. Le client, ici comme ailleurs, reste roi.

Isao Henni, journaliste et auteur de *Monokuu hitobito (Les hommes, ces mangeurs)* dresse un état acide des organes de notre temps : «L'estomac des Japonais est de plus en plus fragile. Beaucoup de gens croient que ce qui est cher est forcément bon et ce qui est bon forcément cher. Manger est un acte dans lequel l'homme doit s'investir à fond. En mangeant à volonté, les clients dépensent moins, ce qui est une bonne chose. Le problème, c'est que l'on en vient à jeter ouvertement de la nourriture. La situation alimentaire mondiale n'est pourtant pas si bonne... »

Jean-Claude Vrinat n'a pas connu la déferlante de ces nouveaux gourmets dans son établissement parisien. Dans son hôtel particulier du 15, rue Lamennais, on vient avant tout pour parler affaires : « Ce lieu est plus connu pour ses déjeuners que pour ses dîners... Nous avons une clientèle japonaise, mais elle ne s'est pas développée outre mesure. Je crois qu'ils ont une réticence à venir dans certaines maisons où ils ont l'impression qu'ils ne se sentiraient pas à l'aise. Ils sont parfaitement conscients que certaines maisons sont réservées... je ne dirais pas à une élite, l'élite c'est une question d'état d'esprit, pas de situation. »

A Tokyo, Joël Robuchon sert la fine fleur des gourmands nippons... comme il sert celle de Paris. A consulter la carte, cette dernière pourrait même s'y méprendre : la gelée de caviar à la crème de chou-fleur est bien là, la volaille de Bresse aussi. Les produits du terroir japonais ont cependant droit de cité : ainsi le bœuf de Kobé grillé aux échalotes confites, moelle à la coque et pommes soufflées. Mais les truffes, le foie gras, les fromages et autres produits typiquement français sont importés de l'Hexagone. Tout comme la carte – fusion de la liste des vins et des mets – est une idée empruntée directement au restaurant Taillevent.

Les Japonais restent particulièrement sensibles à tout ce qui touche le luxe et, pour eux, la cuisine française est une manifestation typique de luxe. « Au début, note Joël Robuchon, dans les années 60, nos cuisiniers ont apporté une cuisine traditionnelle qui ne correspondait guère au goût japonais parce que toutes les saveurs étaient masquées par des sauces épaisses, pleines de crème, de beurre, de foie gras. C'était lourd, riche, indigeste même, surtout pour eux qui aiment les plats dépouillés... »

Au Château-Restaurant-Taillevent-Robuchon de Tokyo, la brigade est entièrement japonaise et dirigée par Maurice Guillouet, « executive chief » en titre. Après la Tour d'Argent et Jamin, le Français s'est rôdé au contact des Japonais – au fil des trois années passées à l'hôtel Nikko de Sydney. A Tokyo, Tooru Kawano le seconde ; Guy Savoy, Joël Robuchon, Georges Blanc et Fredy Girardet lui ont appris quelques tours de main. Jean-Claude Vrinat peut être sans inquiétude... « J'ai la chance d'avoir une femme qui supporte la vie d'enfer que je mène. Mon emploi du temps, c'est huit heures du matin-minuit... Le dimanche soir, c'est la révolte. J'ai perdu deux jours à vider mon bureau de tous les dossiers... la bureaucratie ! Ce métier est-il rentable ? Je dis sincèrement non. »

En mars 1995, au cinquième concours national du Meilleur Cuisinier en produits français du Japon, était couronné l'hôtel Okura de Tokyo. Joël Robuchon, Franck Cerutti et le pâtissier Christian Felder constituaient le jury pour un « concours du panier » qui connut un franc succès : cinquante candidats disposaient d'un petit panier avec un canard de Vendée et un foie gras de canard, des ingrédients – beurre, vin français, cognac, herbes aromatiques – et des légumes, endives, oignons, artichauts de Bretagne. Les produits du terroir et l'habileté des Japonais se conjuguèrent... pour le meilleur.

Aujourd'hui, Kiyinomi Mikuni est l'un des chefs les plus cotés de Tokyo. Ses maîtres s'appellent Girardet, Troisgros et Chapel. Dans le restaurant Mikuni, le chef sert une cuisine naviguant entre traditions française et japonaise, entre hommages (salade de homard Alain Chapel, soufflé aux fruits de la passion Fredy Girardet) et innovations... Fameuse table également à La Bécasse, dans le centre d'Osaka : le chef Yoshinori Shibuya y pratique la cuisine franco-japonaise avec bonheur. Son séjour dans l'Hexagone, chez Robuchon et Chapel, a porté ses fruits. Et Shibuya n'a que la trentaine...

Inauguré en octobre 1994, le Château-Restaurant-Taillevent-Robuchon livre déjà sa moisson de (bons) chiffres : près de cent emplois ont été créés. Vingt-cinq mille clients ont fréquenté les trois salons en l'espace de douze mois. La boulangerie du sous-sol est prise d'assaut ; les vins de France des caves Taillevent partent comme les petits pains (250 000 bouteilles en douze mois), un exploit au pays où chaque habitant ne consomme pas plus d'une bouteille de grand vin par an. Et ce grâce à un « très bon rapport qualité-prix » (500 francs au déjeuner, 800 francs au dîner) qui a surpris l'élite des gourmets de Tokyo, habitués à des additions célestes.

Nombre de légendes sur les préférences japonaises ont succombé : « Dans notre boutique, précise Joël Robuchon, nous vendons plus de six cents baguettes par jour, très fines et archi-croustillantes, contrairement à ce que l'on a dit sur le dégoût des Japonais pour les consistances croustillantes, justement... Contrairement à ce que l'on croit aussi trop souvent, les Japonais aiment beaucoup la viande rouge, le summum pour eux étant le fameux bœuf de Kobé. Soit dit en passant, il y a de tout dans la viande de Kobé, du divin, du tendre, du goûteux et du moins bon : entre 2 000 et 4 000 francs le kilo ! Dans ce pays qui n'en a pas bu pendant des millénaires, les vins sont appréciés. Mais ils ne les boivent qu'avec la cuisine française ou européenne. Et il y a des initiés. La preuve en est le grand nombre de Japonais qui gagnent les concours internationaux de sommellerie... »

Jean-Claude Vrinat et Joël Robuchon ont encore cinq ans – jusqu'en 2004 – pour ne jamais cesser d'étonner les Japonais. Et pour ne pas émarger au club des « dinosaures ». Il s'agit de progresser, de ne pas s'endormir, répète Jean-Claude Vrinat. Son compère est bien au diapason : « Je réalise que, face à une civilisation aussi éloignée de la nôtre, je retrouve une sorte d'ingénuité qui favorise la créativité. A Tokyo, le champ des préparations à créer et des goûts à inventer est immense. Et puis je veux continuer à œuvrer en tandem avec mon ami Vrinat. » Lequel renchérit : « Ah ! si j'avais eu la chance de commencer comme Joël – j'ai peut-être eu tort de faire H.E.C... Il a quelque chose d'indéfinissable, un mélange de mystique et de racines terriennes. Et aussi le sublime, l'intellectuel... la perfection ! »

Côté service, Jean-Claude Vrinat regrette qu'il n'y ait plus ces vrais maîtres d'hôtel d'autrefois qui connaissaient leur métier, qui savaient faire flamber une bécasse, trancher un saumon, préparer un cocktail, rédiger une lettre à un ambassadeur, employer la troisième personne et parler à un roi s'il le fallait... Et de saluer l'initiative de Paul Bocuse : la création d'un diplôme de Meilleur Ouvrier de France pour le service en salle. « Après l'omnipotence des chefs, on revient à un meilleur équilibre entre la salle, la cuisine et la sommellerie. Progressivement, nous atteindrons une certaine égalité. Voilà comment je vois l'évolution... »

20

L'Europe des fourneaux

Existe-t-il une cuisine européenne comme il existe une cuisine des steppes, une cuisine chinoise, japonaise, malaise, océanienne ? Peut-on parler d'une cuisine européenne comme on parle d'une cuisine « américaine » normalisée ou comme on a parlé d'une « cuisine de palace » – c'est-à-dire internationale ou « continentale » ?

Personne ne soutiendra qu'il existe une cuisine européenne mais que, peut-être, en se plaçant du point de vue de la réévaluation du service en salle voulue par Paul Bocuse, il existe des manières de table proprement et uniquement européennes. Et ce seraient même ces manières civilisées, polies, qui seraient à l'origine de l'attention extrême portée aux mets, aux produits, à la sauce, à la présentation.

En Europe, sauf en sa partie sud-est, on ne se mouche ni dans la nappe ni dans la serviette ; on n'avale pas, en mastiquant mâchoires claquantes, une boulette trempée dans la sauce avec les doigts ; on ne pousse pas les aliments dans la bouche avec des baguettes ni n'aspire bruyamment les potages ; on ne connaît de rot que le rôti ; on n'exprime pas sa satisfaction à grands soupirs mais en l'écrivant sur un livre d'or ou en la faisant savoir discrètement au chef lorsqu'il vient, pas toujours modeste, recueillir les compliments de la salle ; on ne se jette pas le vin « derrière la cravate » comme s'il s'agissait d'une brûlante eau-de-vie ; depuis le XVIIe siècle, le XVIe pour les plus fortunés, on se sert d'une fourchette et d'un couteau pour porter les « viandes » à sa bouche – même si, comme Lameloise l'aîné ou Ducloux, on peut regretter l'attrait renouvelé qu'exerce sur les modernes la nouvelle cuiller de la nouvelle cuisine ; on ne mange pas davantage debout « à l'américaine » que vautré « à l'antique » ou posé en tailleur sur ses talons mais assis sur un banc, un tabouret ou une chaise ; on ne met pas ses coudes sur la table ni ses mains sous la nappe... sauf en des circonstances exceptionnelles ; on ne boit pas la bouche pleine et on ne coupe pas le pain avec son couteau ; on ne lèche ni ne sauce son assiette même quand c'est trop bon...

Qu'il s'agisse de « recettes » ou de commentaires, aucun continent n'aura autant produit d'ouvrages que l'Europe sur son alimentation et les modes de préparation de ses aliments. Cela donne la mesure de l'importance culturelle dévolue à la question. Peut-être cela tient-il à la place singulière que le pain et le vin ont prise dans la religion dominante du continent (qu'elle soit catholique ou orthodoxe) ? L'aliment n'étant plus, comme dans toutes les autres, offrande à la divinité (agneau du sacrifice dont on distribue les morceaux aux élus, fruits et bols de riz propres à s'attirer des faveurs) mais partage de la chair « réelle » et du sang « réel » du dieu rédempteur. Théophagie sans équivalent.

Quand Paul Bocuse et ses pairs déplorent par exemple la disparition des « trois repas principaux » de la journée au profit de « vingt ou trente prises de nourriture quotidiennes », ils mettent l'accent sur la régression qui menace. Et qui ne dépend pas, fondamentalement, du niveau de vie. Manger sans cesse, grignoter, ne pas s'asseoir, ne pas prendre son temps le temps d'un repas, même sommaire... autant d'aspects d'un phénomène déshumanisant contre lesquels la haute cuisine offre un modèle heureux et donc « structurant ». C'est ce qui explique, chez tous les peuples qui ont dépassé la seule quête de nourriture pour la stricte survie, l'immense floraison de publications spécialisées dans ce qui est aussi une « industrie du rêve ». Au même titre (sans jeu sur les mots) que le récit illustré des avanies et des bonheurs vécus par les stars et les princesses.

S'il n'y a pas *une* cuisine européenne syncrétique réunissant à grands traits les cuisines française, italienne, allemande, tchèque, espagnole, britannique, scandinave, russe, juive ou ottomane... il y a chacune d'elles. Comme subsistent, dans l'Hexagone – et nous venons de le voir –, quatre ou cinq ou vingt manières que les décrets, les modes, les outrages et les invasions – les sectarismes aussi – ne parviennent pas à faire disparaître.

La plus décriée d'entre toutes les cuisines européennes est certainement l'anglaise (mais l'écossaise, mais l'irlandaise...). Avant, rien ne semblait plus incongru que le rapprochement des mots « gastronomie » et « britannique ». Le gigot bouilli et son corollaire, la sauce à la menthe, rien, sauf peut-être l'assiette anglaise, n'avait grâce à nos yeux et à nos papilles continentales. De ce que l'on servait de l'autre côté du Channel, on disait même : « Quand c'est chaud, c'est de la bière ; quand c'est froid, c'est de la soupe ». Aujourd'hui, tout a changé. On mange mieux en Grande-Bretagne. En 1995, pour la première fois dans l'histoire du guide rouge, un « British-born chef » a obtenu la troisième étoile *Michelin* : Marco-Pierre White, qui avait alors trente-quatre ans. Né à Leeds, d'une mère italienne, il a acquis la célébrité au Harvey's, son premier restaurant, dans la minuscule cuisine capharnaüm où il a mis au point son style : une cuisine à la française, apprise et perfectionnée chez les meilleurs chefs français de Londres et des bords de la Tamise – Pierre Koffmann de Tante Claire, les frères Roux du Gavroche et du Waterside Inn... « Bad boy » de la gastronomie britannique, il cultive l'air racaille des stars du rock en sa maison de Knightsbridge dénommée tout simplement The Restaurant. Parfait of foie gras, millefeuille of crab, pigeon farci de caviar d'aubergines et cuit en crépinette, pear Belle Hélène... font des additions « expensive » (« £ 105 per person for three courses », écrit-on dans *Time*, sur un ton à la fois admiratif et irrité). Marco-Pierre White supervise aussi le Criterion, à Piccadilly Circus, vaste temple excentrique et branché (mais à prix plus modérés), dédié au glamour.

« La cuisine, affirme White, qui parle, sans le savoir, comme un disciple de Taine et de Zola – voire de Cézanne –, c'est l'alliance du sel et du vinaigre, du bœuf et du vin rouge » – ce qui n'amende pas la définition qu'il en donnait un peu plus tôt : « La cuisine est une science, ce n'est pas un art. S'il y a un artiste, c'est la Nature. Elle produit les ingrédients. Le caviar et l'huître, le *fish and chips*, la tomate au basilic, le sel et le citron... Tout cela a été inventé il y a longtemps. Ensuite, il faut comprendre les éléments qu'on travaille. Exalter un parfum est une question de cuisson, qui est une question de température. C'est donc scientifique. » Et d'ironiser sur des confrères qui n'ont pas cru devoir apprendre « les bases de la cuisine française » et qui fabriquent une sorte de « compote » en empruntant un peu à tout le monde : aux Italiens, aux Chinois, aux Thaïs... et même aux Californiens ! A Londres où, à la première récession, « la moitié (des nouveaux restaurants) mettront la clé sous la porte », on trouve le meilleur et le pire.

A Paris, le Bertie's, restaurant de l'hôtel Baltimore, serait considéré comme l'un des meilleurs restaurants british du monde. Le chef, formé à Londres, excelle dans le « steak and kidney pie », l'agneau d'Écosse rôti et sa sauce menthe réhabilitée, le petit pot de crabe, les œufs pochés au haddock – ou au boudin gallois –, et le train de côte de bœuf, servi au chariot, qui vous emmène au Royaume-Uni aussi vite que l'Eurostar. Mais voici qu'a débarqué, à l'automne de 1997, la revanche des Saxons : le « restaurant géant » dont le Conran est le prototype. Ce nouveau (?) système, qui a investi l'ancienne salle du music-hall parisien Alcazar, connaîtra-t-il le même succès que ses homologues d'outre-Tunnel, une fois dépassée la première curiosité ? Les frères Blanc de Paris (quatorze maisons et mille employés – sans compter La Fermette Marbœuf, qu'ils viennent de racheter) en doutent, tout comme le patron de Flo, Jean-Paul Bucher (vingt mille couverts par jour, trois mille employés). A Londres, on dit que sir Terence Conran, le producteur de ce nouveau genre de spectacle, est « a designer, not a chef ». Tout bien pesé, il ne s'agirait que d'un remake du « bouillon » ou de la brasserie (et de son « âme alsacienne ») comme Joho (voir chapitre précédent) a réussi à l'imposer aux States. Le succès de ces établissements en Angleterre s'expliquerait par le fait que, là-bas, plus personne ne sait cuisiner – sinon ouvrir des boîtes de soupe à réchauffer. Transposer l'expérience en France – et même à Paris – paraît délicat. Ne refait pas La Coupole qui veut.

Les brasseries, l'Allemagne en a une certaine habitude. Ce n'est pas là non plus que les innovations britanniques vont surprendre. Certaines de ces immenses halles ont même une réputation sulfureuse qui n'est pas usurpée. Cependant, on aurait tout à fait tort de limiter la gastronomie allemande aux habituels clichés qui accompagnent la bière et la bratwurst plus sûrement que le raifort ou la moutarde sucrée. De la même manière, on aurait tort de s'en tenir à la seule lecture des cartes – qui énumèrent les ingrédients d'un plat à la façon d'une revue de détail ou d'un check-up – pour décréter que, « passé le Rhin » il n'y a « plus rien de comestible ». Ce réflexe d'émigré (de Coblence) – ou de sans-culotte prônant, comme seul Eden possible, « le jardin patriotique » français – prouve une méconnaissance totale de la réalité allemande d'aujourd'hui. Pour ne s'en tenir qu'à ce symptôme du bien vivre qu'est, par exemple, la chaîne des Relais & Châteaux, l'Allemagne vient en troisième lieu, pour le nombre, tout de suite après la France et les îles Britanniques. Plusieurs établissements trois-étoiles *Michelin* dominent une bonne centaine de restaurants de qualité où la mise en valeur des produits et la tradition sublimée d'une belle cuisine bourgeoise ou princière ne sont en rien inférieures à ce que proposent leurs homologues de ce côté-ci du Rhin. Le XXIe siècle verra renaître de grandes tables à Berlin – présentement en plein chantier et toujours un peu refermé sur les nostalgies – comme il en existe en Bavière (Heinz Winkler), en Bade-Wurtemberg, notamment en Forêt-Noire (Harald Wohlfahrt), et en Rhénanie, près de Dusseldorf, (Im Schiffchen)... ou à Hambourg (Heinz Wehmann).

C'est en Belgique – mais ce n'est pas une surprise – que le gastronome gaulois retrouvera le plus souvent ses aises. Ce qui ne veut pas dire exactement ses habitudes. Cela tient sans doute au passé, à ce « royaume flamand-bourguignon » qui agace tellement les jacobins mais ne parvient pas vraiment à se dissoudre dans les limbes des nations-fantômes. Il fut un temps (XIVe et XVe siècles) où, de Beaune à Bruges, de Dijon à Gand, on ne parlait pas seulement le même latin mais on mangeait et buvait de même belle façon, payant de même monnaie et servant les mêmes ducs souverains – des Valois auprès desquels les rois de France (des cousins) n'étaient que petits mangeurs et crotte-menu, buveurs de pauvres vins.

Bruxelles est aujourd'hui capitale européenne. Vers elle sont venus, de tous les pays de la communauté, non seulement des fonctionnaires mais également des cuisiniers, des goûts et des habitudes qui ont su cohabiter. Mais cela n'a pas interdit l'épanouissement d'une très grande cuisine belge qui mêle ses doubles racines nationales aux influences de la mer et de la campagne, du terroir et des épices, de la bière et du vin, de l'Empire d'Autriche, de la lointaine Espagne et de la France voisine – sans compter l'ouverture vers le large et l'Angleterre par Ostende, par Anvers, par les « bouches » si proches de l'Escaut, de la Meuse ou du Rhin... Et ce qui a valu pour Bruxelles vaut également pour toute la Belgique.

A tout seigneur tout honneur. Universellement reconnu comme le plus grand cuisinier de son pays, Pierre Wynants représente une dynastie (quatre générations) et son restaurant, Comme chez soi, est l'une des meilleures tables d'Europe. Né en 1939, d'un père qui dirige déjà l'établissement de la place Rouppe, Pierre Wynants fait ses classes à Bruxelles, auprès de Maixent Coudroy, puis en Grande-Bretagne avant d'aller tâter des fourneaux du Moulin Hideux (superbe Relais & Châteaux de Noirefontaine, sur la Semois) puis de ceux du Grand Véfour, au temps de Raymond Oliver, et de terminer son tour du monde à la Tour d'Argent. En 1961, il rentre à Bruxelles et, dix ans plus tard, se signale comme un très grand sommelier. En 1979, la maison familiale dont il a pris la tête, et qui est restée fidèle à son style, est définitivement distinguée par les trois étoiles du *Michelin*. Pour le monde entier, depuis ce temps, elle demeure « un concentré de belgitude raffinée ».

Autre gloire indubitable : Roger Souvereyns de Stevoort, qui règne en Campine flamande, dans une ancienne ferme-manoir du XVIIIe siècle, à douze lieues de Liège et dix-huit de Bruxelles. De son Scholteshof, il a fait une auberge de rêve. La cuisine et la salle à manger ne font qu'une seule et immense pièce où les convives peuvent observer cuisiniers et mitrons préparant les assiettes – ou plutôt les cuillerées de volupté, puisque Souvereyns a placé les saveurs sous le signe de la rondeur sensuelle de ce réceptacle. Fasciné dès l'enfance par ce creuset où s'épanouit le mets dans toute sa plénitude, il collectionne depuis des lustres les cuillers : à soupe, à sauce, à caviar, à dessert... en bois, en corne, en étain, en acier, en argent. Il les utilise en y nichant les saveurs pointues de ses savantes et chaleureuses préparations mises en scène dans l'assiette en bouchées baptisées « touches d'appétit » qu'il adore voir englouties par ses clients. Les produits viennent du « jardin d'herbes » où ses jardiniers cultivent des centaines d'« herbes mondialistes », de plantes et de légumes différents, qui escortent une cuisine naturelle et très spontanée : terrine de légumes à la rhubarbe à la poêlée de girolles et salade de langoustines rôties aux épices, crème glacée de petits pois aux Saint-Jacques escalopées et marinées à la crème de caviar, filet de chevreuil au foie d'oie cru, soufflé chaud au fromage blanc avec abricot et ananas... Souvereyns mérite un superlatif à ne pas manier avec le dos de la cuiller.

Dernière distinction : le trois-étoiles (promotion 1996) de Bruges, qui couronne la haute cuisine flamande de La Carmélite (De Karmeliet) de Geert Van Hecke, son maître, un ancien disciple d'Alain Chapel, « traducteur d'une Europe qui finira bien un jour par arriver ». Chez lui, la simplicité le dispute à l'intégrité comme dans ce plat où s'harmonisent les langoustines rôties aux chicons witloof, le jus de pomme verte et le curry ou cet autre où se conjuguent l'huître, l'oursin, la lisette et l'œuf de caille.

Au sud du croissant fertile qui va de la mer du Nord aux Alpes, la Suisse se garde en réserve de l'Europe. A six kilomètres de Lausanne, sur la route qui mène en France, à Crissier, exerçait encore il n'y a guère « le meilleur cuisinier du monde ». Le qualificatif était tombé de la bouche de Paul Bocuse soi-même qui signalait ainsi aux peuples de la terre le plus discret et le moins voyageur des chefs : Fredy Girardet. C'était le seul trois-étoiles *Michelin* de la Confédération helvétique – et, en tout cas, du canton vaudois. On le disait grand technicien du piano – à l'égal même de Joël Robuchon, son ami, et de dix ans son cadet. Pourtant, à la différence du prédécesseur de Ducasse, Fredy Girardet n'avait pas la culture des fourneaux même s'il était né (en 1936) dans l'auberge paternelle du village. On dit qu'il aurait préféré le football. Il n'apprit jamais la cuisine, sinon les bases et les tours de main que lui inculqua son père. A défaut d'être né chef, il devint bientôt chef de famille et dut reprendre l'affaire. Las de servir des plats du jour, il partit pour la Bourgogne avec un camionneur et découvrit bientôt et Troisgros et Bocuse – ce qui lui fut révélation. On était en 1969 et il avait trente-trois ans. Ce fut alors qu'il s'installa dans l'ancienne maison communale de Crissier et qu'il la transforma peu à peu en haut lieu de la gastronomie. Quand l'Europe le découvrit, elle porta à son crédit sa « cuisine spontanée » qui se réalisait dans une invention permanente des mélanges de saveur et des justes cuissons, un profond respect pour son terroir, ses traditions culinaires (le rognon de veau Bolo inventé par son père) et ses vins de Lavaux. Elle cita également en modèle sa fidélité et sa présence aux fourneaux : en trente ans, Girardet avouait n'être allé qu'une fois à New York et une fois à Tokyo. Fredy Girardet a pris sa retraite en décembre 1996, laissant la direction à son second, Philippe Rochat.

Dans toute l'histoire de la gastronomie moderne, une seule femme – la mère Brazier, l'autoritaire patronne du restaurant de Lyon et de l'auberge du col de la Luère – avait obtenu, jusqu'à ces derniers temps, les trois étoiles, distinction suprême du *Michelin*. Bien avant que Ducasse soit né, elle pouvait se vanter de réunir six étoiles sur sa tête et tout le monde trouvait que c'était bien mérité... ses amis les premiers, qu'il s'agisse de Fernand Point, d'Alexandre Dumaine ou de Jean Pic. Aujourd'hui, la seule femme ayant reçu cette distinction est certes française mais elle exerce en Italie, c'est-à-dire au cœur de la Toscane, à Florence même. Et il s'agit d'Annie Féolde (« Féoldé », disent les Italiens), une Nissarde de Marseille, qui s'est prise de passion pour une cuisine qui « avec des riens fait des choses superbes » – et s'inspire ainsi, au-delà des frontières et des préjugés, des leçons prodiguées naguère par sa grand-mère. Son restaurant, l'Enoteca, porte aussi le nom de son mari, Giorgio Pinchiorri – un fameux sommelier qui tient à jour une cave de 120 000 flacons sélectionnés en autant de cartes qu'il y a d'origines possibles.

La carrière d'Annie Féolde a commencé en 1973, après un tour des bonnes adresses de la Botte. Son mari a beau lui dire de mettre un peu de truffe là, du foie gras par ici et du caviar dans ce plat-là, elle n'en démord pas. C'est la cuisine de Toscane qu'elle fait et l'on murmure même sur le Ponte Vecchio qu'elle la fait bien mieux que les Florentins. Dans la ville des Médicis, mais aussi de Savonarole et de Machiavel, à deux pas des Offices et de Santa Croce, rue Gibeline (ce qui est tout un programme), voilà donc qu'une Française roule dans la friture les boulettes de pâte à pain qui s'imbiberont, dans l'assiette, de pistou, d'anchois pilé et de pignons, c'est elle qui enveloppe ses scampi d'une tranche de poitrine fumée sublime et les fait griller sur un lit de feuilles de laurier, elle qui parfume au piment fort un simple plat de tagliatelles et fourre les tortellini de pomme de terre à la muscade et les saupoudre de pecorino râpé. Les trois étoiles sont venues vingt ans après ce choix de l'extrême et savante sobriété. Hélas, elle ne sont plus que deux aujourd'hui.

En Italie, les bonnes tables sont innombrables et les très bonnes à peu près également réparties, non pas au long de l'axe nord-sud, comme en France, mais dans les riches régions agricoles. Tout près de Milan, par exemple, sur les bords du canal Navillio, l'Antica Osteria del Ponte est l'une des très grandes tables d'Italie. Venu du commerce du vin, Ezio Santin (pas Santini) s'est installé en 1976 dans une ancienne auberge de bateliers où il sert, avec son fils Maurizio, une grande cuisine à base de poissons et d'huile d'olive à quoi se mêlent les excellents produits de la plaine lombarde et du Tessin tout proche. Au cœur de la Lombardie, à égale distance de Mantoue, Crémone et Brescia, sur les bords du fiume Oglio, le restaurant Dal Pescatore d'Antonio Santini perpétue une tradition familiale qui met en scène les produits du riche terroir avec beaucoup de simplicité mais une grande attention à la qualité.

Longtemps on crut qu'il n'y avait plus de Pyrénées et que la cuisine française avait triomphé dans les auberges espagnoles. C'était une erreur. Parce que la meilleure table de la côte basque n'est pas ici mais à San Sebastian, au restaurant Arzak, tenu depuis des lustres par Juan Mari Arzak, aujourd'hui secondé par sa fille, Elena. C'est même un monument national, une référence absolue pour le monde entier, l'exemple même de ce que la haute cuisine peut faire pour sauver les peuples de la normalisation et restaurer la grande tradition. C'est à cette maison que s'applique en premier lieu cette remarque en forme de remords du président de l'Académie (espagnole) de gastronomie, Rafael Anson : « L'Espagne, qui a dix ans de retard sur la France, n'a découvert que dans les années 70 sa cuisine d'auteur. »

Sur la côte orientale de l'Ibérie, en Catalogne, les tables couronnées sont nombreuses. A commencer par El Raco de San Fabes, à Sant Celoni, près de Barcelone, où Santi Santamaria (trois étoiles *Michelin* en 1995) propose une carte attentive à la chasse, à la pêche et aux rythmes des saisons. Tout aussi exacte est la cuisine de Ferran Aria d'El Bulli, à Rosas, près de Figueras, mais avec une certaine provocation tendant à inverser la tradition... comme, par exemple, ces œufs de caille caramélisés, cette glace à l'ail, ce carpaccio... de langoustines ou sa Tatin de foie gras. A Madrid, cependant, les cuisines régionales sont en fête pour au moins trente glorieuses. La dame du *Herald Tribune* y a découvert l'un des « dix meilleurs bistrots du monde » : le Viridiana d'Abraham Garcia qui fait référence au cinéma et présente des inventions robustes mais de vraies valeurs (« une cuisine macho », selon les propres termes du patron). La très grande table (trois étoiles *Michelin* 1995) est celle d'un Basque, Benjamin Urdiain, au Zalacain, qui sert une cuisine classique et personnelle, influencée par la saison où dominent – origine du chef et goût des Madrilènes obligent – les produits de la mer. On fait également grand cas d'El Cenador de Salvador, où un « ancien cuisinier du duc d'Albe » propose, en la localité de Moralzarzal, à quelques kilomètres de la capitale, des mets d'une grande élégance. Mais il revenait à un Français, Jean-Pierre Vandelle, Bordelais et Andalou à la fois, de créer la surprise, et de clore ce tour en Europe, avec une cuisine à l'huile d'olive (une cinquantaine de crus !) et au xérès dans un restaurant « à thème » : l'Olivo.

Aux questions que se posait en décembre 1992, dans *Le Monde*, M. Guy Paillotin, président en exercice de l'I.N.R.A. : « ... Pourquoi nos concitoyens mangent-ils ce qu'ils mangent ? Quelles sont les bases objectives du goût ? En quoi les représentations que l'on se fait de l'aliment diffèrent-elles en France, pays de terroir et de forte tradition culinaire, et aux États-Unis ? Quels sont les déterminants (culturels, sociaux, physiologiques) propres à l'alimentation ? »... Paul Bocuse répondait en citant son ami Raymond Ferrando qui écrivait, dans *Médecine et nutrition*, faisant litière du « diététiquement correct » et de « l'excessive productivité agricole » : « La cuisine de naguère est oubliée. Elle était un lieu où l'on préparait, avec la prudence et l'expérience du passé, à partir d'aliments simples, seuls ou mélangés, des plats traditionnels. Le consommateur pouvait en distinguer les divers composants tout en les savourant. Dans beaucoup d'endroits et de circonstances, la cuisine tend à devenir une sorte de laboratoire de chimie. (...) On doit s'élever contre (la) pseudo-diététique, renforcée par une publicité plus curieuse et déformée qu'originale. Veillons en même temps à empêcher cette production agricole excessive qui influence la qualité de nos besoins alimentaires. »

Et Paul Bocuse parlait de « réinventer un espace de la table tant par la reconquête du goût que par l'effort de mémoire ». C'est pourquoi il a pris la tête d'un rassemblement de quatre mille « hommes de casseroles » – Euro-Toques – pour construire l'Europe du goût et de la convivialité. Les pages qu'il y consacre dans son autobiographie sonnent comme un manifeste pour la défense de ceux « sans qui nous ne sommes rien : (les) paysans amoureux de leurs champs, volaillers, fromagers, pêcheurs et vignerons attachés comme des bourriques à un produit, à une production qu'ils tenaient de leurs pères, et avant eux de leurs grands-pères, ou tout simplement de l'une de ces petites régions que compte l'Europe. » Et de citer, entre autres merveilles, les volailles de Bresse, les truffes du Périgord, le camembert de Normandie, l'idiazabal de Guipuzcoa, le jambon serrano, le bœuf blanc-bleu de Wallonie « engraissé en Flandre », la farine de Kilkenny, la tomate de San Marzano, la lamproie du Minho, le maatje (hareng) de la côte des Pays-Bas, les carottes et les raves de Tellow, l'endive (le chicon) du Brabant, le kachkee luxembourgeois... Grâce à Euro-Toques « fonctionne tout un système encore informel d'échanges, d'envois, de partages des meilleurs produits régionaux de nos petits pays»... que chacun cuisinera et interprétera à sa guise. C'est exactement l'inverse de la volonté de normalisation «par le bas» qui sous-tend le discours des «nourrisseurs» et de leurs inquisiteurs buveurs d'eau, pourvoyeurs de l'épuration diététique – laquelle ne peut conduire qu'au fromage neutralisé ou au gibier sans peau ni plume, livré, telle volaille exsangue, à la cuisine pasteurisée.

Comment ne pas faire nôtre cette définition donnée par Brillat-Savarin et qui résume, à nos yeux, la philosophie de la cuisine en Europe : la gastronomie est «la connaissance raisonnée de tout ce qui se rapporte à l'homme en tant qu'il se nourrit. Son but est de veiller à la conservation des hommes au moyen de la meilleure nourriture possible. Elle y parvient en dirigeant par des principes certains tous ceux qui recherchent, fournissent en préparant les choses qui peuvent se convertir en aliments. Ainsi, c'est elle qui, à vrai dire, fait mouvoir les cultivateurs, les vignerons, les pêcheurs, les chasseurs et la nombreuse famille des cuisiniers, quels que soient le titre ou la qualification sous lesquels ils déguisent leur emploi à la préparation des aliments.» En nul autre lieu et depuis aussi longtemps, sauf peut-être dans la Chine impériale, la bonne chère, comme le dit le grand Paul, n'a été autant «du côté de la vie».

Pour conclure

« La France peut-elle encore s'offrir le luxe d'une haute cuisine ? » Provocante, la question était posée au moment où l'édition 1998 du *Michelin* faisait son apparition dans les librairies. Alexandre Lazareff, directeur général du Conseil national des arts culinaires, trouvait alors bon de crier au loup : « La cuisine française, écrivait-il, est menacée dans son rayonnement mondial et, plus grave encore, dans sa propre identité. » Et de stigmatiser pêle-mêle l'image glacée de la cuisine française auprès des gourmets étrangers qui nous reprocheraient presque d'« avoir inventé le couteau à poisson et la cuillère à sauce » ; la mondialisation des goûts et leur nivellement par le bas – autrement désignés par le vocable de « world-food », sorte de « compile » des « best of » des cultures culinaires du monde ; la trahison des jeunes cuisiniers formés à l'école des plus grands, qui « refusent le risque de créer une grande maison et s'installent dans l'aventure rassurante d'un bistrot », tels Thierry Conte (qui fut élève de Marc Meneau avant de passer par les cuisines de La Tour d'Argent, puis chez Robuchon) ouvrant Cuisinier François avec un menu à 160 F, Éric Fréchon – un ex du Crillon – et son restaurant des Buttes-Chaumont aux tables en Formica, ou encore Dominique Le Stanc, disciple de Senderens, abandonnant les fastes et les prometteuses deux étoiles du Negresco pour ouvrir La Merenda, bistrot minimaliste du vieux Nice.

Les Tequila Café, Shozan Geopoly et autres Buddha Bar sont-ils sur le point de faire passer nos grands restaurants pour des vieilleries de l'Ancien Régime ? La transmission du savoir est-elle à ce points grippée dans les cuisines ? Les Français sont-ils condamnés à perdre jusqu'à la mémoire de ce qui fit la gloire de leurs mitrons ?

Il est tout de même permis de douter que l'avenir soit si noir. La grande cuisine française, dans sa forme actuelle, n'a pas plus de deux siècles. Et il est bien possible qu'elle n'en soit encore qu'à ses débuts. Si nous mangeons plutôt mieux aujourd'hui qu'il y a trente ans, nous le devons en grande partie à l'exemple, au métier, à l'exigence de quelques petits génies des fourneaux qui ont su intelligemment diffuser leur savoir-faire hors du monde confiné du luxe. Alain Senderens a raison de voir dans le travail des femmes la cause principale du bond de l'agro-alimentaire dans le domaine des plats préparés (et proposés à la place des plats familiaux traditionnels). Michel Guérard ou Joël Robuchon n'ont pas tort de tout faire pour valoriser, dans ce domaine, la recherche de la qualité. Le rôle joué par les grands cuisiniers dans l'évolution (plus lente que ne s'accordent à le dire les Cassandre) de nos habitudes alimentaires, grâce aux évolutions technologiques qu'ils favorisent, aux goûts nouveaux qu'ils répandent et à leur action essentielle en faveur des produits de qualité, est loin d'être estimé à sa juste mesure. Il y a fort à parier qu'il ira en s'intensifiant.

Qu'on se rassure : le siècle à venir verra, plutôt que l'adoption de cette alimentation « en pilules » promise par les pionniers de la mode cybernétique il y a dix ou vingt ans, l'intégration des exotismes les moins extravagants. Mais le conservatoire des grandes traditions est ailleurs que dans la défense passive ou hargneuse : il réside dans la part de fête qu'implique nécessairement toute réception à une très grande table.

Quand un mangeur casse sa tirelire pour s'asseoir avec les siens à la table d'un grand restaurant, il vient pour être émerveillé davantage que pour s'en vanter. Il n'a pas le temps d'être blasé ni les moyens de s'en faire une habitude. C'est mal poser le problème que de laisser entendre, dire et écrire que la France entière, le monde entier, le « grand public » assiège ou déserte la petite centaine de fourneaux qui comptent. C'est avoir une idée exacte de la situation que de mettre à leur vraie place – celle du rêve, parfois celle de la fantaisie – les lieux et les chefs d'exception.

Parce qu'il en ira encore longtemps ainsi : un très bon repas à la très grande table d'un très grand chef continuera de faire plaisir à ceux qui se l'offrent... et à faire rêver les autres.

ANNEXE

Le lecteur trouvera ci-après un aperçu de la carte des vingt et un trois étoiles français, aimablement communiquée par ces établissements en janvier 1999. Bien entendu, composition des menus, plats et prix sont susceptibles de varier au fil des saisons. Par ailleurs, nous ne saurions trop vous conseiller de prévoir plusieurs semaines – plusieurs mois, dans certains cas – vos futures étapes gourmandes. La réservation est, faut-il le rappeler ?, indispensable.

L'AMBROISIE (Bernard Pacaud)

9, place des Vosges 75004 Paris
Tél. : 01 42 78 51 15
Fermé dimanche et lundi
Fermeture annuelle du 3 au 23 août, vacances de février
Carte : 690 F à 1 160 F

Feuillantine de langoustines aux graines de sésame, sauce curry

Éventail de filets de rouget barbet sur un émincé de cèpes crus

Escalopine tiède de saumon fumé au caviar,
pailles de pomme de terre

Œufs de poule brouillés à la truffe blanche d'Alba, crostini

*

Darne de turbot et cèpes rôtis à la graisse d'oie

Dos de cabillaud braisé aux épices, à la madrilène

Fricassée de homard à l'américaine, riz basmati

Filet de saint-pierre à la coriandre, endives étuvées à l'orange

*

Agneau en nougatine, ragoût de cocos à la sauge

Noix de ris de veau panée au pain d'épices, légumes maraîchers

Côte double de veau de Corrèze au jus, lasagne aux cèpes

Fricassée de poularde fermière au vinaigre de xérès

*

Sélection de fromages frais et affinés

*

Soupe de mangue, blanc-manger à l'amande amère

Feuilles de chocolat noir aux framboises

Poire en bavaroise au caramel, sorbet Williams

Tarte fine sablée au chocolat, glace vanille

L'ARPÈGE (Alain Passard)

84, rue de Varenne 75007 Paris
Tél. : 01 45 51 47 33 – Fax : 01 44 18 93 89
Fermé samedi et dimanche
Menus : 390 F / 690 F / 960 F et Carte : 540 F à 780 F

Menu Louise Passard

(pour l'ensemble de la table)
960 F

Chaud-froid d'œuf au vinaigre de xérès et sirop d'érable

Fleurs de capucine et corail d'oursin d'Audierne en léger velouté marbré

Grillade de coquille Saint-Jacques d'Erquy et chou-fleur aux sarments de vigne

Aiguillette de homard breton braisé au vin jaune et huile de noisette

Grenouille des Dombes farcie et crème de piment fumé

Consommé de crustacés au Sauvignon et ravioles d'oignons des Cévennes au basilic

Ris de veau et châtaigne effilée à la truffe du Périgord

Canard sauvage de Sologne au vin de Pommard et feuilles de sauges farcies

•

Fromage de nos régions

•

Pommes gaufrettes et dragées de Verdun en fine tarte au caramel lacté

Île flottante glacée moka-mélisse

Madeleines, liqueurs cristallisées et sabayons d'automne

LUCAS-CARTON (Alain Senderens)

9, place de la Madeleine 75008 Paris
Tél. : 01 42 65 22 90 – Fax : 01 42 65 06 23
Fermé samedi midi et dimanche
Fermeture annuelle du 1er au 24 août
Menus : 395 F (déj.) / 650 F / 1200 F et Carte : 650 F à 970 F

Menu Déjeuner

395 F

Raviolis de pétoncles aux courgettes

Noix de Saint-Jacques marinées à l'huile épicée

Filets de rouget des côtes françaises poêlés aux olives, citron et câpres

Foie gras de canard des Landes au chou, à la vapeur

*

Petite entrée de crabe aux épices Thaï

Effeuillé de cabillaud tiède infusé à la badiane, tomate confite, bayaldi de courgettes à la coriandre fraîche

Pastilla de lapin fermier au foie gras et ses côtelettes au romarin

Noix de ris de veau de lait au jus de carottes acidulé, graines de moutarde et persil

Selle d'agneau cuite dans sa panoufle, aubergines au Masala, laitue à l'huile de basilic

*

Glace à la réglisse et sa meringue à la menthe poivrée

Crème brûlée

Titanic au chocolat « Guanaja »

Variations sur le crumble aux pommes

Vrai millefeuille à la vanille

Glaces et sorbets maison

TAILLEVENT (Jean-Claude Vrinat)

15, rue Lamennais 75008 Paris
Tél. : 01 44 95 15 01 – Fax : 01 42 25 95 18

Fermé samedi, dimanche et jours fériés
Fermeture annuelle du 25 juillet au 25 août
Carte : 570 F à 700 F

Crème de cresson au caviar sevruga 160

Salade de coquilles Saint-Jacques à la maraîchère 250

Boudin de homard à la nage 260

Cannellonis de tourteau, sauce ravigote 190

•

Daurade au gros sel et à la tapenade 240

Fricassée de homard aux châtaignes 380

Darne de turbot rôtie au beurre fumé 290

Cassolette de langoustines bretonnes 290

•

Foie de canard au pain d'épices et au gingembre 290

Canette de Challans au miel et au citron (2 personnes) 590

Cassolette de truffes en croûte 480

Pigeon rôti en bécasse 280

•

Nougatine glacée aux poires Williams 130

Soufflé chaud au pain d'épices et à l'orange amère 150

Dacquoise au café 130

Griottes de fougerolles en chaud-froid 130

PIERRE GAGNAIRE

6, rue Balzac 75008 Paris
Tél. : 01 44 35 18 25 – Fax : 01 44 35 18 37
Fermé samedi et dimanche midi
Fermeture annuelle du 14 juillet au 15 août,
vacances de février
Menus 450 F / 520 F / 900 F et Carte : 550 F à 940 F

Le menu de Pierre Gagnaire

900 F

Gelée de crevettes grises à la livèche, marinade d'ormeau
et encornets petits ; bouquet d'œilletons

Velouté de potiron au foie gras, huîtres, langoustines
et palourdes « terre de Sienne » ; radis noirs confits

Bar de ligne saisi à la plaque,
marmelade de coing à la gueuze

Salpicon de Saint-Jacques, hareng frais et fleur de brocoli ;
crémeux de tourteau au xérès fino

Pièce de chevreuil au serpolet et moussette de garenne ;
crumble de noisette, cerfeuil tubéreux
et fondue de choux rouge

Les fromages fermiers

Le grand dessert

ALAIN DUCASSE

59, avenue Raymond-Poincaré 75116 Paris
Tél. : 01 47 27 12 27 – Fax : 01 47 27 31 22

Fermé samedi, dimanche et jours fériés
Fermeture annuelle du 17 juillet au 17 août,
du 24 décembre au 4 janvier

Menus : 480 F (déj.) / 920 F et Carte : 760 F à 1490 F

Menu Brillat-Savarin

(pour l'ensemble de la table)

920 F

Gibiers et foie gras cuits ensemble en terrine,
sucs de cuisson en gelée

Noix de Saint-Jacques en coquille, grenobloise

Blanc de bar au four, endives cuites et crues,
sauce en Château-Chalon

Agneau du Limousin en côte épaisse, mariné aux citrons confits

•

Fromages affinés pour nous

•

Dessert

GEORGES BLANC

01540 Vonnas
Tél. : 04 74 50 90 90 – Fax : 04 74 50 08 80
Fermé lundi, mardi sauf le soir du 15 juin au 15 septembre
Fermeture annuelle du 4 janvier au 12 février
32 chambres 850 F / 1 900 F, 6 appartements,
petit déjeuner 60 F / 115 F
Menus : 490 F / 630 F / 790 F / 890 F,
Carte : 530 F à 700 F, enfants 160 F

Menu Terre et Mer

890 F

Soupe sauvage aux sucs de champignons
et jus de coquillages, petit salpicon de homard et d'asperges

Crêpe parmentière au saumon et caviar,
beurre battu aux zestes de citron

Saumurade de turbot au pistou de noix à l'herbe royale
et à l'émulsion de pistaches

Raviole comme une aumônière autour du foie gras
et de la truffe

Agneau mariné et cuit en croûte de marjolaine
grecque de légumes tendres au miel d'aromates

•

Fromages frais et affinés

•

Pré-desserts

•

Votre choix parmi les desserts du moment

CÔTE D'OR (Bernard Loiseau)

2, rue Argentine 21210 Saulieu
Tél. : 03 80 90 53 53 – Fax : 03 80 64 08 92
Menus : 490 F (déj.) / 680 F / 920 F
et Carte : 570 F à 940 F, enfants 110 F

Menu déjeuner

490 F

Le ragoût de coquillages aux échalotes confites et aux poireaux nains

ou

Les goujonnettes de carpes et les escargots en meurette

ou

L'escalope de foie gras chaud de canard
et sa galette de pommes fruits

•

Le cabillaud rôti au croustillant de pommes de terre
et au jus de persil aillé

ou

Le filet de colvert au chou rouge et aux topinambours

ou

Le râble de lapin farci aux légumes glacés

•

Le plateau de fromages

•

La poire farcie aux fruits secs à la sauce chocolat au poivre

ou

La crème brûlée au caramel

ou

Le Paris-Brest à la noisette

LE JARDIN DES SENS
(Jacques et Laurent Pourcel)

11, avenue Saint-Lazare 34000 Montpellier
Tél. : 04 67 79 63 38 – Fax : 04 67 72 13 05
13 chambres 650 F/ 1150 F, petit déjeuner 90 F
Fermé lundi midi et dimanche
Fermeture annuelle du 2 au 15 janvier
Menus : 230 F (déj.) / 380 F / 590 F et Carte : 420 F à 560 F

Menu

(pour l'ensemble de la table)

590 F

Pressé de légumes et homard, jambon de canard,
vinaigrette à l'huile de vanille et salade de pois mange-tout

Sur une fine purée de potimarron, émincé de truffes fraîches,
bouillon de truffes émulsionné, noisettes éclatées.

Escalope de foie gras de canard poêlée,
déclinaison au pain d'épices et citrons confits, sirop de Banyuls

Filet de sole roulé et rôti sur une raviole à la crème de maïs,
jus au verjus et raisins, huile d'olive

Noisette de chevreuil rôtie, galette de semoule, purée de châtaigne,
tombée de chou rouge au vinaigre, jus façon civet

*

Fromages fermiers affinés

*

Desserts et gourmandises

LES PRÉS D'EUGÉNIE (Michel Guérard)

40320 Eugénie-les-Bains
Tél. : 05 58 05 06 07 – Fax : 05 58 51 10 10
Fermé jeudi midi et mercredi du 4 septembre au 13 juillet sauf jours fériés
17 chambres 1 250 F / 1 650 F, 12 appartements, petit déjeuner 120 F
Menus : 650 F / 780 F et Carte : 520 F à 710 F, enfants 150 F

Menu Jardins de la mer

650 F

Le consommé frappé de légumes aux cerises exquises et la tartine chaude de beurre salé aux herbes

ou

Le petit crémeux de poivrons rôtis au bouillon de homard soupe chaude ou froide

•

La salade baroque aux crevettes grillées et les croquignoles d'araignée de mer à la fleur de moutarde

ou

La friture légère de langoustine aux petits supions grillés, asperges et merveilles feuilletées

•

La daurade royale au plat

ou

Le rouget au tamis de bois

ou

Le meilleur du thon aux sarments de vigne

ou

Le bar en marinière de légumes

•

Les desserts et douceurs candies

TROISGROS (Pierre et Michel Troisgros)

Place Jean-Troisgros 42300 Roanne
Tél. : 04 77 71 66 97 – Fax : 04 77 70 39 77
Fermé mardi sauf à midi de mai à octobre et mercredi
Fermeture annuelle du 1er au 15 août, vacances de février
Menus : 320 F (déj.) / 620 F / 750 F et Carte : 490 F à 840 F, enfants 150 F

La Carte Automne

Tarte aux cèpes de cueillette et à la mâche 150

Beignets de grenouilles, rémoulade de céleri au cumin 220

Multicolore d'écrevisses aux herbes fines 250

Foie gras poêlé, betteraves et noix fraîches en vinaigrette 300

•

Petite lotte au sésame, wakame, poireaux grillés 270

Pigeonneau rôti, sauce velours, mousserons et chanterelles 300

Le filet de bœuf au vin de fleurie et à la moelle 320

Noisette de chevreuil aux épices, confit de légumes d'automne 330

•

Sablé chocolat moka, crémeux et granité 100

Savarin à la pomme fondante, calvados 100

Soufflé chaud au citron vert, miel d'acacia 100

Le grand dessert 150

LES CRAYÈRES (Gérard Boyer)

64, boulevard Vasnier 51100 Reims
Tél. : 03 26 82 80 80 – Fax : 03 26 82 65 52
Fermé lundi et mardi midi
Fermeture annuelle du 21 décembre au 11 janvier
Menu : 950 F et Carte : 650 F à 720 F

Palette des cinq foies gras d'oie 198

Escalope de foie gras de canard poêlée, figue rôtie parsemée de brisures de pain d'épices, salade de jeunes pousses d'épinard 228

Caviar frais sevruga 564

*

Coquilles Saint-Jacques grillées, fumet en vinaigrette aux noix, tombée d'endives, noix à la poêle 290

Homard breton grillé dans sa carapace, fenouil confit enrobé d'un sabayon, filet d'huile de homard aux légumes confits 334

Tronçon de turbot grillé, copeau de parme croustillant, ragoût d'oignons et fèves, salade d'herbes, sauce aux condiments 306

*

Filet de chevreuil au sautoir, sauce grand veneur, poires caramélisées, chutney de figues 294

Noisettes d'agneau en crépinette, purée de dattes et foie gras, jus légèrement acidulé et à la coriandre, caviar d'aubergines 272

Côte de bœuf poêlée sauce à la moelle ou grillé sauce choron 274

Belle noix de ris de veau, cloutée d'ail doux, rôtie moelleuse, servie sur un risotto aux châtaignes, quelques cèpes 296

*

Plateau de fromages 92

*

Crème brûlée de Sirio de N.Y. aux gousses de vanille bourbon 100

Nougat glacé moelleux et son coulis d'abricot au miel 110

Châtaignes légèrement caramélisées dans un flan moelleux, accompagnées d'une crème fouettée aux marrons entre deux fines feuilles de chocolat, une glace au whisky pur malt 112

BUEREHIESEL (Viviane et Antoine Westermann)

4, parc de l'Orangerie 67000 Strasbourg
Tél. : 03 88 45 56 65 – Fax : 03 88 61 32 00
Fermé mardi et mercredi
Fermeture annuelle du 10 au 26 août,
du 22 décembre au 6 janvier, vacances de février
Menus : 290 F (déj.) / 380 F / 710 F et Carte : 500 F à 700 F,
enfants 120 F

Pâté en croûte au foie gras truffé, petite salade verte aux herbes 242

Salade de lentilles aux épices orientales, dos de lapin et foie de canard poêlé 198

Crème d'écrevisses pattes rouges au potiron 240

Strudel aux moules bouchot et champignons des bois, jus épicé 170

*

Sandre rôti aux cèpes, jus acidulé aux herbes 240

Dos de cabillaud poêlé aux épices, coulis de persil plat et carottes étuvées 220

Lotte rôtie aux pommes de terre, petits oignons et ail en chemise, jus corsé au vin rouge (2 personnes) 520

Nage de homard, minestrone de légumes au fumet de crustacés 380

*

Pigeon d'Alsace rôti, fondue d'échalote aux béatilles, cèpes et pommes de terre au lard 290

Ris de veau rôti aux croûtons, céleri-rave et en branche braisés 280

Ballotine de lièvre au foie gras, sauce civet, nouilles à l'alsacienne 270

Noisettes de chevreuil rôties, poire au vin rouge, champignons des bois et buewe spaetzle, jus corsé 290

*

Tartelette fondante au chocolat amer, sorbet café et sirop d'épices 95

Vacherin glacé comme l'aimait ma mère 95

Brioche caramélisée à la bière, glace à la bière et poire rôtie 95

Poêlée de fruits d'automne, strudel caramélisé et glace vanille 95

AU CROCODILE (Émile Jung)

10, rue de l'Outre 67000 Strasbourg
Tél. : 03 88 32 13 02 – Fax : 03 88 75 72 01
Fermé dimanche et lundi
Fermeture annuelle du 12 juillet au 3 août,
du 24 décembre au 4 janvier
Menus : 300 F (déj.) / 450 F / 650 F et Carte : 480 F à 600 F,
enfants 120 F

Menu Gourmand

450 F

Cuisses de grenouilles poêlées au mille-choux

ou

Sandre rôti et navets salés, beurre blanc au genièvre

•

Pièce de bœuf au volnay, gratin de macaroni aux cèpes

ou

Aiguillettes de canard au sang, galette de béatilles et purée de céleri

•

Fromages de France

•

Gratin de quetsches et poires

ou

Parfait glacé à l'Alise et pistache croquante

AUBERGE DE L'ILL (Marc Haeberlin)

68970 Illhaeusern
Tél. : 03 89 71 89 00 – Fax : 03 89 71 82 83
Fermé lundi sauf à midi en saison et mardi
Fermeture annuelle du 1er février au 5 mars
Menus : 630 F / 750 F et Carte : 460 F à 690 F

Menu Haeberlin

750 F

La gelée de canard de Challans en bortsch froid au foie d'oie, petite salade d'été

La côtelette de homard dans un bouillon aux herbes thaï

Le filet de saint-pierre sur une mousseline de céleri aux truffes de la Saint-Jean

Les noisettes de chevreuil aux champignons sauvages, compote de fruits secs et wasserstriwla à la farine de châtaignes

*

Les fromages

*

Le petit pré-dessert

*

Macaron fourré aux griottes

Blanc-manger aux amandes

Sorbet aux griottes

Glace riz au lait vanillé

PAUL BOCUSE

Pont de Collonges Nord
69660 Collonges-au-Mont-d'Or
Tél. : 04 72 42 90 90 – Fax : 04 72 27 85 87
Menus : 410 F (déj.) / 540 F / 760 F et Carte : 450 F à 640 F, enfants 110 F

Menu Hiver

540 F

Salade de homard au vinaigre de xérès

ou

Foie gras chaud poêlé aux pommes caramélisées

*

Loup en croûte feuilletée, sauce choron

ou

Côte de veau bourgeoise en cocotte
(à partir de deux personnes)

*

Sélection de fromages frais et affinés Mère Richard

*

Délices et gourmandises

*

Petits fours et chocolats

LAMELOISE (Jacques Lameloise)

36, place d'Armes 71150 Chagny
Tél. : 03 85 87 08 85 – Fax : 03 85 87 03 57
Fermé mercredi sauf le soir et jeudi à midi
Fermeture annuelle du 23 décembre au 28 janvier
et du 1er juillet au 30 septembre
Menus : 390 F / 600 F et Carte : 410 F à 560 F

Menu Dégustation
(à partir de 2 couverts)
600 F

Les deux foies gras froids, l'un naturel et l'autre au vin rouge
ou
Assiette de saumons préparés par nous-mêmes fumé, mi-cuit et cru confit
ou
Raviolis d'escargots de Bourgogne dans leur bouillon d'ail doux
•
Daurade royale cuite à basse température, fondue de fenouil, dans une nage d'artichauts
•
Homard dans sa carapace aux jeunes légumes, sauce corail
•
Granité au pinot noir
ou
Soupe des sous-bois crémée montée en capuccino
•
Aiguillettes de filet de bœuf au beurre rouge et leur cannelloni de queue de bœuf
ou
Filet de biche sauce poivrade aux baies d'airelles et cerfeuil tubéreux
•
Fromages frais et affinés
•
Dessert au choix

L'AUBERGE DE L'ÉRIDAN (Marc Veyrat)

13, vieille route des Pensières 74290 Veyrier du Lac
Tél. : 04 50 60 24 00 – Fax : 04 50 60 23 63
Fermé lundi sauf juillet et août
Fermeture annuelle du 15 décembre au 15 janvier
11 chambres 1550 F / 3250 F, petit déjeuner 235 F
Menus : 385 F (déj.) / 685 F / 995 F et Carte : 660 F à 970 F

Menu Symphonie

(pour l'ensemble de la table)

995 F

La découverte des deux foies gras de Marc Veyrat

L'encornet aux arômes de pistache et de crabe, coulis de concombres frais

Les Saint-Jacques juste poêlées à la feuille d'érable et d'amande

La feuillantine de chénopodes étuvés et bar, ratatouille de mangues, radis et oignons confits

Le potimarron, légumes oubliés, goût de truffes étuvées

Le petit bouillon de bœuf aux arômes de sève

La tasse de rattes écrasées au goût de terre

Le carré d'agneau en cocotte de fonte fermée d'une pâte à sel et infusé au pimpiolet (serpolet montant d'alpage)

ou

Le filet de biche rôtie dans son jus, dariole de Williams et coings

•

L'ercheu des fromages

•

Les gâteries de notre pâtissier

A LA CÔTE SAINT-JACQUES
(Michel et Jean-Michel Lorain)

14, faubourg Paris 89304 Joigny cedex
Tél. : 03 86 62 09 70 – Fax : 03 86 91 49 70
Fermeture annuelle du 4 au 21 janvier
25 chambres 740 F / 1 780 F, 4 appartements,
petit déjeuner 120 F, demi-pension 1 100 F / 1 450 F
Menus : 340 F (déj.) / 750 F et Carte : 610 F à 950 F, enfants 180 F

Menu Gourmand

750 F

Les huîtres de Marennes en petite terrine océane

ou

L'émincé de foie gras de canard
sur un tressé de poireaux nouveaux à l'huile de noisette

•

Le filet de turbot de ligne, petits pois,
émulsion au lait d'amande amère

•

La chartreuse de homard et pied de cochon,
beignet de fleur de courgette

•

Le lapin confit aux artichauts, laitue braisée,
sauce à la moutarde de Meaux

•

Le plateau de fromages

•

La suite de desserts et friandises

A L'ESPÉRANCE (Marc Meneau)

89450 Saint-Père-sous-Vézelay
Tél. : 03 86 33 39 10 – Fax : 03 86 33 26 15

Fermé mardi, sauf le soir du 15 juin au 15 octobre,
et mercredi midi sauf jours fériés
Fermeture annuelle en février

34 chambres 500 F / 1 300 F, 6 appartements,
petit déjeuner 130 F, demi-pension 980 F
Menus : 360 F (déj.) / 650 F / 890 F et Carte : 490 F à 910 F

Menu Dégustation

890 F

Crème de truffes aux olives

•

Foie gras poché, jus vinaigré,
galette de maïs frais

•

Homard au lait parfumé au thym et au citron

•

Suprême de pigeon à la béarnaise légère,
cuisses à la dijonnaise

•

Artichauts à la moelle

•

Le plateau de fromages

•

Parfait glacé aux noix fraîches, gelée de cidre

•

Petits fours et confiseries

LOUIS XV (Alain Ducasse)

Hôtel de Paris, place du Casino,
Monte-Carlo MC 98000 Monaco
Tél. : (00-377) 92 16 30 01 – Fax : (00-377) 92 16 69 21

Fermé mercredi sauf le soir du 17 juin au 26 août et mardi
Fermeture annuelle du 2 au 17 février
et du 1er au 27 décembre

Menus : 480 F (déj.) / 810 F / 920 F et Carte : 650 F à 950 F

Grande salade Riviera

Gamberoni du golfe de Gênes à la plancha, endives amères et poutargue de Martigues, corail pilé au mortier

Risotto « Mantecato » saucé d'un jus de bœuf et Tartufi di Alba

Confit de poulette jaune au foie gras et truffes noires, pain au levain toasté

*

Turbot de ligne en tronçon à la broche en « raïto », côtes et vert de blettes

Dos de chevreuil d'Alsace frotté de poivre noir au sautoir, polenta gratinée, raisins, lardons, céleri, poire Martin-sec et marrons, fine poivrade

Quasi de veau de lait fermier cuisiné à l'ancienne, carottes et petits oignons mijotés, épinards en feuille, vrai jus (2 personnes)

Filet ou côte de bœuf de l'Aubrac au feu de bois, gratin boulangère, réduction d'une bordelaise aux poivres et à la moelle (2 personnes)

*

Sélection de fromages affinés pour nous

*

Tian d'oranges et marmelade de clémentine, crème légèrement amère

Granité de chocolat fort aux paillettes de café arabica en cappuccino au goût de chicorée

Millefeuille caramel et crème pâtissière

Glaces et sorbets maison

Table

Cet ouvrage composé
par D.V. Arts Graphiques à Chartres
a été achevé d'imprimer sur presse Cameron
dans les ateliers de Brodard et Taupin
à La Flèche (Sarthe)
en février 1999
pour le compte des Éditions de l'Archipel
département éditorial
de la S.A.R.L. Écriture-Communication.

Imprimé en France
N° d'édition : 60 – N° d'impression : 6464V
Dépôt légal : février 1999